高职高专“十二五”规划教材

商　品　学

邓小明　主编

化学工业出版社

·北京·

本书共分十一章。第一章主要阐述了商品的概念及构成、商品学研究对象、内容和任务以及商品学发展简介；第二章主要阐述了商品分类的概念及原则、商品分类的标志与方法、商品编码与商品目录；第三章主要阐述了商品质量的概念及意义、影响商品质量的因素和商品质量管理；第四章主要阐述了商品标准、商品标准化、商品质量监督、商品质量认证和消费者权益保护；第五章主要阐述了商品检验的概念、类别和依据、商品检验的程序和内容、商品检验的方法、商品抽样方法和商品的品级；第六章主要包括商品包装概述、商品包装材料、商品包装技法和商品包装标志与商标；第七章主要介绍了商品的储存管理、商品储存期间的质量变化和商品养护措施；第八章主要内容有商品对环境的污染及防治、环境管理体系认证和商品生命周期环境管理；第九章主要介绍了日用工业品的质量要求、日用工业品的结构和性质以及日用工业品分类介绍；第十章主要内容有纺织纤维概述、服装材料、服装的质量要求及检验、服装的功能与种类、服装的造型与色彩以及服装的选购与保养；第十一章主要阐述了食品质量的基本要求、食品的营养卫生、代表性食品和食品的储藏方法等知识。

本教材适用于高职高专院校物流类、营销类、经济类专业及其他相关专业，也可以作为工商企业在职从事物流管理、商品经营、市场营销的人员自学、培训教材或学习商品知识的参考书。

图书在版编目（CIP）数据

商品学/邓小明主编. —北京：化学工业出版社，2012.8
高职高专“十二五”规划教材
ISBN 978-7-122-15018-9

Ⅰ.①商… Ⅱ.①邓… Ⅲ.①商品学 Ⅳ.①F76

中国版本图书馆 CIP 数据核字（2012）第 174644 号

责任编辑：蔡洪伟　　文字编辑：王　可
责任校对：蒋　宇　　装帧设计：史利平

出版发行：化学工业出版社（北京市东城区青年湖南街 13 号　邮政编码 100011）
印　　刷：北京云浩印刷有限责任公司
装　　订：三河市宇新装订厂
787mm×1092mm　1/16　印张 13¼　字数 339 千字　　2012 年 10 月北京第 1 版第 1 次印刷

购书咨询：010-64518888（传真：010-64519686）　售后服务：010-64518899
网　　址：http://www.cip.com.cn
凡购买本书，如有缺损质量问题，本社销售中心负责调换。

定　价：27.00 元

编写人员名单

主　　编　邓小明

副 主 编　覃兆祥　唐献兰　曾　为

编写人员　（按姓名汉语拼音排列）

陈巧雅　邓小明　罗爱学　潘冬青

覃兆祥　唐献兰　杨明宇　曾　为

前言 Preface

商品学是高职物流管理、营销等经济管理类各专业必修的基础课程之一。通过本课程的学习，学生可以掌握商品学的基础理论、基本知识和基本技能，为学好后续各门专业课以及从事具体经营管理工作奠定基础。

本书在编写中力求体现高等职业教育精神，积极落实教育部提出的21世纪职业教育课程改革与教材建设的规划和部署，使学生掌握商品学相关基础理论、基本知识，注重职业技能培养，为学生学好后续课程及未来在第一线工作需要打下坚实基础。

本书共分十一章。第一章商品与商品学，主要阐述了商品的概念及构成、商品学研究对象、内容和任务以及商品学发展简介；第二章商品分类与编码，主要阐述了商品分类的概念及原则、商品分类的标志与方法、商品编码与商品目录；第三章商品质量，主要阐述了商品质量的概念及意义、影响商品质量的因素和商品质量管理；第四章商品标准，主要阐述了商品标准、商品标准化、商品质量监督、商品质量认证和消费者权益保护；第五章商品的检验，主要阐述了商品检验的概念、类别和依据、商品检验的程序和内容、商品检验的方法、商品抽样方法和商品的品级；第六章商品包装，主要包括商品包装概述、商品包装材料、商品包装技法和商品包装标志与商标；第七章商品储存和养护，主要介绍了商品的储存管理、商品储存期间的质量变化和商品养护措施；第八章商品与环境和资源，主要内容有商品对环境的污染及防治、环境管理体系认证和商品生命周期环境管理；第九章日用工业品商品知识，主要介绍了日用工业品的质量要求、日用工业品的结构和性质以及日用工业品分类介绍；第十章服装商品，主要内容有纺织纤维概述、服装材料、服装的质量要求及检验、服装的功能与种类、服装的造型与色彩以及服装的选购与保养；第十一章食品商品，主要阐述了食品质量的基本要求、食品的营养卫生、代表性食品和食品的储藏方法等知识。

本书由邓小明担任主编，负责设计全书的框架、拟定编写大纲，对全书进行修改和定稿。覃兆祥、唐献兰、曾为任副主编。各章的编写分工如下：第一、五、九、十章由邓小明负责编写，第二章由潘冬青负责编写，第三章由杨明宇负责编写，第四章由曾为负责编写，第八章由唐献兰负责编写，第六章由罗爱学负责编写，第七章由陈巧雅负责编写，第十一章由覃兆祥负责编写。

本教材适用于高职高专院校物流类、营销类、经济类专业及其他相关专业，也可以作为工商企业在职从事物流管理、商品经营、市场营销的人员自学、培训教材或学习商品知识的参考书。

在本书的编写过程中，得到了柳州师范高等专科学校、柳州五菱物流有限公司的大力支持。在此表示衷心的感谢。本书在编撰过程中借鉴了一些专家、学者的研究成果，得到了化学工业出版社的关心帮助，在此一并致以诚挚的谢意。

由于编写时间仓促，加之编者水平的限制，书中也难免存在不足或错漏之处，希望读者在使用此教材的过程中提出更好的意见和建议，给予批评和指正。

编者

2012年6月

目录 Contents

第一章　商品与商品学　1

第一节　商品的概念及构成 …… 1
第二节　商品学的产生与发展 …… 2
第三节　商品学研究对象、内容、任务和方法 …… 5

第二章　商品分类与商品编码　12

第一节　商品分类的概念与原则 …… 12
第二节　商品分类的标志与方法 …… 14
第三节　商品编码 …… 17
第四节　商品条码 …… 22

第三章　商品质量　32

第一节　商品质量的概念及意义 …… 32
第二节　影响商品质量的因素 …… 35
第三节　商品质量管理 …… 37
第四节　伪劣商品 …… 41

第四章　商品标准　48

第一节　商品标准 …… 48
第二节　商品标准化 …… 56
第三节　商品质量监督 …… 58
第四节　商品质量认证 …… 62
第五节　消费者权益保护 …… 66

第五章　商品检验　70

第一节　商品检验的概念、类别和依据 …… 70
第二节　商品检验的程序和内容 …… 73

第三节　商品检验的方法 …… 75
第四节　商品抽样方法 …… 79
第五节　商品的品级 …… 81

第六章　商品包装 85

第一节　商品包装概述 …… 85
第二节　商品包装材料 …… 89
第三节　商品包装技法 …… 92
第四节　商品包装标志与商标 …… 96

第七章　商品储存与养护 106

第一节　商品的储存管理 …… 106
第二节　商品储存期间的质量变化 …… 110
第三节　商品的养护措施 …… 114

第八章　商品与环境和资源 122

第一节　商品对环境的污染及防治 …… 122
第二节　环境管理体系认证 …… 126
第三节　商品生命周期环境管理 …… 128

第九章　日用工业品商品 132

第一节　日用工业品的质量要求 …… 132
第二节　日用工业品的结构和性质 …… 134
第三节　日用工业品商品分类介绍 …… 142

第十章　服装商品 153

第一节　纺织纤维概述 …… 153
第二节　服装材料 …… 160
第三节　服装的质量要求及检验 …… 163
第四节　服装的功能与种类 …… 168
第五节　服装造型与色彩 …… 170
第六节　服装的选购与保养 …… 173

第十一章　食品商品 178

第一节　食品质量的基本要求 …… 178

第二节　食品的营养卫生 …… 179
第三节　代表性食品 …… 184
第四节　食品的储藏方法 …… 195

参考文献 202

第一章

商品与商品学

[知识目标]

1. 了解商品学的产生、发展历史和商品学的研究方法；
2. 理解商品的概念及构成；
3. 掌握商品学的研究对象和内容。

[能力目标]

1. 把握商品学研究的方法；
2. 具有分析商品构成的能力。

[必备知识]

第一节　商品的概念及构成

一、商品的概念

商品学特定的研究客体是商品。商品是人类社会生产力发展到一定历史阶段的产物。商品是指用来交换、能满足人们某种需要的劳动产品。

在社会分工之前，人类劳动分工简单、效率低下，产品的生产只是用来满足生产者自己的需要。随着人类劳动技能和劳动工具的发展，产品在满足自身需要的基础上出现了剩余，于是，人们把剩余的劳动产品与其他人剩余的劳动产品进行交换，商品由此而产生。商品的大量产生与交换，是以社会分工和所有权不同为前提条件的。因为社会分工，才提出了进行交换的要求，也才有了进行交换的可能；因为生产资料和劳动产品属于不同的所有者，才发生了交换行为，由此，人类社会进入了商品经济时代。

一切商品都具有使用价值和价值两种属性。商品的二重性是由劳动的二重性决定的，即具体劳动产生使用价值，抽象劳动产生价值。商品是使用价值和价值的统一体。商品的使用价值是商品能够满足人们需要的物品的有用性。不同的商品具有不同的使用价值，不同的使用价值是由物品本身的自然属性决定的；商品的使用价值是维持人类的生存和繁衍、维持社会的生存和发展所必需的。因此，不论财富的社会形式如何，使用价值总是构成财富的物质内容。一种使用价值与另一种使用价值相交换的量的关系或比例，是商品的交换价值。两种不同的使用价值之所以能按一定的比例相交换，表明它们之间存在着某种共同的东西，这种共同的东西在质上应是相同的，从而在量上才可以进行比较。这种同质的共同东西，就是凝结在商品中的无差别的人类劳动。商品中的这种无差别的人类劳动的凝结，就是商品的价值。因此，交换价值是价值的表现形式，价值是交换价值的内容。价值反映了商品的社会属性，体现了商品生产者之间互相交换劳动的社会生产关系。使用价值和价值是商品的二因素，无论存在于什么社会经济形态的商品都是使用价值和价值的统一体。

二、商品的构成

消费者购买商品，本质上是购买一种需要，这种需要不仅体现在商品消费时，而且还表现在商品购买和消费全过程。因此，完整的商品是由核心部分、有形部分和无形部分三部分组成（如表 1-1 所示）。

表 1-1　商品的整体构成

核心部分	有形部分	无形部分	核心部分	有形部分	无形部分
商品功能 购买者追求的利益	质量 品种 外观 标志	售后服务 质量保证 安装调试 广告宣传	商品功能 购买者追求的利益	包装 商标 成分 结构	信贷 送货 奖励 信息咨询

（一）核心部分

核心部分是指消费者购买某种商品时所追求的利益，是顾客真正要买的东西，因而在商品整体构成中也是最基本、最主要的部分。消费者购买某种商品，并不是为了占有或获得商品本身，而是为了获得能满足某种需要的效用或利益。

（二）有形部分

有形部分是核心部分借以实现的形式，即向市场提供的实体和服务的形象。如果有形部分是实体，则它在市场上通常表现为商品质量水平、外观特色、式样、品牌名称和包装等。商品的基本效用必须通过某些具体的形式才得以体现。

（三）无形部分

无形部分是顾客购买有形产品时所获得的全部附加服务和利益，包括提供信贷、免费送货、质量保证、安装、售后服务等。美国学者西奥多·莱维特曾经指出：“新的竞争不是发生在各个公司的工厂生产什么产品，而是发生在其产品能提供何种附加利益（如包装、服务、广告、顾客咨询、融资、送货、仓储及具有其他价值的形式）”，因此善于开发和利用商品的无形部分，对于消费者和生产经营企业来说都具有重要意义。

第二节　商品学的产生与发展

一、商品学的产生

商品学是基于商品的生产和发展的需要而产生的，是随着商品经济的发展和商人经商的迫切需要而逐渐形成的一门独立科学。

随着人类社会的不断进步，生产力逐步发展，科学文化水平逐步提高，商品经济和商业贸易也随之繁荣起来。特别是进入资本主义时期，生产力发展较快，高效率的机器大工业生产导致了大量剩余产品的出现，商品竞争也就日益激烈。与此同时，人们在长期的实践活动中，不断地丰富着自己的商品知识。加之其他各门科学的进一步发展，为商品学的产生奠定了坚实的理论基础，在实践的基础上，再经过许多理论工作者的总结和提高，逐步形成了这样一门具有独立科学体系的学科——商品学。可以说商品学的产生离不开商业实践活动，它是商业实践活动的产物，同时它又随着商品社会的发展而不断地完善和充实。

小知识

1976 年 8 月 6 日，国际商品学会在奥地利的萨尔茨堡成立，以德文缩写 IGWT 为会徽标志，会刊为《商品论坛——科学与实践》，活动中心设在维也纳经济大学。国际商品学会成立以前，国际上的商品学术活动分为两部分：苏联、东欧各国等计划经济国家为一部分；日本、西欧各国等市场经济国家为另一部分。国际商品学会的成立，实现了国际商品学学术交流活动一体化，对商品学的学科建设和发展起到了重要的推动作用。国际商品学会自 1978 年以来已经在世界范围内举办了 16 届国际商品学学术研讨会，其中第十届和第十四届国际商品学学术研讨会分别于 1995 年 8 月和 2004 年 8 月在中国的北京举行，会议主题为分别为“市场经济下现代商品学的发展”和“聚焦新世纪——商品、贸易、环境”。

二、商品学的发展

纵观现代商品学形成和发展的历史，大致可分为三个阶段。

（一）商品知识汇集阶段

在商品学学科形成之前，商品知识的汇集、整理是商品学形成的重要前提。这些商品知识主要是商品生产者和经营者经商经验的积累，它使商人在经商过程中能更广泛深入地了解商品的产地、品种、成分，更好地鉴别商品的品质，明确商品的功效，把握商品的正确使用方法，以充分发挥商品的效能。

世界四大文明古国之一的中国，从丝绸之路到海上贸易，与外界商品交往的历史十分悠久，对商品知识的研究也相对超前。从春秋时代师旷所著的《禽经》到晋朝戴凯之所著的《竹谱》，从唐代陆羽的《茶经》到宋朝蔡襄所著的《荔枝谱》，以及《橘录》、《本草纲目》等书籍，先后都对有关的商品知识做了详尽的介绍。其中最具代表性的当属陆羽的《茶经》。盛唐时期，产于江淮一带的茶叶由江南传到北方，茶叶品种繁多，色味各异，为了进一步促进茶叶的生产经营，推广茶叶的使用范围，陆羽大量收集茶叶的生产、制作、储运、消费等方面的知识，于公元 767 年写出《茶经》一书。《茶经》分三卷共十篇，对茶叶的种植、采摘、加工、饮用到茶叶的功能、评定、储藏等环节进行了详细的说明。该书的问世，对茶叶的生产经营起了重要的指导作用，成为世界上最早的一部茶叶商品学著作。

据文献记载，阿拉伯人阿里·阿德·迪米斯基 1175 年编著出版的《商业之美与识别优劣和真伪商品指南》是世界上又一部商品学书籍。17 世纪，在法国百科全书学者的影响下，萨瓦里于 1675 年编著出版了《商业大全》，书中详细论述了纤维制品、染料等商品的性能、产地、包装、储存、销售等方面的知识，该作品在欧洲久负盛名，先后被译成德、英、意等文字在欧洲传播。以上这些商品知识为商品学的诞生奠定了基础。

（二）古典商品学阶段

进入 18 世纪，德国手工业发展迅速，需要大量进口原材料进行生产，而后出口大批工业品，商品贸易趋于频繁。这就要求商人必须具备系统的商品学知识来适应贸易发展的需要，大量商业贸易人才的培养也就成为当时经济发展对教育界的突出要求。

于是18世纪中期，德国在大学和商学院开始开设商品学课程，即“Commodity Science”。在教学和科研基础上，德国自然史学家兼经济学家约翰·贝克曼教授，1777年编著出版了《技术学导论》，并于1793—1800年编著出版了《商品学导论》，该书分为两册：第一册主要是介绍商品生产技术方法等方面的知识；第二册主要介绍商品的产地、性能、用途、质量规格、分类、包装、鉴定、保管和主要市场等。贝克曼还在该书中指出了商品学作为一门独特学科的任务：研究商品的分类体系；进行商品的鉴定和检验；说明商品的产地、性质；使用和保养以及最重要的市场；叙述商品的制造方法和生产工艺；阐明商品品种的价格和质量；介绍商品在经济活动中的作用和意义。该书创立了商品学的体系，明确了商品学的研究内容，贝克曼因此被誉为商品学的创始人；他所创著的商品学体系被称为“贝克曼商品学”或“叙述论的商品学”。目前，人们认为商品学产生于18世纪末，即是以该书的出版为依据的。19世纪以来，这种德国古典商品学相继传入意大利、西欧、东欧、日本、中国等，使商品学得到迅速发展。

（三）现代商品学阶段

商品学学科体系形成后，在其发展进程中呈现出两大研究方向。一个是从自然科学和技术学的角度出发，研究商品的使用价值，研究的中心内容是商品质量，称为自然科学商品学或技术商品学；另一个是从社会科学和经济学的观点，特别是从市场营销和消费需求方面研究与商品质量和品种相关的问题，称为社会科学商品学或经济商品学。自然科学商品学起源于意大利的生药学，18世纪中叶由约翰·贝克曼创立。19世纪欧洲产业革命完成后，大机器工业生产方式确立，大量的原材料、半成品涌向欧洲，而欧洲的商品（工业品）如潮水般涌向世界各地，这就要求对原料、半成品和成品进行严格的鉴定和检验，以保证商品的质量。这样，自然科学商品学就进入到材料学商品学、鉴定论商品学或品质论商品学时代。进入20世纪尤其是二战后，自然科学商品学在商品经济的推动下，其理论与体系日趋完善，其内容更适合贸易实践的需要，主要包括商品分类、商品标准、商品质量、商品鉴定和检验、商品包装、商品养护等。此时，自然科学商品学跨入了综合学科、交叉学科的商品学时代，称为复合型商品学或现代商品学，即从自然科学和技术学以及社会科学和经济学方面综合研究商品使用价值。它一方面研究商品的自然属性，如物理、化学、生物学性能，另一方面研究商品的经济属性，如研究与商品质量、供给和需求相关的经济问题。社会科学商品学或经济商品学是二战后形成的。经济商品学以自然科学为基础，从消费和市场需求的角度出发研究商品质量和品种。如研究商品的开发、商品设计、商品质量保证、商品包装、商品标准化、商品监督检验等内容。经济商品学成为经济科学的一个分支，是现代商品学的重要组成部分，存在于德国、日本等发达国家中，在世界市场经济体系中，对于促进商品经济的发展、繁荣市场，起着积极的作用。

从国内看，新中国成立后，百业待兴。20世纪50年代开始在高等财经院校设立了对外贸易、贸易经济、供销合作等专业，并开设了商品学课程。1951年中国人民大学开设商品学研究生班，邀请苏联专家讲学，培养师资力量，为商业部门培养商品学人才。1956年黑龙江商学院、上海财经学院创建了商品学系。随着社会主义市场经济体制目标的确立，有更多的高等财经院校、中等商业学校和供销学校开设了商品学课程。其中中国人民大学、黑龙江商学院拥有商品学专业硕士学位授予权，它标志着现代商品学学科的发展。1995年成立了全国性学术团体——中国商品学学会，中国商品学学会代表中国参加国际商品学总部设在维也纳的各项活动，并担任副会长等职务。它标志着中国现代商品学学科有了迅速的发展。

从国际上看，随着现代科技和经济的高速发展，商品的“商”和“品”两重性日益受到人们的重视。人们感到，真正的商品学应该由以研究“商”为主的经济型商品学与以研究“品”为主的技术型商品学融合而成。于是从 20 世纪 80 年代起，世界商品学开始步入技术型与经济型相互交融的现代商品学时代，现代商品学在战后世界经济的复苏和繁荣中兴盛起来，它主要围绕商品—人—环境系统，从技术、经济、环境等方面，运用现代科技知识和经济学、生态学、社会学原理，对商品与消费需求、商品与资源利用、商品与生态环境、商品开发与高新技术应用、商品质量控制、质量保证与商品监督、商品包装与商标、商品形象与广告、商品文化与美学等问题进行深入的研究。

商品学研究机构在战前日本商品学会的基础上纷纷成立，如 1959 年成立的奥地利商品学会，1963 年成立的波兰商品学会，1971 年成立的德国商品学会，1978 年意大利商品学会和瑞士商品学会，1980 年的韩国商品学会，1990 年的罗马尼亚和保加利亚商品学会等，商品学学术团体如雨后春笋，在世界各地快速产生、发展。最具代表性的是 1976 年植根于奥地利维也纳经济大学的国际商品学会，它的成立为国际商品学主题的确立和研究打下了基础，如未来商品开发、21 世纪商品、无环境的商品和技术等主题使商品学学科研究向深度和广度拓展。到目前为止，世界上已有 30 多个国家 150 多所高等经济院校建立了商品学系和商品学教研室，广泛开展商品学教学和科研活动。这些科研活动的展开，大大地促进了世界经济的可持续发展。尽管在美国、英国、法国等发达国家没有商品学学科，但在市场学、商品经营学、营销学、家政学等学科中有商品学内容，并有相近专业的硕士、博士生研究方向，其特点是把商品学与市场学、消费学等紧密结合在一起，培养高级复合型人才。

第三节 商品学研究对象、内容、任务和方法

一、商品学研究对象

商品学，顾名思义是一门研究商品的科学。商品学研究的客体是商品，商品具有两重性，即具有价值和使用价值，商品学的研究对象是商品的使用价值及其变化规律。

商品的使用价值是指商品对其消费（使用）者的有用性或效用，是商品本身能满足人们的某种需要的属性所形成的（如粮食可充饥，衣服可御寒，钢铁可制造等），是由商品本身的自然属性决定的。商品的使用价值的基础是商品的有用性，而这种有用性不仅来源于形成商品的自然的本质的物质基础，也受相关的社会属性如商品的结构、造型、美学特性、经济特性等影响。商品学研究商品的使用价值必须从这些物质基础及其相关的因素出发，研究商品的有关理论和技术。现实中，商品的质量是衡量商品使用价值的尺度，商品质量是商品使用价值的表征。它取决于商品本身的外形、结构、成分、性质、包装等。它构成了使用价值的物质基础，同时又是交换价值的物质承担者。商品的使用价值通常理解为商品的效用，因此，商品学在研究商品使用价值时总是紧密地围绕着商品的质量进行的。总之，商品学的研究对象是商品的使用价值，而其研究的中心内容主要集中在商品的质量上。

在商品的经营活动中，对于商品而言经营者要解决的问题很多，其中商品数量的多与少、商品价格的高与低以及商品质量的好与坏是商品经营者最为关心的三个主要问题。商品的数量多与少问题，包括品种结构是否合理、花色品种是否适销对路，是每一个经营企业都必须解决好的问题。商品的数量不足造成的脱销断档会影响销售和效益，而数量过大则产生积压。商品的品种结构也同样是当今商业企业十分关心的问题。商品价格的高低受着众多因

素的影响，市场竞争首先表现为价格的竞争，价格竞争是任何企业都很难逃避的。

随着社会经济的发展和科技进步，人们生活水平的不断提高，消费者要求商品在满足物质享受的同时，还能满足一定程度精神享受，并且这种愿望越来越强烈。中国人民大学的诸鸿教授、张大力教授和张万福教授、天津商学院的邓耕生教授等，针对这一社会现象首先提出：研究商品的使用价值不仅要研究商品的实用价值，还要研究商品的审美价值；不仅要研究商品本身自然属性与商品使用价值的关系，还要研究不同社会经济条件对商品使用价值的影响。例如，我国食品由单纯的要求营养卫生、色香味形，变为既要讲究营养卫生、色香味形，又要追求强身健体和饮食文化；服装衣料由厚实转变为轻薄挺括和重视款式、品牌；日用工业品更是崇尚艺术设计，讲究实用性与艺术性的完美结合。商品“商”和“品”的两重性日益受到人们的重视，近些年来出版的商品学教材，均较深入地反映了这些思想。商品学界还从消费者消费形态的变化上，探讨商品使用价值的发展性，在理性消费时代，消费者重视商品的品质、性能及价格，购买商品时以好、坏为标准；在感性消费时代，消费者重视商品品牌、设计及象征性，以喜欢、不喜欢为判断标准；在感动消费时代，消费者重视商品的满足感及喜悦，以满意、不满意为判断标准。这也使商品学界进一步认识到，准确而全面地理解商品的使用价值，不仅是商品学发展的需要，也是社会主义市场经济发展的需要。

商品学是一门自然科学、技术科学、经济管理科学与人文社会科学相融合的交叉型应用学科，主要侧重于流通、消费领域的商品（以生活资料商品为主）使用价值的研究。经过数十年的发展，现代商品学围绕商品—人—环境系统，从技术、经济、管理、社会等方面研究商品质量与管理问题。运用自然科学、技术科学与社会科学相关的原理和方法，综合研究商品与市场需求，商品与资源合理利用，商品与环境保护，商品开发与高新技术，商品质量控制、质量保证、质量评价及质量监督，商品分类与品种，商品标准与法规，商品包装与商标、标志，商品形象与广告，商品文化与美学，商品消费与消费者保护等技术与经济问题。

二、商品学的研究内容

商品学的研究内容是由商品学的研究对象所决定的。根据商品学的研究对象，其研究内容以商品体为基础，研究商品在整个生命周期中的质量（固有质量、市场附加质量、形象质量）及其构成要素（技术、经济、社会、环境要求等）计量、检测、控制与管理活动。其主要包括以下内容：商品质量及其影响：商品质量管理与质量监督；商品标准与标准化，商品检验；商品分类与编码，商品包装与标志，品牌与商标管理；商品的成分、结构与性质；商品养护；新商品开发；信息与商品预测；商品消费心理；商品广告；商品与资源、环境等。

商品学研究的中心内容是商品质量。黑龙江商学院赵相廷教授，把商品学从研究商品质量的形成、检验和维护，发展到研究商品质量的形成，评价、管理、维护、实现和再生的全过程，引入了全面质量管理工作的思想和方法。他认为，人们购买商品本质上是购买一种需求，质量的本质是满足消费者需要的程度。商品满足消费者需求的程度越高，商品质量就越好。因此，在评价商品质量时，既要注意商品质量符合标准的情况，又要考虑商品质量满足人和社会需求的程度；既要注意满足消费者对商品质量的基本要求，又要考虑消费者对商品质量的特殊要求；既要用一般方法来评价商品质量，又要把商品质量放在社会大系统中，作为一个系统工程来研究。近些年来出现的宽电压家用电器、健康空调、节能电冰箱等商品，就是这一思想的基本体现。2004 年 8 月在中国召开的第十四届国际商品学学术研讨会，把“商品·贸易·环境”作为会议主题，也说明这一思想已引起国际共鸣。在商品质量的具体评价上，有如下几点要求：①检查商品是否符合标准，以评价商品质量技术指标的高低；

②考察商品的造型、花色、款式和包装是否具有时代感，以评价商品满足消费者审美需要的质量；③考察商品使用是否简便易学，说明书是否清楚易懂，以评价商品使用方便性质量；④检查商品证件标志的齐全完整性，以评价商品质量的真实可靠性；⑤考察商品的售后服务，以评价商品质量的附加质量；⑥考察商品品牌的知名度，以评价商品质量的美誉度和消费者的认可性；⑦考察商品与人、商品与社会和商品与环境的关系，把商品质量放在社会这个大系统中加以评价，以评价商品质量的全面性，研究影响商品质量的主要因素。从着重研究商品生产、流通过程对商品质量的影响，发展到研究消费习惯、消费心理和使用过程对商品质量的影响。研究表明，各种商品都有自己的特性，若在消费过程中安装不妥、使用不当、管理不善、环境不好、养护不及时等，也会直接影响到商品质量，有的商品若不注意使用条件，甚至会带来灾难。中国商品学者还始终清醒地认识到，商品质量是一个动态的概念。质量观念的创新大体经历了3个阶段：第一阶段是符合型质量阶段，即符合标准；第二阶段是适应型质量阶段；第三阶段是满意型质量阶段。反映在国际标准上，商品质量的相应定义是：ISO 8402—86对质量的定义为“产品或者服务满足规定和潜在需要的特征和特性的总和”；1994版ISO 9000定义是“反映实体满足的明确和隐含需要能力的特性总和”；2000版ISO 9000定义是“达到持续的顾客满意”，提出了满意型质量概念，而且应该是让顾客持续满意。

在信息时代，电子商务蓬勃发展——商品学不仅研究商品体和商品包装的信息开发和信息传达，1999年中国商品学年会还把商品信息网络、商品技术创新、商品研究成果产业化等作为一个新的研究方向，2004年和2007年中国商品学年会在这方面又有了新的进展。

三、商品学的研究任务

商品学的研究任务主要有以下几个方面。

（一）指导商品使用价值的形成

通过商品资源和市场的调查预测、商品的需求研究等手段，为有关部门实施商品结构调整、商品科学分类、商品的进出口管理与质量监督管理、商品的环境管理、制定商品标准及政策法规、商品发展规划提供决策的科学依据；为企业提供商品基本质量要求，指导商品质量改进和新商品开发，提高经营管理素质，保证市场商品物美价廉，适销对路。

（二）评价商品使用价值的高低

商品质量是决定商品使用价值高低的基本因素，是决定商品竞争力强弱、销路、价格的基本条件。所以，它是商品学研究商品使用价值的中心内容。通过对商品使用价值的分析和综合，明确商品的质量指标、检验和识别方法，能全面准确地评价、鉴定商品的质量，杜绝伪劣产品流入市场，保证商品质量符合规定的标准或合同，维护正常的市场竞争秩序，保护买卖双方的合法权益，切实维护国家和消费者的利益，创造公平、平等的商品交换环境。

（三）防止商品使用价值的降低

分析和研究与商品质量有关的各种因素，提出适宜的商品包装、储运，保护商品质量，努力降低商品损耗。

（四）促进商品使用价值的实现

通过大力普及商品知识和消费知识，使消费者认识和了解商品，学会科学地选购和使用商品，掌握正确的消费方式和方法，由此促进商品使用价值的实现。

（五）研究商品使用价值的再生

通过对商品废弃物与包装废弃物处置、回收和再生政策、法规、运行机制、低成本加工技术等问题的研究，推动资源节约、再生和生活废物减量，保护环境的绿色行动。

四、商品学研究方法

（一）科学实验法

科学实验法是指在实验室内或一定试验场所，运用一定的实验仪器和设备，对商品的成分、构造、性能等进行理化鉴定的方法。这种方法具有良好的控制和观察条件，所得的结论正确可靠，是分析商品成分，鉴定商品质量，研制新产品的常用方法。但是这种方法需要一定的物质技术设备，投资较大。

（二）现场实验法

现场实验法是指通过一些商品学专家或有代表性的消费者群，凭人体感官的直觉，对商品的质量做出评价的研究方法。这种方法运用起来比较简便易行，但正确程度易受参加者的技术水平和人为因素的影响。适用于商品的质量评定，茶叶、酒类、某些新产品的试用等大多采用现场实验法。

（三）技术指标法

技术指标法是指在科学实验的基础上，对一系列同类商品，根据国内或国际生产力发展水平，确定质量技术指标，供生产者和消费者共同鉴定商品质量的方法。这种方法有利于促进商品质量的提高，但确定各类商品的质量指标是一项复杂而巨大的工程。

（四）社会调查法

商品的使用价值是一种社会性的使用价值，全面考察商品的使用价值需要进行各种社会调查，特别是在商品不断升级换代、新产品层出不穷的现代社会里，这方面的调查就显得更加重要，该方法具有双向沟通的作用，在实际调查中既可以将生产信息传递给消费者，又可以将消费者的意见和要求反馈给生产者。社会调查法主要有现场调查法、调查表法、直接面谈法、定点统计调查法。

（五）对比分析法

对比分析法是将不同时期、不同地区、不同国家的商品资料收集积累，加以比较，从而找出提高商品质量，增加花色品种，扩展商品功能的新途径。运用对比分析法，有利于经营部门正确识别商品和促进生产部门改进产品质量，实现商品的升级换代，更好地满足广大消费者的需要。

【案例点击】▶▶

海尔空调再夺消费者满意度第一

事实告诉我们，消费者满意度是决定品牌市场大小的关键因素。在第二届（2010 年）

中国家电用户满意度年会上，中国质量协会用户委员会、国家信息中心、国美电器等公示了对全国24个一二线城市、8.6万消费者家电满意度调研报告。结果显示，海尔空调凭借最优质的产品品质、最顶尖的自主创新技术以及最领先的行业服务标准，获得产品、服务和综合三个满意度“第一”。这是继获评2010中国质量万里行A类产品之后，海尔空调今年再度成为消费者心目中的第一。

记者了解到，中国家电用户满意度年会是家电满意度领域的权威品牌，已得到业界高度认可，其倡导的家电用户满意度（HACSI）研究已成为客观评价、公正探讨家电用户满意的行业的一种新思路、新规则。“此次调研是迄今全国最大规模、消费者参与度最高的家电用户满意度调查，能真实反映目前各品牌在产品、服务等方面的消费满意度，将给消费者提供有益的选购指导”，与会专家进一步表示。

品质：整合全球资源最苛刻考验换来用户放心

自1985年推出国内第一台分体式空调以来，海尔空调一直致力于打造全球第一的质量竞争力。全球环境模拟实验室的严格检测和全球顶级研发专家的智慧两大全球性资源的整合，锻造了海尔空调20多年来始终如一的世界级品质。

据了解，早在1999年，海尔就投入巨资建成中国唯一全球环境模拟实验室，能够根据环境实验的需要模拟出大自然中包括高温天气、高寒地带、潮湿环境及恶劣的风沙、冰雹的袭击等各种破坏性极强的环境，每一台海尔空调的出厂，都必须经过6项全球性极限环境模拟考验。

为了满足消费者不断变化的需求，提供具有世界级品质的产品，海尔空调整合了全球10多位顶尖专家坐镇，从产品企划阶段到开发，从零部件到制造，从用户验证到安装，给予全程指导。不仅如此，海尔空调还拥有分布在日、韩等全球8大研发中心的尖端空调专家资源武装海尔空调，以求让每一位购买海尔空调的用户都能对产品品质放心。

技术：创造用户需求最领先科技引领全球消费潮流

要让用户满意，先要打动用户的心。在全球技术不断创新的今天，谁的技术创新满足了用户需求，谁就引领了消费潮流，赢得了用户。回顾2010年，海尔空调的耕耘不辍重点体现在自主创新技术的研发和应用，不论是风靡市场的无氟变频空调，还是引领行业的物联网产品，海尔空调始终坚持以用户需求为核心，实现了在技术、产品等方面的全面创新。

从1998年，海尔空调首创无氟技术以来，海尔一直在引导无氟变频市场的前进方向。2000年，第一台无氟变频空调研发成功，2010年，海尔又独创A＋无氟变频空调，比普通3级无氟变频空调一年可节省约160元电费，并成为业内首个实现变频空调100％无氟的领军企业。海尔无氟变频空调为消费者奉献了一个更健康更低碳的舒适环保生活。

不过，2010年，海尔空调最具颠覆性的创新成果应是物联网空调的发明。海尔无氟变频物联网空调，融合了无氟变频与物联网两大未来家电发展方向的技术创新成果，实现了智能IOT物联网技术的超前应用，通过无线3G-TD技术，可进行智能安防、远程监控、运行管理、服务预警等多重智能操作。这一发明将空调行业的发展引领到一个全新的高度，并为全球消费者呈现出一种耳目一新的生活方式。

服务：主导制定国标最优质服务让用户使用更无忧

在日前国家公布的首批家电售后服务标准中，由海尔空调起草并制定的《家用及类似用途无氟变频空调器安装服务规范》被正式纳入应用范围，这也是我国家电服务领域首批“国”字头通用标准，海尔在推动空调行业服务体系的完善和升级方面做出了巨大的贡献。

参与并主导制定国标是对海尔空调服务的真正认可。在服务承诺方面，海尔在业内首推“无氟变频空调整机10年免费包修”，而国家规定标准仅为1年，这一升级承诺立刻掀起了行业延保的风潮；在配套安装方面，海尔主导制定了国内首个无氟变频空调安装服务规范并明确提出100%抽真空专业安装；在服务沟通方面，海尔的全国统一400服务热线7天24小时全年无休开通，售后服务人员随时准备解答消费者难题；在服务标准方面，从上门不喝用户一口水到无搬动服务，从无尘安装到先设计再安装，海尔一直在用心为消费者创造舒适空气绿色节能解决方案，让人们体验到真正放心无忧的服务。

专家表示，2010年我国空调行业在以旧换新、节能补贴、家电下乡等国家利好政策的刺激下，取得了释放性的增长。但若想继续保持这一良好态势，消费者的满意度是关键所在。在目前空调行业总体满意度不高的现状下，海尔获评空调行业综合满意度最佳品牌，将对整个行业起到一个很好的示范作用。同行业品牌应该以海尔为标杆，更多的参与到服务升级、满意升级的行列中来。

（资料来源：海尔官方网站 http://www.haier.cn. 2010年9月19日）

思考：为什么海尔空调能取得如此业绩？

【任务设计】

分析商品的三个层次构成

1. 任务目标

(1) 使学生能运用自己设计的分析表格进行商品三个层次构成分析；

(2) 培养学生的人际沟通和团队合作协调能力。

2. 案例引入

某咨询公司受一家电生产企业委托，对某家电产品进行商品构成分析，并写出分析报告。请以该咨询公司名义完成此项任务。

3. 实施步骤

(1) 指导教师向学生讲解商品的构成及分析方法；

(2) 将学生分为7～8组，每组5～6人；

(3) 组织各组分别进行该种家电商品调查与分析；

(4) 调查完毕后，以小组形式撰写分析报告；

(5) 在各组推荐的基础上，选定若干名学生在全班进行交流。

4. 检查评价（见表1-2）

表1-2 商品三个层次构成分析结果评价标准表

被考评人					
考评地点					
考评内容	商品构成状况分析				
	内容	分值	自我评价	他人评价	教师评价
考评标准	分析表反应调查对象特征准确	40			
	分析资料全面透彻	40			
	团队协作良好	20			
合计		100			
总分					

【思考题】

1. 什么是商品？
2. 商品的构成可分为哪三部分？试举例说明。
3. 商品学的研究任务主要从哪几个方面着手？
4. 为什么说商品学研究的中心内容是商品质量？

第二章 商品分类与商品编码

[知识目标]

1. 了解商品分类的含义、原则、方法和标志；
2. 理解商品编码的含义、作用、原则、方法和商品条形码含义、使用流程和意义；
3. 熟悉商品分类体系结构，掌握各项分类工作原则，熟练选择分类标志；
4. 熟练掌握商品分类代码及标示代码的结构及应用，熟悉物流条码；
5. 了解常见商品目录和商品分类体系。

[能力目标]

1. 能进行商品分类代码及标示代码的结构分析；
2. 具有熟练选择分类标志进行商品分类的能力；
3. 具有根据需要选择合适的分类标志进行商品编码的能力。

[必备知识]

第一节 商品分类的概念与原则

一、商品分类的概念

所有的事物、现象及概念都是概括一定范围的集合总体。所谓分类，就是将某集合总体根据一定的标志和特征，按照归纳共同性、区别差异性的原则，科学地、系统地逐次划分为若干范围更小、特征更趋一致的局部集合体，直到划分成为最小单位。

商品是以数以万计的具体商品品种集合而成的总体。商品分类是指为了一定的目的，按照一定的标志，科学地、系统地将商品分成若干不同类别的过程。商品分类的结果，一般可划分为大类、中类、小类、品类、品种和细目等类目层次。商品分类的类目层次及其应用实例如表 2-1 所示。

表 2-1 商品分类的类目层次及其应用实例

商品类目名称	应用实例		商品类目名称	应用实例	
商品大类	食品	日用工业品	商品品类	奶	肥皂
商品中类	食粮	家用化学品	商品品种	全脂饮用奶	茉莉香型香皂
商品小类	乳及乳制品	洗涤用品			

商品大类一般根据商品生产和流通中的行业来划分，既要同生产行业对口，又要与流通组织相适应。如《中国化工产品目录》（2004 年版）中，将全国化工产品分为 19 大类。《全国工农业产品（商品、物资）分类与代码》中将全国的工农业产品分成 99 个大类。

商品品类又称商品品目，是指具有若干共同性质或特征的商品总称，它包括若干商品品种。如家用电器可分为家用制冷电器、家用空气调节器、家用电风扇、家用厨房电器具、家用清洁卫生洁具、熨烫器具等品类。

商品的品种是指商品的具体名称，它是按商品的性质、成分等方面特征来划分的，如家用电风扇包括台扇、落地扇、顶扇、壁扇、吊扇和排气扇等品种。

商品的细目是对商品品种的详细区分，包括商品的花色、规格、品级等，它能具体地反映出商品的特征。

二、商品分类的原则

商品的科学分类是一项复杂而极具科学性的工作。为了得到一个科学合理而又适用的商品分类体系，在对商品进行分类时必须遵循下列原则。

（一）科学性原则

评价一种分类是否科学，主要在于：一是要有明确的目的，任何分类体系都是适应一定目的需要的，没有明确的目的，就不可能有科学的分类；二是要有确定的范围，根据目的划分范围；三是要有合理的标志，标志合理，才能揭示类别间本质的区别和达到分类目的；四是要有适当的层次，层次太少达不到分类的目的，没有区别就不能采取不同的对策，但层次太多，不便于抓共性，造成管理上的复杂麻烦；五是要有统一的名称，在同一分类中，一种商品只能用一个名称。

（二）系统性原则

一个分类就是一个系统，除了做到科学性的五个方面以外，还应做到：上下层次间有相容关系；同一层次并列单元之间有明确的区别；同一层次同一单元内的商品应有相同的特性；每种商品在分类体系中只能有一个位置，不能上下交叉或平行交叉。

（三）可延性原则

建立分类体系时，应尽可能考虑到商品种类的发展和扩大，根据一定的分类目的，不但能包括现在已有的商品，而且考虑到将会出现的商品。因此，在分类体系中常留有一定的空位或设立其他项。

（四）兼容性原则

兼容性原则指不同分类体系之间应实施的原则，主要应做到以下三点：相关的分类体系之间，应尽可能地建立对应关系和转换关系，比如国家商品分类标准，应尽量与国际标准一致，便于信息交换；同一领域，上级的分类与下级的分类相协调，原则是下级的分类不能与上级的分类相矛盾、相违背；建立新的分类体系，应尽可能考虑老体系使用多年形成的习惯，习惯性原则也是兼容性的一种表现。

三、商品分类的意义

商品分类是商品学研究的基础，也是国民经济管理现代化的先决条件。随着科学技术的进步和市场经济的不断发展，商品种类日趋增多，商品分类的作用也越来越大。

（一）商品的科学分类为政府各部门、行业和企业实施各项管理活动以及实现信息化管理奠定了科学基础

商品的种类繁多、特征多样、价值不等、用途各异，只有将商品进行科学的分类，从生产到流通领域的计划、统计、核算、税收、物价、采购、运输、养护、销售等各项管理工作才能顺利进行，统计数据才具有实用价值。国民经济各部门和各企业必须在商品科学分类的基础上编制各自的商品目录，以保证商品目录的科学性，为开展各项经济管理活动创造先决条件，同时也对商品分类和编码提出了更高的要求。目前，在许多国家的内贸和国际贸易中，都得用计算机和商品信息系统查询商品的性能、生产国别、厂商、价格、资源量、存放地点、贸易资料等商品信息，以实现商品信息流和物流管理的现代化；在超级市场，对商品进行自动计价结算和盘结。这些都是依靠科学的商品分类、编码来实现的。因此，商品的科学分类为实现经济现代化和实施各项管理活动以及信息化管理奠定了基础。

（二）商品的科学分类有利于商品标准化的实施和商品质量标准的制定

通过科学的商品分类，可使商品的名称、类别统一化、标准化，从而可避免同一商品在生产和流通领域的不同部门由于商品名称不统一而造成的困难，便于安排生产和流通，并可加强国内产、供、销平衡，有利于发展国际贸易，提高经济管理水平和经济效益。制定各种商品标准时，必须明确商品的分类方法、商品的质量指标和对各类商品的具体要求等。所有这些都应建立在商品科学分类的基础上。

（三）商品的科学分类便于商品经营管理和顾客选购、消费商品

在经营管理和销售环节中，经营者可按商品分类和商品目录的要求，设立商品部、柜组，能有秩序地安排好市场供应，从而便于消费者和用户选购。

（四）商品的科学分类有利于开展商品研究和教学工作

在教学中，按教学需要对商品进行科学分类，可以使知识系统化、专业化，便于理解和掌握，有利于开展商品的质量分析与评价、商品检验、商品包装与储运养护等专题教学和研究。

（五）商品的科学分类有利于开展商品检验工作

由于商品品种繁多、特征及性能各异，只有通过对商品的科学分类，将研究对象从个别商品特征归结综合为某类商品的类别特征，才能深入分析和了解商品的性质和使用性能，全面分析和评价商品质量以及研究商品质量变化规律，从而有助于商品质量的改进和提高，有利于开展商品检验。通过商品的科学分类，还有利于对商品品种和品种结构进行研究，从而为商品品种发展和商品新品种开发提出科学的依据。

第二节　商品分类的标志与方法

一、商品分类的标志

选择商品分类标志是进行商品科学分类的前提和基础。工作中应根据分类的目的以及商

品的范围不同选择不同的商品分类标志。

(一) 以商品的用途作为分类标志

商品的用途与消费者的需要密切相关，是体现商品使用价值的重要标志，也是探讨商品质量和商品品种的重要依据。以商品用途作为分类标志，不仅适合于对商品大类的划分，也适于对商品类别、品种的进一步详细划分。例如，根据用途的不同，商业企业可将日用工业品分为器皿类、洗涤用品类、化妆品类、家用电器类、文化用品类等，其中，化妆品类商品还可进一步分为护肤化妆品、美容化妆品、发用化妆品等，发用化妆品又可以细分为染发剂、美发剂、护发剂和生发剂等。以不同商品用途作为分类标志，便于消费者选购，同时也有利于分析和比较同一用途商品的质量和性能。但对多用途的商品，一般不适合采用此标志。

(二) 以原材料作为商品分类标志

商品的原材料是决定商品质量、使用性能、特征的重要因素。由于原材料的不同，使商品具有截然不同的特性和特征，并反映在商品的化学成分、性能、加工、包装、储运、使用条件要求的差异上。例如，按原材料来源的不同，食品可分为植物性食品、动物性食品和矿物性食品，它们的化学成分和营养价值有明显的差别；纺织品也可根据原料的不同划分为棉织品、毛织品、丝织品、化纤织品和混纺织品五大类。以原材料作为商品分类标志，不仅使分类清楚，而且能从本质上反映出每类商品的性能、特征、使用方法、包装及养护要求差别。这种分类标志特别适用于原料性商品和原料对成品质量影响较大的商品，对那些由多种原料制成和成品质量及特征与原材料关系不大的商品，如电视机、照相机、洗衣机等则不宜采用。

(三) 以商品的加工方法作为分类标志

商品的生产加工方法，是商品质量的形成过程，同一用途的商品虽然使用的原材料相同，但由于采用的加工方法或制造工艺不同，其性质及特征会有很大差异，从而形成截然不同的品种类别。这种商品分类标志对那些可以选用多种加工方法制造且质量特征受工艺影响较大的商品更为适用，能够直按说明商品质量特征及风格。例如，按制造方法的不同，酒分成蒸馏酒、发酵酒和配制酒；纺织品按生产工艺不同，分成机织品、针织品和无纺布。对那些虽然加工方法不同，但成品质量特征不会产生实质性区别的商品，则不宜采用此种分类标志进行分类。

(四) 以商品的化学成分作为分类标志

商品的化学成分是形成商品质量、影响其变化的最基本因素。在很多情况下，商品的主要化学成分决定其性能、用途、质量或储运条件，因而是决定商品等级的重要因素。对这些商品进行分类时，应以其主要化学成分作为分类标志。例如，化学肥料可按其主要化学成分的不同分为氮肥、磷肥、钾肥。有些商品的主要化学成分虽然相同，但是所含的特殊成分不同，可形成质量、特征、性质和用途完全不同的商品。对这类商品进行分类时，都应以特殊化学成分作为分类标志。例如，玻璃的主要成分是二氧化硅，根据其所含特殊成分的不同可分为钠玻璃（含有氧化钠）、钾玻璃（含有氧化钾）、铅玻璃（含氧化铅）、硼硅玻璃（含有硼酸）等；钢材也可按其所含的特殊成分划分为碳钢、硅钢、锰钢等。按化学成分进行商品分类，能够更深入地分析商品特性，对研究商品的加工、包装、使用以及商品在储运过程中的质量变化有重要意义。对于化学成分比较复杂或易发生变化及对商品性能影响不大的商品则不适宜采用这种分类标志。

二、商品分类的基本方法

商品分类时通常采用的基本方法有线分类法和面分类法两种。

(一) 线分类法

线分类法也称层级分类法，是指将分类对象按照所选定的若干分类标志，逐次地分成相应的若干个层级类目，并排列成一个有层次逐级展开的分类体系。

线分类法的一般形式有大类、中类、小类和细目等，将分类对象一层一层地进行具体划分，各层级所选用的分类标志可以相同，也可以不同。在这种分类体系中，由一个层次直接区分出来的各类目，彼此称为同位类；同位类的类目之间为并列关系，既不重复，又不交叉。一个类目相对于由它直接划分出来的下一层级的类目而言，称为上位类（也称母项）；由上位类直接划分出来的下一层级类目，相对于上位类而言，称为下位类（也称子项）。上位类与下位类之间存在着从属（隶属）关系，即下位类从属于上位类。例如，木制家具与金属家具彼此为同位类，二者相对于家具而言，则属于下位类，家具是其上位类。其结构示意图如图 2-1。

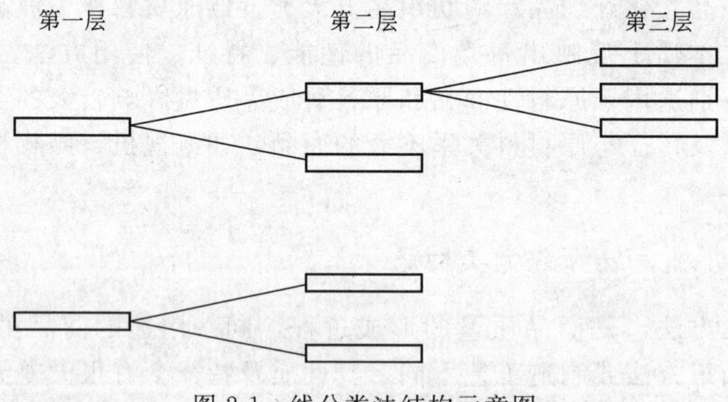

图 2-1　线分类法结构示意图

在选用线分类方法时，一般应遵循下列基本原则：在线分类中，由某一上位类类目划分出的下位类类目的总范围应与上位类类目范围相同；当一个上位类类目划分成若干个下位类类目时，只能选择一个划分标志；同位类类目之间不交叉，不重复，并只对应于一个上位类；分类要依次进行，不应有空层或加层。

线分类法的优点在于其具有较好的层次性，能较好地反映类目之间的逻辑关系，既符合手工处理信息的传统习惯，又便于电脑对信息的处理。该分类方法的缺点表现为结构弹性差，一旦确定了分类深度和每一层级的类目容量并固定了划分标志后，要想变动某一个划分标志就比较困难。因此，使用线分类法必须考虑有足够的后备容量。

(二) 面分类法

面分类法又称平行分类法，是指将所选定的分类对象的若干标志视为若干个面，每个面划分为彼此独立的若干个类目，排列成一个由若干个面构成的平行分类体系。其结构示意图如图 2-2。

服装的分类就可采用面分类法，把服装所用的面料、式样和款式分成三个相互之间没有隶属关系的“面”，每个“面”又分成若干个不同范畴的独立类目，如表 2-2 所示。使用时，

图 2-2 面分类法结构示意图

将有关的类目组合起来，便成为一个复合类目，如纯毛男式西装、纯棉女式休闲装。

表 2-2 服装的面分类法应用实例

面料	式样	款式
纯棉 纯毛 涤纶	男式 女式	中山装 西服 夹克

选用面分类法一般应遵循如下一些原则：根据需要选择分类对象的本质属性作为分类对象的标志；不同类面的类目之间不能相互交叉，也不能重复出现；每个面有严格的固定位置；面的选择以及位置的确定应根据实际需要而定。

面分类法所建立起的分类体系结构弹性好，可以较大量地扩充新类目，不必预先确定好最后的分组，适用于计算机管理。它的缺点是组配结构太复杂，不便于手工处理，其容量也不能充分利用。用表 2-2 提供的类目进行组配，就可发现其中会出现在实践中没有意义的商品复合类目。

目前，在实际运用中，一般把面分类法作为线分类法的补充。如我国在编制《全国工农业产品（商品、物资）分类与代码》国家标准时，采用的是线分类法和面分类法相结合、以线分类法为主的综合分类方法。

第三节 商品编码

商品编码又称商品代码，它是赋予某种或某类商品的一个或一组有序的代表符号，符号可以由字母、数字和特殊标记组成。

商品科学分类是合理编码的前提，而商品编码是商品分类体系和商品目录的一个重要组成部分，是进行科学商品分类的一种手段。商品编码可使多种多样、品名繁多的商品便于记忆、简化手续，提高工作效率和可靠性，有利于计划、统计、管理等业务工作，并为利用计算机进行自动化管理打下基础。

商品实行分类编码标准化，可以提高分类体系的概括性、科学性，有利于商品分类的通用化、标准化，为建立商品信息系统以及运用电子计算机进行商品信息流和物流的现代化科学管理创造条件。目前，许多国家已在商品分类编码标准化的基础上建立了现代化的统一商品分类编码系统和商品信息自动化管理系统，实现了商品信息的自动化管理，从而避免了物资的重复设计、制造、采购、储存和运输所造成的浪费，有效地促进了物资流通和国际贸易，提高了物资供应和利用效率以及工作效率和工作质量，加速了资金周转，并获得了显著的经济效益。

一、商品编码的基本原则

商品分类和编码是分别进行的，商品分类在先，编码在后。商品科学分类为合理编码提供了前提条件，但是编码是否科学得当会直接影响商品分类体系的实用价值。一个好的商品分类体系如果没有一套运用方便的代码，就会给组织商品信息和运用商品信息以及商品流通合理化和经济管理现代化带来困难和麻烦。合理的商品编码必须遵循以下原则。

（一）唯一性原则

所谓唯一性是指所标识商品应与其编码一一对应。也就是说，每一个编码对象（商品类目）只能有一个代码，每一个代码只能标识同一商品类目。

（二）简明性原则

商品编码应尽可能简明，即尽可能使代码的长度最短，这样既便于手工处理，减少差错，也能减少计算机的处理时间和存储空间。

（三）层次性原则

商品编码要层次清楚，能清晰地反映商品分类体系和分类目录内部固有的逻辑关系。

（四）可扩性原则

在商品编码结构体系里应留有足够的备用码，以适应新类目增加和旧类目删减的需要，使扩充新代码和压缩旧代码成为可能，从而使分类和编码可以进行必要的修订和补充。

（五）稳定性原则

商品编码一旦确定后就不要变更，即使该类目商品停止生产或停止供应，也不要马上就分配给其他的商品类目，只有这样才能够保持编码体系的稳定性。

（六）统一性和协调性原则

商品编码要同国家商品分类编码标准相一致，与国际通用商品分类编码制度相协调，以利于实现信息交流和信息共享。

（七）具备自检能力原则

商品编码一般位数较长，在输入计算机时容易发生差错，所以编码必须具有检测差错的自身核对性能，以适应计算机的处理。

在编制商品分类体系和商品分类目录时，对以上原则可根据使用的要求综合考虑，以达到最优化的效果。

二、商品编码方法

商品编码按其所用的符号类型分为数字型代码、字母型代码、字母—数字混合型代码和条形码四种。下面首先介绍前三种类型。

（一）数字型代码

数字型代码是用一个或若干个阿拉伯数字表示分类对象（商品）的代码，其特点是结构简单，使用方便，易于推广，便于利用计算机进行处理，是目前大多数国家采用的一种代码。

编制商品数字代码的方法有顺序编码法、层次编码法、平行编码法和混合编码法四种。

1. 顺序编码法

顺序编码法是按商品类目在分类体系中先后出现的次序，依次给予顺序代码。通常为了满足信息处理的要求，多采用等长码，即每个代码标志的数列长度（位数）完全一致。顺序编码法通常用于容量不大的编码对象集合体，编码时可以留有“空号”（储备码），以便随时增加类目。系列顺序编码法适用于分类深度不大的编码对象集合体。应用这种编码方法时，把整个编码对象集合体按一定的属性或特征划分为系列。集合体的每一系列，通常按顺序登记获得代码，在每个系列中留有后备码。

2. 层次编码法

层次编码法即代码的层次与分类层级相一致。这种编码方法常用于线分类（层级分类）体系。由于分类对象是按层级归类的，所以在给类目赋予代码时，编码也是按层级依次进行，分成若干个层次，使每个分类类目按分类层级，一一赋予的代码。从左至右的代码，第一位代表第一层级（大类）类目，第二位代表第二层级（中类）类目，依此类推。这样，代码的结构就反映了分类层级的逻辑关系。层次编码法的优点是逻辑性较强，能明确地反映出分类编码对象的属性或特征及其相互关系，便于机器汇总数据，缺点是结构弹性较差，为延长其使用寿命，往往要用延长代码长度的办法，预先留出相当数量的备用号，从而出现代码的冗余。

3. 平行编码法

平行编码法用于面分类体系，每一个分类面，确定一定数量的码位。平行编码法的优点是编码结构有较好的弹性，可以比较简单地增加分类面的数目，必要时还可更换个别的面，可用全部代码，也可用部分代码；缺点是代码过长，冗余度大，不便于计算机管理。

4. 混合编码法

混合编码法是层次编码法和平行编码法的合成，代码的层次与类目的等级不完全相适应。当把分类对象的各种属性或特征分列出来后，其某些属性或特征用层次编码法表示，其余的属性或特征则用平行编码法表示。这种编码方法吸取了两者的优点，效果往往较理想。

（二）字母型代码

字母型代码是用一个或若干个字母表示分类对象的代码。按字母顺序对商品进行分类编码时，一般用大写字母表示商品大类，用小写字母表示其他类目。在中欧，主要用拉丁字母和希腊字母按其顺序为商品编制代码。字母型代码便于记忆，适合人们的使用习惯，可提供便于人们识别的信息，但不便于机器处理信息，特别是当分类对象数目较多时，常常会出现重复现象。因此，字母型代码常用于分类对象较少的情况，在商品分类编码中很少使用。

（三）字母—数字混合型代码

混合型代码是由数字和字母混合组成的代码，它兼有数字型代码和字母型代码的优点，结构严密，具有良好的直观性和表达式，同时又有使用上的习惯。但是，由于代码组成形式复杂，给计算机输入带来不便，录入效率低，错码率高。因此，在商品分类编码中并不常使用这种混合型代码，少数国家在标准分类时采用混合代码。

三、中国商品分类代码

中国国家标准《全国主要产品分类与代码》[GB/T 7635.1(2)—2002] 是由中国标准研

究中心负责，会同国内50多个部门上百名专家历时多年制定完成的。该标准是在采用联合国统计委员会制定的《主要产品分类》（CPC）的基础上，对GB 7635—1987《全国工农业产品（商品物资）分类与代码》进行修订而成的。

新的《全国主要产品分类与代码》结构共6层8位码，前5层采用了CPC的结构，其内容与CPC可运输产品部分相对应，并根据我国国情在相应位置增加了产品类目，第六层是新增加的产品类目。可运输产品分5大部类，共列入5万余条类目，40多万个产品品种或品类。该标准是标准化领域中一项大型的基础性标准，可提供一种具有国际可比性的通用的产品目录体系，为国家、部门、行业及企业对产品的信息化管理和信息系统提供依据，以实现各类产品的各种信息数据的采集、处理、分析和共享。

《全国主要产品分类与代码》由相对独立的两个部分组成，第一部分为可运输产品，第二部分为不可运输产品。

GB/T 7635.1与CPC的可运输产品部分相对应，一致性程度为非等效。分类代码表由五大部类组成。此部分采用层次码，依次为大部类、部类、大类、中类、小类和细类。代码结构的前五层与CPC相同，每层1位码，其内容采用了CPC可运输产品的全部类目和代码（447“武器和弹药及其零件”除外），与CPC的5位代码结构相对应；第六层是新增加的产品类目（细类），用3位码表示（如图2-3）。分类代码表中共列入51219个产品类目。其中，第一至第五层各用一位数字表示，第一层代码为0～4，第二层、第五层代码为1～9，第三层、第四层代码为0～9，第六层用三位数字表示，代码为010～999，采用了顺序码和系列顺序码；第五层和第六层代码之间用圆点（·）隔开，信息处理时应省略圆点符号。《全国主要产品分类与代码》（GB/T 7635.1—2002）的各大部类及部分代码结构示例如表2-3所示。

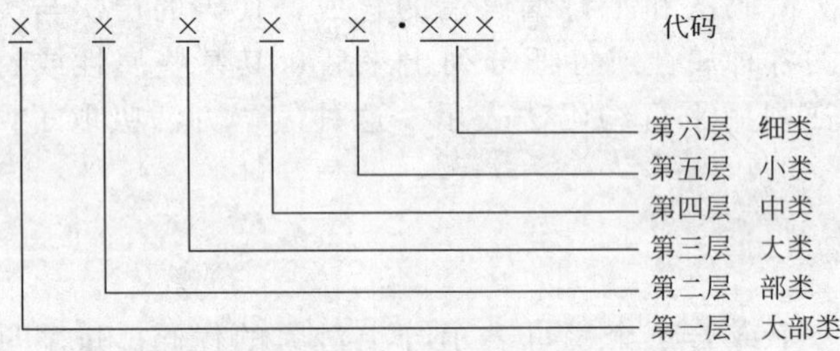

图2-3 GB/T 7635.1—2002代码结构

GB/T 7635.2与CPC的服务、资产部分（不可运输部分）相对应，一致性程度为非等效。该部分由五个部类组成。代码用5位阿拉伯数字表示，代码结构采用层次码，分成五层，各层分别命名为部类、门类、大类、中类和小类，每层1位码，其代码结构如图2-4所示。第1层代码（部类）从“5”开始，以便与GB/T 7635.1—2002代码相衔接，《全国主要产品分类与代码》（GB/T 7635.2—2002）的各部类及部分代码结构示例如

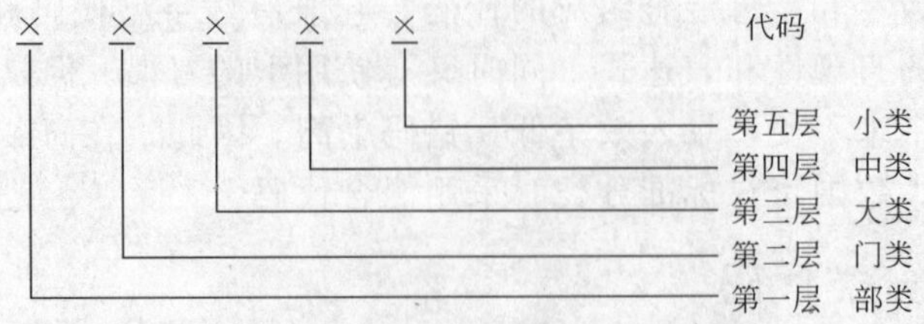

图2-4 GB/T 7635.2—2002代码结构

表 2-4 所示。

表 2-3 《全国主要产品分类与代码》（GB/T 7635.1—2002）的各大部类及部分代码结构示例

代码	名　称	代码	名　称
0 大部类	农林（牧）渔业产品；中药	2 大部类	加工食品、饮料和烟草；纺织品、服装和皮革制品
01	种植业产品	21	肉、水产品、水果、蔬菜、油脂类等加工品
011	谷物、杂粮等及其种子	22	乳制品
0111	小麦及混合麦	…	…
01111	小麦	29	天然皮革、再生革和皮革制品及非皮革材料的同类制品、鞋
01111·010～·099	冬小麦	3 大部类	除金属制品、机械和设备外的其他可运输物品
01111·011	白色硬质冬小麦	31	木（材）和木制品、软木制品、稻草、麦秆和缏条材料制品
01111·012	白色软质冬小麦	32	纸浆、纸和纸制品；印刷品和相关物品
01111·013	红色硬质冬小麦	…	…
01111·014	红色软质冬小麦	38	家具；其他不另分类的可运输物品
01111·100～·199	春小麦	39	旧物、废弃物和残渣
01111·101	白色硬质春小麦	4 大部类	金属制品、机械和设备
01111·102	白色软质春小麦	41	主要金属材料
02	活的动物和动物产品	42	除机械设备外的金属制品
03	森林产品和森林采伐产品	…	…
04	鱼和其他渔业产品	49	交通运输设备
06	中药		
1 大部类	矿和矿物；电力、可燃气和水无烟煤和褐煤等		
11	煤；泥炭（包括煤加工产品等）		
12	原油和天然气等		
…	…		
16	其他矿物		

表 2-4 《全国主要产品分类与代码》（GB/T 7635.2—2002）的各部类及部分代码结构示例

代码	名　称	代码	名　称
5 部类	无形资产；土地；建筑工程；建筑物服务产品	5123	版权
51	无形资产	51230	版权
511	金融资产和负债	…	
5110	金融资产和负债	6 部类	经销业服务；住宿服务；食品和饮料供应服务；公用事业商品销售服务产品
51100	金融资产和负债	7 部类	金融及有关服务；不动产服务；出租和租赁产品服务
512	非金融无形资产	8 部类	商务和生产服务产品
5121	专利	9 部类	社区、社会和个人服务产品
51210	专利		
5122	商标		
51220	商标		

四、商品目录

（一）商品目录及其意义

商品目录是指将所经营管理的全部商品品种，按一定标志进行系统分类编制成的商品细目表。商品目录又称商品分类目录，编制商品目录离不开商品分类，只有在商品科学分类的基础上编制商品目录，才能使其眉目清晰，才有助于管理工作的科学化。

编制商品目录，便于国家、部门和企业对其经营范围内的商品进行科学管理；便于对商品生产和经营动态的了解和把握，为市场经济发展提供商品信息；便于消费者对市场商品供求情况的了解，更好满足消费者的需要。所以，编制商品目录是搞好商品生产、经营及其管理的一种重要手段。

（二）商品目录的种类

商品目录的种类很多，以编制对象可分为工业产品目录、贸易商品目录和进出口商品目录；以适用范围可分为国际商品目录、国家商品目录、部门商品目录和企业单位商品目录。

1. 国际商品目录

国际商品目录，是指由国际组织或区域性集团通过商品分类所编制的商品目录。如联合国编制的《国际贸易标准分类目录》；欧共体制定的《欧洲共同体对外贸易统计商品目录》。国际商品目录是在国际范围内从事进出口业务，进行统计和经营管理应共同遵守的准则。

2. 国家商品目录

国家商品目录，是指由国家指定专门机构通过商品分类制定的商品目录。如美国的《国家物质代码》、日本的《商品分类编码》和我国的《GB 7635—87》标准，就是这些国家从事经济管理各自遵守的准则。

3. 部门商品目录

部门商品目录，是指由本行业主管部门编制的商品目录。如原商业部编制的《SB/T 10135—92》标准，对外经济贸易部编制的《对外贸易进出口业务统一商品目录》，进出口商品检验局编制的《商检机构实施检验的进出口商品种类表》等，这些商品目录，是该部门从中央到基层共同遵守的准则。

4. 企业、单位商品目录

企业、单位商品目录，是指由本企业单位自己编制的商品目录，是本企业、单位遵守的准则。

以上四种商品目录之间，存在着极其密切的关系。国家商品目录要与国际商品目录相协调；部门或企业、单位编制的商品目录既要符合国家商品目录提出的分类原则，又要满足本部门或本企业、单位的需要。因此，一般来说，部门或企业单位商品目录常比国家商品目录包括的商品类型少，但品种的划分更细。

第四节 商品条码

一、商品条码概述

（一）条码的概念

GB/T 12905—2000《条码术语》中条码的定义：条码（Bar Code）是由一组规则排列

的条、空及其对应字符组成的标记，用以表示一定的信息。如图 2-5 所示。

图 2-5　条形码

（二）条码的产生和发展

条码的研究始于 20 世纪中期。20 世纪 50 年代美国就有关于铁路车辆采用条码标示的报道，60 年代美国开始将条码的研究集中在食品零售业。自 70 年代以来，条码在北美和西欧相继使用。

美国于 1971 年成立了统一编码委员会（简称 UCC）。1973 年，UCC 从若干种条码方案中选定 IBM 公司提出的条码系统，并将它作为北美地区的通用产品代码，简称 UPC 条码。

1977 年 2 月，欧洲共同体正式成立了欧洲物品编码协会（简称 EAN）。EAN 开发出与 UPC 条码相兼容的欧洲物品编码系统，简称 EAN 条码。

1981 年，欧洲物品编码协会更名为国际物品编码协会，仍简称 EAN。2002 年 11 月 26 日，欧洲物品编码协会 EAN 正式接纳美国统一编码委员会 UCC 成为会员，EAN 条码成为国际通用的商品条码。

我国条码技术的研究始于 20 世纪 70 年代，80 年代末，条码技术开始用于一些领域。1988 年 12 月，中国物品编码中心正式成立，负责研究推广条码技术，统一组织协调和管理我国的条码工作。1991 年 4 月，中国物品编码中心代表我国加入国际物品编码协会 EAN。

（三）条码的优势

条码是迄今为止最经济、实用的一种自动识别技术。条码技术具有以下几个方面的优点。

1. 输入速度快

与键盘输入相比，条码输入的速度是键盘输入的 5 倍，并且能实现“即时数据输入”。

2. 可靠性高

键盘输入数据出错率为三百分之一，利用光学字符识别技术出错率为万分之一，而采用条码技术误码率低于百万分之一。

3. 采集信息量大

利用传统的一维条码一次可采集几十位字符的信息，二维条码更可以携带数千个字符的信息，并有一定的自动纠错能力。

4. 灵活实用

条码标识既可以作为一种识别手段单独使用，也可以和有关识别设备组成一个系统实现自动化识别，还可以和其他控制设备连接起来实现自动化管理。

另外，条码标签易于制作，对设备和材料没有特殊要求，识别设备操作容易，不需要特殊培训，且设备也相对便宜。

（四）条码技术在商品流通管理的应用

近年来，经过中国物品编码中心和全国各地分中心、系统集成商等有关各方面的大力宣传和推广，条码技术的应用已被越来越多的人所认识和接受，特别是条码技术在商品流通管理中的应用取得了十分可喜的成绩。条码技术在商品流通管理中的应用不仅可以避免差错和提高工作效率，而且可以提高经营管理水平。

1. 条码技术在 POS 系统的应用

POS（Point of Sales）是一个商业销售点实时系统。该系统以条码为手段，计算机为中心，实现对商店的进、销、存的管理，快速反馈进、销、存各个环节的信息，为经营决策提供信息。条码在 POS 系统的应用如图 2-6 所示。

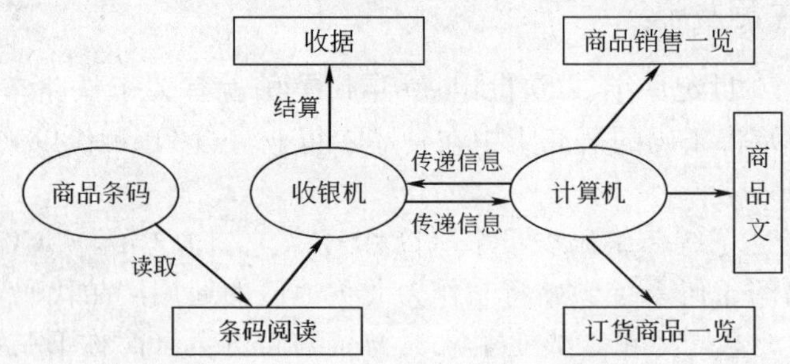

图 2-6　条码在 POS 系统的应用流程

2. 条码在库存管理的应用

条码技术不仅可用于商品销售，而且可用于库存管理。利用便携式数据采集器，通过条码阅读器扫描，可快速、准确地进行库存盘点，然后送入 POS 系统，与 POS 系统中的数据进行比较后产生盘盈、盘亏表。如果采用手工进行库存盘点。不仅费工、费时，而且不易盘准，容易产生差错。因此，使用条码进行库存管理是实现仓库现代化管理的重要手段。

小案例

美国最大的百货公司沃尔玛公司在全美有 25 个规模很大的配送中心，一个配送中心要为 100 多家零售店服务，日处理量约为 20 多万个纸箱。每个配送中心分三个区域：收货区、拣货区、发货区。在收货区，一般用叉车卸货。先把货堆放到暂存区，工人用手持式扫描器分别识别运单上和货物上的条码，确认匹配无误才能进一步处理，有的要入库，有的则要直接送到发货区，称作直通作业以节省时间和空间。在拣货区，计算机在夜班打印出隔天需要向零售店发运的纸箱的条码标签。白天，拣货员拿一叠标签打开一只只空箱，在空箱上贴上条码标签，然后用手持式扫描器识读。根据标签上的信息，计算机随即发出拣货指令。在货架的每个货位上都有指示灯，表示那里需要拣货以及拣货的数量。当拣货员完成该货位的拣货作业后，一按“完成”按钮，计算机就可以更新其数据库。装满货品的纸箱经封箱后运到自动分拣机，在全方位扫描器识别纸箱上的条码后，自动分拣机把纸箱拨入相应的装车线，以便集中装车运往指定的零售店。

二、商品条码的结构

下面以普遍使用的 EAN 条码为例，说明商品条码的结构。EAN 条码有两种版本——标准版和缩短版。标准版表示 13 位数字，又称为 EAN-13 码，缩短版表示 8 位数字，又称

EAN-8 码。EAN 条码标准版的结构如图 2-7 所示。

图 2-7 EAN-13 条码的结构

(一) EAN-13 条码数字码的结构

EAN-13 条码的数字码由 13 位组成，自左向右分别为前缀码、制造厂商代码、商品代码、校验码。

1. 前缀码

前缀码由 2～3 位数字组成，是国际物品编码协会 EAN 分配给国家（或地区）编码组织的代码，用以标示商品来源的国家或地区。EAN 分配给中国大陆使用的前缀码为“690～695”。不同的 EAN 的成员组织有不同的前缀码，以确保前缀码在国际范围内的唯一性。已分配的前缀码见表 2-5。

表 2-5 EAN 已分配的前缀码（部分）

前缀码	编码组织所在国家(或地区)/应用领域	前缀码	编码组织所在国家(或地区)/应用领域
00～13	美国和加拿大	76	瑞士
20～29	店内码	880	韩国
30～37	法国	888	新加坡
40～44	德国	890	印度
45、49	日本	90、91	奥地利
460～469	俄罗斯	93	澳大利亚
471	中国台湾	94	新西兰
489	中国香港特别行政区	955	马来西亚
50	英国	958	中国澳门特别行政区
520	希腊	977	连续出版物
600、601	南非	978、979	图书
64	芬兰	980	应收票据
690～695	中国	981、982	普通流通券
73	瑞典	99	优惠券

2. 制造厂商代码

制造厂商代码一般由 4～5 位数字组成，由中国物品编码中心负责分配和管理，用以标示生产企业。

以 690、691 为前缀码的 EAN 条码只能分别对 1 万个制造厂商进行编码（因其制造厂商代码只有 4 位，制造厂商代码只能从 0000～9999 这一万组数字中进行分配）。而每一个制造厂商则可以对自己生产的 10 万个商品进行编码（因商品代码为 5 位，商品代码可以为

00000～99999)。

前缀码为692、693的EAN条码的制造厂商代码为5位，其编码容量由1万家扩大到10万家，每一个制造厂商则可以对自己生产的1万个商品进行编码（因商品代码为4位，商品代码可以为0000～9999)。

3. 商品代码

商品代码由3～5位数字组成，由厂商自己负责编制，用以标示商品的特征及属性或表示具体的商品项目，即具有相同包装和价格的同一种商品。在编制商品代码时，厂商必须遵守商品编码的基本原则：对同一商品项目的商品必须编制相同的商品代码；对不同的商品项目必须编制不同的商品代码。保证商品项目与其一一对应，即一个商品项目只有一个代码，一个代码只标识一个商品项目。

由3位数字组成的商品项目代码有000～999共1000个编码容量，可标识1000种商品；同理，由4位数字组成的商品项目代码可标识10000种商品，由5位数字组成的商品项目代码可标识100000种商品。

4. 校验码

校验码为1位数字，用来校验前12位数字码的编码正确性。校验码是根据前12位的数值按一定的数学算法计算而得。

校验码的计算步骤如下所示。

(1) 包括校验码在内，由右至左编制代码位置序号（校验码的代码位置序号为1)。

(2) 从代码位置序号2开始，所有偶数位的数字代码求和。

(3) 将步骤2的和乘以3。

(4) 从代码位置序号3开始，所有奇数位的数字代码求和。

(5) 将步骤3与步骤4的结果相加。

(6) 用一个大于或等于步骤5所得结果且为10最小整数倍的数减去步骤5所得结果，其差即为所求校验码的值。

【例】 已知EAN-13条码前12位：690123456789 X_1

校验码 X_1 的计算方法如下。

第一步：将代码690123456789X_1由右至左编制代码位置序号，如表2-6所示。

表2-6 EAN-13条码数字码排列顺序

位置	13	12	11	10	9	8	7	6	5	4	3	2	1
条码	6	9	0	1	2	3	4	5	6	7	8	9	X_1

第二步：9＋7＋5＋3＋1＋9＝34

第三步：34×3＝102

第四步：8＋6＋4＋2＋0＋6＝26

第五步：102＋26＝128

第六步：130－128＝2

校验码 X_1 的值为2。

(二) EAN-13条码的符号结构

(1) EAN条码符号的整体形状为矩形，由一系列相互平行的条和空组成，自左向右分别为左侧空白区、起始符、左侧数据符、中间分隔符、右侧数据符、校验符、终止符及右侧空白区（如图2-7所示)。

(2) EAN 条码是模块组合型条码，模块是组成条码符号的最基本宽度单位，一个条模块表示二进制的"1"，一个空模块表示二进制的"0"，每个模块的宽度为 0.33mm。

(3) 起始符用以标示条码信息的开始，由 3 个模块组成，二进制表示为"101"；终止符用以标示条码信息的结束，由 3 个模块组成，二进制表示为"101"。如图 2-8 所示。

图 2-8 起始符、终止符的二进制表示

(4) 中间分隔符用以平分条码符号，由 5 个模块组成，二进制表示为"01010"。如图 2-9 所示。

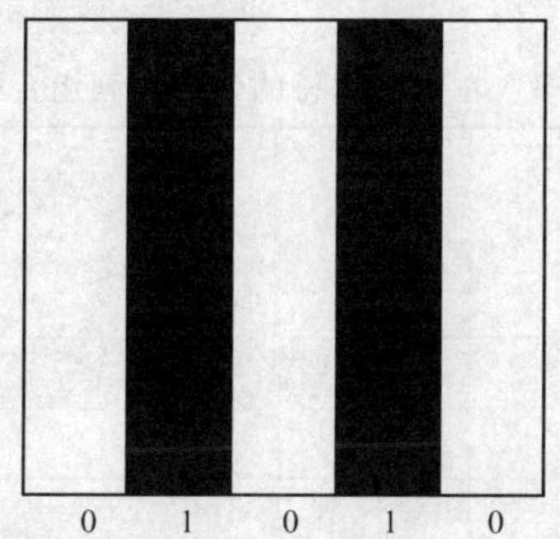

图 2-9 中间分隔符的二进制表示

(5) 表示数字的每个条码字符均由 7 个模块构成两条两空，有 3 种二进制表示，分别为奇排列、左偶排列、右偶排列。如表 2-7 所示。

表 2-7 EAN 条码数字码的二进制表示

数字字符	奇排列	左偶排列	右偶排列	数字字符	奇排列	左偶排列	右偶排列
0	0001101	0100111	1110010	5	0110001	0111001	1001110
1	0011001	0110011	1100110	6	0101111	0000101	1010000
2	0010011	0011011	1101100	7	0111011	0010001	1000100
3	0111101	0100001	1000010	8	0110111	0001001	1001000
4	0100011	0011101	1011100	9	0001011	0010111	1110100

例如数字符"1"的三种表示方法，如图 2-10 所示。

(6) 左侧数据符为奇排列或左偶排列，右侧数据符及校验符均为右偶排列。前缀码的第 1 位为前置码，不用条码表示，它决定了左侧数据符的奇偶排列组合顺序。如表 2-8 所示。

(7) 左侧数据符为奇排列或左偶排列。前缀码的第 1 位为前置码，不用条码表示，它决定了左侧数据符的奇偶排列组合顺序。左侧数据符用以表示 6 位数字，共 42 个模块。

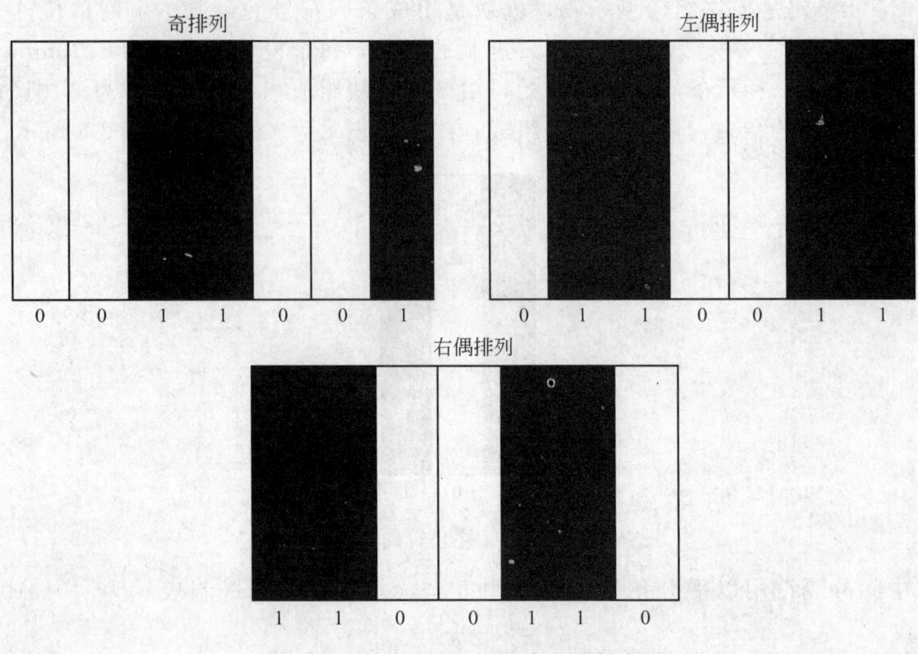

图 2-10 数字“1”的三种二进制表示

表 2-8 左侧数据符的奇偶排列组合规则

前置码 \ 条码字符位置	12	11	10	9	8	7	前置码 \ 条码字符位置	12	11	10	9	8	7
0	A	A	A	A	A	A	5	A	B	B	A	A	B
1	A	A	B	A	B	B	6	A	B	B	B	A	A
2	A	A	B	B	A	B	7	A	B	A	B	A	B
3	A	A	B	B	B	A	8	A	B	A	B	B	A
4	A	B	A	A	B	B	9	A	B	B	A	B	A

(8) 左侧空白区用以提示阅读器准备对条码进行扫描，由 11 个空模块组成；右侧空白区用以提示阅读器结束对条码进行扫描，由 7 个空模块组成。

(9) EAN-13 条码总共由 113 个模块构成，每个模块宽 0.33mm，条形码符号总宽度为 37.29mm。如表 2-9 所示。

表 2-9 EAN-13 条码的模块构成

左侧空白区	起始符	左侧数据符（6 位）	中间分隔符	右侧数据符（5 位）	校验符（1 位）	终止符	右侧空白区
11 个模块	3 个模块	42 个模块	5 个模块	35 个模块	7 个模块	3 个模块	7 个模块

【例】 分析下列 EAN-13 条码各数字码的二进制表示。

6 9 0 1 2 3 4 5 6 7 8 9 2

前置码 左侧数据符 右侧数据符 校验符

最左侧的数字码 6 为前置码，不用二进制表示，它决定了左侧数据符的奇偶排列顺序。其余数字码的二进制表示如表 2-10 所示。

表 2-10　EAN-13 条码数字码的二进制表示

代码	9	0	1	2	3	4
排列规则	奇排列	左偶排列	左偶排列	左偶排列	奇排列	奇排列
二进制表示	0001011	0100111	0110011	0011011	0111101	0100011
代码	5	6	7	8	9	2
排列规则	右偶排列	右偶排列	右偶排列	右偶排列	右偶排列	右偶排列
二进制表示	1001110	1010000	1000100	1001000	1110100	1101100

三、店内条码

店内条码是商店为便于店内商品的管理而对商品自行编制的临时性代码及条码标识。国家标准《店内条码》(GB/T 18283—2000) 将其定义为:"商店闭环系统中标识商品变量消费单元的条码。"

店内条码的使用大致有两种情况,一种是用于商品变量消费单元的标识,如鲜肉、水果、蔬菜、熟食等散装商品是按基本计量单位计价,以随机数量销售的,其编码任务不宜厂家承担,只能由零售商完成。零售商进货后,要根据顾客不同需要重新分装商品,用专有设备(如具有店内条码打印功能的智能电子秤)对商品称重并自动编码和制成店内条码标签,然后将其粘贴或悬挂到商品外包装上。国家标准(GB/T 18283－2000)对店内条码的定义就是针对这种情况。另一种是用于商品定量消费单元的标识,这类规则包装商品是按商品件数计价销售的,应由生产厂家编印条码,但因厂家对其生产的商品未申请使用商品条码或厂家印制的商品条码无法识读,为便于商店 POS 系统的扫描结算,商店必须自己制作店内条码并将其粘贴或悬挂在商品外包装上。

店内条码也属于商品条码的范畴,同样也是用 13 位数字,格式也是 EAN-13 的格式,但数字表示的含义与商品条码不一样。店内条码的结构如表 2-11 所示。

表 2-11　店内条码的结构

结构种类	前缀码	商品项目代码			校验码
		商品种类代码	价格(度量值)校验码	价格(度量值)代码	
结构 1	$X_{13}X_{12}$	X_{11}—X_6	无	X_5—X_2	X_1
结构 2	$X_{13}X_{12}$	X_{11}—X_7	无	X_6—X_2	X_1
结构 3	$X_{13}X_{12}$	X_{11}—X_7	X_6	X_5—X_2	X_1
结构 4	$X_{13}X_{12}$	X_{11}—X_8	X_7	X_6—X_2	X_1

前缀码 $X_{13}X_{12}$ 由 2 位数字组成,其取值为 20、21,22～29 预留给其他闭环。

由于店内条码只规定了前缀,对商品种类、商品项目的编码没有统一标准,因此对于同一种商品各店的编码也不会相同。所以店内条码只适用于超市内部,超市之间不可以通用。

【案例点击】▶▶

物品编码是物联网基础 助力产品质量追溯

由中国物品编码中心主办的 2010 物联网与产品质量追溯论坛于 11 月 10 日在北京展览馆顺利召开,本次论坛主题为"物品编码助力产品质量追溯、质量提升服务大质检",来自全国的食品、零售、物流及物联网领域的企业、系统集成商以及中国物品编码中心分支机构的代表，系统地介绍了以商品条码为基础的统一标识系统在我国产品追溯中的重要作用，并围绕物联网发展、产品质量追溯以及相关技术标准和行业应用等主题进行全面的剖析和深入探讨。这次论坛得到了相关领导、企业的大力支持，山东标准化研究院副院长钱恒、中国物品编码中心技术部主任黄燕滨以及新疆标准化研究院院长迪穆拉提分别就山东分中心追溯系统、物联网与物品编码以及新疆规模种植追溯体系进行主题演讲；深圳远望谷信息技术股份有限公司技术总监武岳山围绕物联网全球技术应用研究进行精彩发言；麦咨达农业信息咨询有限公司姚立霞同大家探讨从农田到餐桌的追溯体系；中国物品编码中心推动部主任助理李道溢解读 GDSN 助推物联网起航。下午论坛主要围绕茶叶制品质量安全追溯成果推广、RFID 在五粮液酒防伪中的应用、利用高效 RFID 冷链实时监控提升医药物流水平、智慧物联编码与中小零售配送等物联网和产品质量追溯最新趋势以及成功案例同听众分享。

据了解，自 2003 年起国家质检总局批准实施“中国条码推进工程”以来，中国物品编码中心通过推进工程项目，在全国广泛建立应用示范试点，内容涵盖食品、医疗卫生、家具建材、条码检测、特种设备管理、移动商务、电子政务、动物射频管理等多个领域。条码技术应用开始逐渐从商业零售业向运输、物流、服务等领域拓展，物品编码与自动识别技术应用的深度和广度不断拓展。食品、医疗卫生领域利用条码成功进行产品追溯，为我国开展产品质量安全追溯提供了典型的示范案例。

目前，食品安全追溯领域，中国物品编码中心建立了新疆哈密瓜、四川茶叶、山东蔬菜、海产品、肉制品等十多个食品质量追溯系统；医疗卫生领域，在全国广泛建立了药店条码自动扫描结算系统，在上海建立了植入性医疗器械追溯监管系统，在浙江、青岛等地建立了医药物流管理系统；物流领域，在深圳、浙江等地实现了全球统一标识系统在国际货运及储运配送中的应用；服装领域，上海、深圳等地开发完成了编码标识技术在服装行业的示范应用；此外，在上海、山东等地开展了全球统一标识系统在建材家具领域的推广应用试点工作。商品条码技术实现了由最初的零售扫描结算向产品追溯全过程的广泛应用，极大地促进了我国商业流通领域自动化水平的提高，同时也为各级政府部门进行产品质量安全追溯提供了必要的技术支撑。

目前，条码的应用广度不断拓宽，应用深度不断深入，社会效益不断提升，在国民经济中发挥越来越重要的作用。全国质检系统继 2009 年成功启动“质量和安全年”活动后，于 2010 年在全系统内开展丰富多彩的质量提升活动。此次物联网与产品质量追溯论坛作为中国物品编码中心质量提升活动的一项重要内容，同时也是“2010 物品编码宣传周”的一项主要活动。在宣传周期间，中国物品编码中心还将举办一系列宣传活动，包括同期举办的第十七届国际自动识别技术展览会设立的质量提升活动主题展区、召开商品条码质量提升座谈会等。此外，在全国范围内，中国物品编码中心的 46 个分支机构将根据当地特色，同期组织开展丰富多彩的宣传活动。

（资料来源：慧聪安防网 http://www.hc360.com/　2010 年 11 月 10 日）

思考：请思考物品编码在产品质量追溯中扮演的角色。

【任务设计】

商品条码结构分析

1. 任务目标

使学生能认知各种商品条码，并能对条码结构进行分析。

2. 案例引入

某连锁超市因经营管理需要对所经营商品条码类型及结构进行分析，请协助该超市完成此项任务，并写出分析报告。

3. 实施步骤

(1) 指导教师向学生讲解商品条码的类型及结构；

(2) 将学生分为6～7组，每组7～8人；

(3) 组织各组分别进行不同种类商品条码分析调查；

(4) 调查完毕后，以小组形式撰写分析报告；

(5) 在各组推荐的基础上，选定若干名学生在全班进行交流。

4. 检查评价（见表2-12）

表2-12　商品条码结构分析结果评价标准表

被考评人					
考评地点					
考评内容	商品条码结构分析				
	内　　容	分值	自我评价	他人评价	教师评价
考评标准	分析调查结构准确	40			
	分析资料全面透彻	40			
	团队协作良好	20			
合计		100			
总分					

【思考题】

1. 常用的商品分类标志有哪些？
2. 线分类法和面分类法各有何优缺点？
3. 数字代码的编码方法有哪些？
4. 商品条码技术有何积极作用？
5. 常见的商品条码有哪些？

第三章 商品质量

[知识目标]

1. 理解商品质量的含义和提高商品质量的意义；
2. 掌握商品质量的基本要求；
3. 掌握影响商品质量的各种因素。

[能力目标]

1. 具备一定的商品质量管理能力
2. 具有识别伪劣商品的能力。

[必备知识]

第一节 商品质量的概念及意义

商品质量是国家、企业以及消费者都十分关心的一个重要问题，商品质量是一切经济管理工作的永恒主题。商品学研究的中心内容就是商品的质量。传统的、简单的对商品质量的理解是，商品质量就是商品好坏、优劣程度的衡量。今天的商品质量的含义已经远远超过了这种简单的理解。

一、商品质量的概念及性质

（一）商品质量概念

商品质量是一个动态的、发展的、变化的概念，将随着经济、技术的发展以及社会消费习惯的变化和消费水平的提高而发生变化。在社会中，商品质量是经济管理工作永恒的主题，随着社会的发展、科学技术的进步和人民生活水平的提高，人们对质量的认识也不断发展、深化。具有代表性的质量概念主要有以下几种。

1. 符合性质量

“符合性质量”认为质量只是符合标准的要求。这是长期以来人们对质量的理解，但是标准不先进，即使是百分之百符合，也不能认为是质量好的产品，于是质量的概念在满足符合性的基础上又产生了“适用性质量”的概念。

2. 适用性质量

它是以适合顾客需要的程度作为衡量的依据，即从使用的角度来定义质量，认为产品质量是产品在使用时能成功满足顾客需要的程度。“适用性质量”概念的发展，说明了人们在质量概念的认识上逐渐把顾客的需求放在首位，但是满足顾客使用需要的产品质量还不一定使顾客满意，于是质量的概念向“顾客满意质量”演变。

3. 顾客满意质量

由于顾客（和相关方）满意的“要求”是广义的，它除了适用性外，还包含隐含的要求，如对汽车来说，顾客要求除了美观、舒适、轻便、省油和方便、良好的售后服务等外，还有法律、法规方面的要求，如发动机排放物符合排放标准、制动器的安全可靠性高等。

由此可知，质量的概念是从“符合性质量”、“适用性质量”到“顾客满意性质量”不断演变的。

商品质量的概念还有狭义和广义之分。

狭义的商品质量是指产品与其规定标准技术条件的符合程度，它是以国家或国际有关法规、商品标准或订购合同中的有关规定作为最低技术条件，是商品质量的最低要求和合格的依据。

广义的商品质量是指商品适合其用途所需的各种特性的综合及其满足消费者需求的程度，是市场商品质量的反映。它不仅是指商品的各种特性能够满足需要，而且包括价格实惠、交货准时、服务周到等内容。

中国标准 GB/T 6583—1994《质量管理和质量保证术语》中对质量作如下定义：商品质量可以界定为商品满足明确和隐含需要能力的特性总和。

商品质量包括如下含义。

第一，商品质量的主体是产品。产品进入流通领域后便称为商品，商品质量实际上就是指产品质量，产品可以是有形的，也可以是无形的，还可以是两者的结合。

第二，商品质量的内容或基础是商品特性的总和。特性是指不同商品特有的性质。由于商品的使用价值必须通过商品的各种特性来体现，所以，商品特性的总和是商品质量的根本内容，它由若干要素构成。

第三，商品质量的基本要求是商品特性的总和能够满足需要。所谓“明确需要”是指国家或国际有关法规、质量标准或买卖双方的合同要求等对质量的人为规定；“隐含需要”可理解为顾客或社会对商品的适用性、安全性、卫生性、可靠性、耐久性、美观性、经济性、信息性等方面的人为期望及人们公认的、不言而喻的、不必做出或难于做出规定的需要，如商品风格、流行性等。

商品质量是一个综合性的概念，它涉及商品本身及商品流通过程中诸因素的影响。从现代市场观念来看，商品质量是内在质量、外观质量、社会质量和经济质量等方面内容的综合体现。

商品的内在质量是指商品在生产过程中形成的商品体本身固有的特性，包括商品实用性能、可靠性、寿命、安全与卫生性等。它构成商品的实际物质效用，是最基本的质量要素。

商品的外观质量主要指商品的外表形态，包括外观构造、质地、色彩、气味、手感、表面疵点和包装等，它已成为人们选择商品的重要依据。

商品的社会质量是指商品满足全社会利益需要的程度，如是否违反社会道德，对环境造成污染，浪费有限资源和能源等。一种商品不管其技术如何进步，只要有碍于社会利益，就难以生存和发展。

商品的经济质量是指人们按其真实的需要，希望以尽可能低的价格，获得尽可能优良性能的商品，并且在消费或使用中付出尽可能低的使用和维护成本，即物美价廉的统一程度。

商品的内在质量是由商品本身的自然属性决定的，外观质量、社会质量和经济质量则是由商品的社会效应来决定的，它涉及诸多社会因素的影响。

（二）商品质量的性质

1. 商品质量具有针对性

商品的质量是针对一定使用条件和一定的用途而言的。各种商品均需在一定使用条件和范围内按设计要求或使用要求合理使用。若超出它的使用条件，即使是优质品也很难反映出它的实际功能，甚至会完全丧失其使用价值。

2. 商品质量具有相对性

商品质量相对于同类商品（使用目的相同）的不同个体而言，是一个比较的范畴。对一般商品来说，可以通过简单的比较和识别来观察，而对某些商品则要有严格的质量指标规定。

3. 商品质量具有可变性

商品的特性会随着科技进步而发展，而且人们消费水平的提高和社会因素的变化，对商品质量也会不断提出新的要求；即使同一时期，因地点、地域、消费对象不同，对商品的要求也不一样；消费者职业、年龄、性别、经济条件、宗教信仰、文化修养、心理爱好等不同，对质量要求也不同。

二、保证和提高商品质量的意义

以尽量少的劳动消耗生产出更多的符合社会需要的产品，保证稳定地提高产品质量，向社会、用户提供物美价廉的优质产品，就会给社会和企业带来莫大的经济效益。保证和提高商品质量，对社会、经济的发展具有重要意义，具体表现在以下几个方面。

商品质量的高低是衡量一个国家生产力发展水平的重要标志，一个国家的经济越发展，科学技术水平越高，所生产的商品质量就越好。保证和提高商品质量对于发展国民经济、提高人民物质文化生活水平有着重要意义。

（一）保证和提高商品质量是创造社会财富、满足消费的重要标志

商品的使用价值在一切社会形态中都是构成社会物质财富的内容。质量是商品具有使用价值的保证。质量好，意味着商品的耐用性、实用性、适用性都较好。因此，商品质量的提高等于社会财富的增加。保证商品质量，有利于国家、企业以及消费者，对促进整个社会物质文明和精神文明的发展，有着极其重要的作用和意义。

（二）不断提高商品质量是发展生产、扩大经营的重要前提

提高商品质量是为了向社会提供更多的质价相当、优质名牌商品，从而不断改善人民生活，满足人们不断增长的物质和文化生活需要。当今社会的生产活动和人们日常生活中的吃、穿、用都离不开各种各样的商品，如果生产和经营的商品不对路、质量差，就得不到社会的承认和欢迎，这样的商品就很难销售出去。对企业来讲，这样的商品占压了资金，影响了扩大再生产和正常的商品流通。质量是企业的生命，不断提高商品质量是发展生产、扩大经营的重要前提条件。

（三）不断改进和提高商品质量是提高市场竞争能力的重要措施

商品的质量问题，在国际贸易和国内商品流通中日益成为市场竞争中的重要内容，商品质量的作用已引起国内外贸易界和经济技术界的重视，很多国家都提出了“质量在挑战”的口号。在国内，对生产企业提出的“质量第一”已成为我国长期的指导方针。在对外贸方面

也提出了“提高质量求生存，增强品种求发展，择优出口，以优取胜”的方针。

（四）改进和提高商品质量是促进企业质量管理制度完善的中心环节

企业具备完善的质量管理制度和组织措施是保证商品质量和提高经营水平的基本措施。企业经营管理水平的提高和经营制度的完善，在很大程度上是通过组织本企业或本系统的优质产品的生产、销售和售后服务等一系列工作过程而逐步建立起来的。

第二节　影响商品质量的因素

商品质量的高低，是由商品生产、流通、消费全过程中许多因素共同决定的。商品质量的影响因素主要有以下几个方面。

一、影响商品质量的内部因素

（一）市场调研与开发设计

信息是企业所需的重要资源，有效信息的获得是企业成功的重要因素，因此，在企业设计、生产产品前，要做好市场调研工作。只有通过市场调研，企业才能确定适当品种、规格、质量等级的商品以满足市场需求，同时，只有进行全面的市场调查与分析，认真研究该商品的市场需求和基本技术要求，才能设计出结构合理、式样新颖，既能满足消费者要求，又便于加工、使用和修理的商品，才能保证所生产的商品质量。

商品生产之前的设计开发，是形成商品质量的前提。产品设计是依据给定的产品用途，即使用功能、方法、要求进行设计的。商品的使用功能、使用方法、使用效果、外观造型、生产工艺条件的确定以及商品的包装方法等均与产品设计有关。因此，产品设计是形成商品质量的基础。

（二）原材料

原材料是构成商品最原始的物质，在其他条件相同的情况下，原材料对商品的质量起着决定性的作用。因此，在分析商品质量时，必须对原材料的质量进行分析。

原材料是形成商品质量的物质基础，由于原材料的成分、结构、性质不同，决定着所形成的商品质量也不同。例如，制造玻璃制品时，若硅砂中含有铁离子的成分过高，就会影响制品的色泽和透明度；以春茶为原料制出的绿茶和花茶有益的成分含量高，色、香、味好，而以老叶为原料制出的茶叶质量差；用牛、羊脂做的肥皂，去垢力强而且耐用；优质棉能纺出优质纱并织出优质棉布，制成的服装透气性、吸湿性更好。通过对原材料成分、结构及性质的分析，可以明确商品的质量特征和对商品质量的基本要求，可以加强商品的质量管理，可以揭示商品在流通过程中的质量变化规律，以确定商品的包装、储存方法及使用注意事项，是正确使用商品的重要依据。

原材料本身的质量又受品种、成分、结构、性质、产区的自然条件及饲养或栽培方法等因素的影响。例如，植物性的原材料，因其品种、种植环境、气候条件、栽培技术等不同，造成原材料的质量也不尽相同。如莲子在我国许多地方均有生产，而质量最佳的是湖南产的湘莲，特别是湘莲中的白莲，为莲子中之极品。所以，选择确定原材料的化学成分和质量，就可以获得具备一定性质一定质量的商品。

研究分析构成商品的原材料，便于了解商品的质量，并为采用代用品、开辟原材料的来源、节约资源和合理使用原材料提供重要的依据。

小知识

对于元器件为基本单元的商品，应注意每个零部件的质量，尤其是可靠性，因为整机的可靠性是由元器件可靠性乘积决定的。例如100个可靠性为99%的元器件组成的整机，其可靠性只有36%。这种功能串联型的商品有时往往一、二个元件质量不过关，造成整机故障频繁，无法正常使用。

（三）生产工艺

生产工艺是形成商品质量的关键，对商品质量起决定性作用。因为商品的各种有用性及外形和结构，都是在生产工艺过程中形成和固定下来的。生产工艺主要是指产品在加工制造过程中的配方、操作规程、设备条件以及技术水平等。生产工艺不但可以提高质量，也可以改变质量。在很多情况下，虽然采用的原材料相同，但因生产工艺和技术水平不同，不仅产品数量会有差异，质量方面也会相差悬殊。例如，电冰箱、录音机、电视机、手表等采用同样的材料和原件，由于装配、调试水平不同，会使它们的质量产生极大的差异，先进的生产工艺，能生产出优质产品，落后的生产工艺，则生产出劣质产品。即使原材料的质量发生变化，如果进行必要处理，采取补救性工艺技术，就能改变因原材料质量变化而造成的对产品质量的影响。例如，猪皮毛孔较粗，影响制品的外观质量，如果采取补救性技术，就可以克服这种缺陷，提高猪皮的外观质量。

在生产工艺过程中，对形成商品质量有重要影响的因素有配方、操作规程、设备条件和技术条件等。

二、影响商品质量的外部因素

（一）流通过程

1. 运输装卸

运输是商品流转的必要条件。运输对商品质量的影响与运程的远近、时间的长短、运输的气候条件、运输路线、运输方式、运输工具、装卸工具等因素有关。

商品在铁路、公路、水路、航空运输过程中，会受到冲击、挤压、颠簸、振动等物理机械作用的影响，也会受到温度、湿度、风吹、日晒、雨淋等气候条件的影响。商品在装卸过程中还会发生碰撞、跌落、破碎、散失等现象，这不但会增加商品损耗，也会降低商品质量。

2. 商品储存

商品储存是指商品脱离生产领域，在进入消费领域之前的存放。商品储存期间的质量变化与商品的耐储性、仓库内外环境条件、储存场所的适宜性、养护技术与措施、储存期的长短等因素有关。

商品本身的性质是商品质量发生变化的内因，仓储环境条件（日光、温度、湿度、养分、水分、臭氧、尘土、微生物、害虫等）是商品储存期间发生质量变化的外因。通过采取一系列保养和维护仓储商品质量的技术与措施，有效地控制储存商品的环境因素，可以减少或减缓外界因素对仓储商品质量的不良影响。

3. 销售服务

销售服务过程中的进货验收、入库短期存放、商品陈列、提货搬运、装配调试、包装服务、送货服务、技术咨询、维修和退换服务等工作质量都是最终影响消费者所购商品质量的因素。商品销售服务中的技术咨询是指导消费者对复杂、耐用性商品和新商品进行正确安装、使用和维护的有效措施。许多商品的质量问题不是商品自身固有的，而往往是由于使用者缺乏商品知识或未遵照商品使用说明书的要求，进行了错误操作或不当操作所引起的。所以，商品良好的售前、售中、售后服务质量已被消费者视为商品质量的重要组成部分。

（二）使用过程

1. 使用范围和条件

商品都有其一定的使用范围和使用条件，使用中只有遵循其使用范围和条件，才能发挥商品的正常功能。例如，家用电器的电源要区别交、直流和所需要的电压值，否则不但不能正常运转，还会损坏商品；若使用条件要求安装底线保护则必须按要求实行，否则不仅不安全，甚至可能发生触电身亡的恶性事故。

2. 使用方法和维护保养

为了保证商品质量和延长使用寿命，使用中消费者应在了解该种商品结构、性能特点的基础上，掌握正确的使用方法，具备一定的日常维护保养商品的知识。例如，皮革服装穿用时要避免锐利之物或重度摩擦，且不能接触油污、酸性或碱性物质。收藏保管时宜放于干燥处，悬挂起来，切勿用皮鞋油擦拭，以防止生霉、压瘪起皱以及泛色。

3. 废弃处理

商品使用完以后，其残体和包装作为废弃物被排放到自然环境中，有些可回收利用，有些则不能或不值得回收利用，也不易被自然条件和微生物破坏分解，成为垃圾充斥于自然界的各个角落；还有些废弃物会对自然环境造成污染，破坏生态平衡，例如，含磷洗涤剂、废弃的塑料制品等。

商品废弃物无法回收利用和对环境的污染是商品社会质量不佳的一种表现。对于商品废弃物首先应分门别类尽量加以回收利用；其次要积极开展综合利用、变废为宝的处理工作；最后应逐步限制和严格禁止可能产生公害的商品生产，努力寻找无害的替代商品，以保护人的生存环境。

第三节 商品质量管理

商品质量不仅与设计制造、储运销售、消费使用有关，也是商品质量管理的结果，商品质量管理已成为商品质量保证的一个重要组成部分。

一、商品质量管理及其发展

GB 6583—ISO 8402 给质量管理下的定义是：确定质量方针、目标和职责并在质量体系中通过质量策划、质量控制、质量保证和质量改进使其实施的全部管理职能的活动。质量管理这个概念，是随着现代化工业生产的发展而逐步形成、发展和完善起来的，现已广泛应用到各个领域。商品质量管理是指以保证商品应有的质量为中心内容，运用现代化的管理思想和科学方法，对商品生产和经营活动过程中影响商品质量的因素加以控制，使用户得到满意的商品而进行的一系列管理活动。

商品质量管理大体经历了三个发展阶段：即检验质量管理阶段、统计质量管理阶段和全面质量管理阶段。

1. 检验质量管理阶段

从20世纪初期到40年代，主要是按既定质量标准要求对产品进行检验，管理对象限于产品本身的质量，管理领域限于生产制造过程。因此，检验质量管理是一种消极防范型管理，依靠事后把关，杜绝不合格产品进入流通领域，无法在生产过程中起到预防、控制作用。

2. 统计质量管理阶段

从20世纪40年代到50年代末，主要是按照商品标准，运用数理统计在从设计到制造的生产工序间进行质量控制，预防产生不合格产品。管理对象包括产品质量和工序，管理领域从生产过程扩大到设计过程。统计质量管理是一种预防型（事先监控型）管理，依靠生产过程的质量控制，把质量问题消灭在生产过程。

3. 全面质量管理阶段

从20世纪60年代至今，世界各国积极推行全面质量管理。全面质量管理的定义是：一个组织以质量为中心，以全员参与为基础，目的在于通过让顾客满意和本组织所有成员及社会受益而达到长期成功的管理途径。全面质量管理是一种全面、全过程、全员参与的积极进取型管理，强调调动人的一切积极因素，根据系统论的观点把管理对象看成一个整体，分析系统各要素相互联系、相互作用的相关性，采取相应对策，使商品设计、开发、生产、流通和消费的全过程均处于监控状态，从而保证商品质量符合消费者或用户需要。

二、商品质量管理的基本方法

（一）PDCA循环——戴明循环

1. PDCA循环的运用

对商品实施全面质量管理的过程，就是要求各个环节、各项工作都按照PDCA循环，周而复始地运转。PDCA循环最早由美国质量管理学家戴明博士提出，他把质量管理过程分为四个阶段，即计划（plan）、执行（do）、检查（check）、处理（action）。

PDCA循环基本工作如下。

① 计划阶段（P）。其任务是制订计划，根据存在的问题或用户对商品质量的要求，找出问题存在的原因和影响商品质量的主要因素，以此为依据，制定措施计划，确定质量方针、质量目标，制定出具体的活动计划和措施，并明确管理事项。

② 执行阶段（D）。任务是执行计划。按P阶段的计划和标准规定具体实施。

③ 检查阶段（C）。任务是检查计划的实现情况，调查执行计划的结果，将工作结果与计划对照，得出经验，找出问题。

④ 处理阶段（A）。任务是把执行的结果进行处理总结。把C阶段执行成功的经验加以肯定，纳入标准或规范，形成制度，以便今后照办；对失败的教训加以总结，以后不再那样做；遗留问题转入下一个PDCA循环。PDCA循环既适用于整个企业的质量工作，也适用于各部分、各环节的工作。

2. PDCA循环的特点

① 大环套小环，互相促进。PDCA循环作为企业管理的一种科学方法，适用于企业或商品经营、流通等各方面的工作。整个企业是一个大的PDCA循环，各部门又都有各自部门中的PDCA循环，依次又有更小的PDCA循环，直至具体落实到每个人。这样就形成了一个个大环、中环和小环，环环相扣，环环联动，推动整个企业的PDCA循环转动起来，使各部门、各环节和整个企业的质量管理工作有机地联系起来，彼此协调，相互促进。

② 爬楼梯。PDCA 工作循环，依靠组织力量推动，顺序进行，循环不是原地转圈，而是每次转动都有新的内容和目标，因而也意味着前进了一步，犹如爬楼梯，逐级上升。在质量管理上，经过一次循环就意味着解决了一批问题，质量水平就有了提高。

③ 关键在“处理”阶段。“处理”就是总结经验，肯定成绩，纠正错误，以利再战，为了做到这一点，必须加以“标准化”、“制度化”，以便在下一个循环中巩固成绩，避免重犯错误。

（二）商品全面质量管理的工具和技术

在运用 PDCA 工作循环实施全面质量管理时，可借助于以下几种工具和技术进行数据分析，找出质量问题及其影响因素，进行有效的质量控制。

1. 排列图法

排列图法又称巴雷特图法，这是找出影响产品质量主要问题的一种有效的图表工具。它由一个横坐标，两个纵坐标，几个按高低顺序排列的矩形和一条累计百分比折线组成。排列图有两个作用：一是按重要顺序显示出每个质量改进项目对解决整个质量问题的作用；二是识别进行质量改进的机会。

2. 因果分析图

因果分析图也称特性因素图，主要用于分析各种质量问题产生的原因。在生产和流通、经营过程中，影响商品质量的因素很多，如人、机器、设计、工艺、原材料经营及经营环境等。通过因果分析图，可以集思广益，寻找和分析造成质量事故的主要原因。因果分析图以粗线条箭头表示质量问题，图上呈现各种原因的分支线条，犹如树枝或鱼刺，故又称树枝或鱼刺图。

3. 直方图法

直方图法，又称质量分布图或频数分布图法。它是用一系列宽度相等、高度不等的长方形表示数值的图。长方形的宽度表示数据范围的间隔，长方形的高度表示在给定间隔内的数据数。直方图的绘制是以横坐标作为组的尺寸，纵坐标作为频数。在图内以频数为矩形之“高”，以组距为其“宽”。直方图的作用是：①显示质量波动状况；②较直观地传递有关过程质量状况的信息；③当人们研究了直方图中所示的商品质量数据波动状况之后，就能掌握过程的状况，从而确定在什么地方进行质量改进。

4. 控制图法

控制图法又称管理图法，它是画有控制（或管理）界限的一种图表。用来区分质量波动究竟是由于偶然原因引起还是由于系统原因引起的，分析和判断工序是否处于稳定状态，从而判断商品质量是否处于控制（或管理）状态，预报影响质量的异常原因。它利用图表形式，来反映生产过程中的运动状况，并据此对生产过程进行分析、监督和控制。

5. 散布图法

散布图法，又称分散图法，或相关分析法。商品的质量与影响质量的因素之间，常常有一定的依存关系，但它们又不是严格的一一对应的函数关系，即不能由一个变量的数值精确地求出另一个变量的数值，这种依存关系称为相关关系，如玻璃、陶瓷制品的破损率与运输距离之间的关系等。分析商品质量和其影响因素之间的关系，并自觉运用这种关系，对提高商品的质量有很大作用。相关分析比较简单的方法是画出相关图，又称散点图（或称分散图）。

6. 调查表法

调查表又称检查表、核对表、统计分析表，是进行数据整理和粗略分析事故原因的常用工具。其格式各种各样，一般因调查目的不同，而设计出不同的表格。在质量管理中，最常用的有调查缺陷位置的统计调查分析表、工序内质量特性分布统计调查表及不合格项分类的统计调查表等。它们是日常工作中班组、柜组管理的有效方法。

除上述六种质量管理的工具和技术外，还有对策表、系统图、水平对比、流程图和亲和图等。

三、流通领域的商品质量管理

流通领域的商品质量管理主要表现在市场调研、采购、运输、储存、销售和售后服务质量管理等。

（一）市场调研质量管理

市场调研能有效地减少企业经营活动中的盲目性，有助于企业科学地制定购销计划，组织适销对路的商品；同时，也可以促进工业企业产品更新换代、结构调整，为改进和提高商品质量提供可靠依据。市场调研质量管理的内容主要包括：消费者需求调查、确定经营商品的质量要求以及经营特色和经营管理费用。

（二）采购质量管理

严格把好进货关，防止不合格品和假冒伪劣商品进入流通领域，是商业企业搞好商品质量管理的重要环节，也是流通领域质量管理的基础。采购质量管理的内容包括：建立商品进货管理制度，编制采购计划；选择合格的货源单位，并签订商品质量合同；建立商品验收、检验制度和商品检验机构，培训检验人员；对经销商品进行分类管理。

（三）运输质量管理

保证运输质量是商品质量管理在流通领域的重要环节，商品运输质量管理要遵循“及时、准确、安全、经济”的原则。运输质量管理的内容包括：制订科学的运输计划；选择合理的运输路线；确定适宜的运输条件和运输工具；建立商品交接验收制度；采用先进合理的运输方法；科学堆放，文明装卸等。

（四）储存质量管理

商品储存质量管理应贯彻以防为主的原则，最大限度地减少商品在储存期间的质量变化和损失。储存质量管理的内容包括：制定商品储存计划；建立商品出入库验收制度和仓库管理制度；选择适宜的储存条件和科学的储存养护方法；认真管理仓库温湿度，做好防霉、防锈、防污染工作；认真做好商品的在库检查，及时发现和处理商品质量问题；加快商品出库速度，提高经济效益等。

（五）销售质量管理

销售质量直接影响着商业企业的信誉和消费者利益，也直接影响着商品质量。销售质量管理的主要内容包括：编制商品销售计划；制定合格营业员的条件；确定适宜的销售环境；规定销售过程及其质量要求；培训营业员，提高服务质量等。

（六）售后服务质量管理

商业企业应提供直接或间接的售后服务，给消费者提供质量保证，并收集质量信息。售后服务质量管理的内容包括：制定和实行三包规定；送货上门；免费安装调试；免费培训、开展质量咨询服务和质量信息反馈等。

第四节 伪劣商品

一、伪劣商品的概念和范围

（一）伪劣商品概念

所谓伪劣商品是指生产、经销的商品违反了我国现行的有关法律、法规的规定，其质量、性能指标达不到标准所规定的要求，或是冒用、伪造他人商标、冒用优质产品标志、质量认证标志和生产许可证标志的商品，或是经销已经失去了使用价值的商品。

（二）伪劣商品包括的具体范围

伪劣商品包括的具体范围，早在1989年国家质量技术监督局（现国家质量技术监督检验检疫总局）在《关于严厉惩处经销伪劣产品责任者的意见》中，列举了以下14种商品为伪劣商品。

(1) 失效、变质的商品。

(2) 危及安全和人身健康的商品。

(3) 所标明的指标与实际不符的商品。

(4) 冒用优质或认证标志和伪造许可证标志的商品。

(5) 掺杂使假、以假充真或以旧充新的商品。

(6) 国家有关法律、法规明确规定禁止生产、销售的商品。

(7) 无检查合格证或无有关单位销售证明的商品。

(8) 没有中文标明商品名称、生产者和产地的商品。

(9) 限时使用而未标失效时间的商品。

(10) 实施生产许可证管理而未标明许可证编号、有效时期的商品。

(11) 按有关规定应用中文标明规格、等级、主要技术指标或成分、含量而未标明的商品。

(12) 属处理品而未在商品或包装的显著部位标明处理品字样的商品。

(13) 剧毒、易燃等危险品而没有标明的商品。

(14) 未注明商品的有关知识和使用说明的商品。

二、伪劣商品的特征

商品的种类繁多，其性能千差万别。伪劣商品的表现形式更是千奇百怪，但是既然伪劣商品是“伪”和“劣”的东西，就会暴露出其伪劣的共同特征。

（一）假冒商标

假冒商标，是指商品假冒国外名牌和国内名牌的商标。它利用人们既对名牌商品有较强崇拜心理和求购欲望，又对真正名牌商品具体情况缺乏了解的实际情况，擅自制造或以不法手段从厂家套购世界名牌和国内名牌商品商标标志，贴在自己的商品上，冒充世界或国内名牌商品。

（二）仿冒商标

仿冒商标，是指仿冒国外和国内名牌商品的商标标志。它不是在商品上直接采用国内外名牌商品的商标标志，而是使用与国内外名牌商品商标标志相近似的商标标志。仿冒商标标志与真的商标标志并不完全一样，但也不容易被消费者识别。

（三）假冒包装装潢

假冒包装装潢，主要是指假冒国内外商品包装和装潢以及使用虚假说明。这类商品以服装、针织品和化妆品为最多，个别加工者在成批购买原料时，同时购买与被仿制商品配套的装饰物和伪装物，最终仿制成与真品非常相近的商品。

（四）假冒产地

假冒产地，是指在商品包装上不印厂家名称和厂址，或在商品包装极不明显的地方印上含糊不清的厂名和厂址，冒充国外或国内受欢迎地区的商品。这类商品以家电、玩具、服装、皮鞋、旅游鞋为多，并常利用多数消费者不识外文，追求名牌的心理，将包装全部印成英文、日文或拼音字母，有的甚至胡编滥造。

（五）假冒优质产品标志

假冒优质产品标志，是指在没有获得优质产品标志的商品包装上印有该种标志。获得优质产品标志的商品，说明它已符合优质产品条件，劣质商品制造者就是利用产品的这种荣誉，来欺骗广大消费者。

（六）伪造认证标志

伪造认证标志，是指在没有取得认证合格的商品包装上印有该种标志。认证是由第三方权威机构对商品质量进行检验，认为符合标准要求，对企业颁发合格证书并允许在商品包装上使用认证标志。劣质商品生产者就是利用产品的这种信誉进行欺骗的。

（七）伪造生产许可证标志

伪造生产许可证标志，是指对没有取得生产许可证标志的商品，伪造一个生产许可证印在商品包装上。取得生产许可证的产品，说明质量已达到有关标准规定，企业具备保证该产品质量的能力。劣质商品制造者为生产该种产品并向社会推销，常采取这种手段。

（八）商品本身质量低劣

商品本身质量低劣，是指商品在设计上没有科学依据，或使用不合格的原材料，或生产过程粗制滥造，最终技术指标不合格或安全性能达不到标准要求的商品。

（九）掺杂使假

掺杂使假，是指违法者采用变更或减少商品的成分、材质等办法，使其不具备该商品所应达到的各项指标，且质量严重降低的商品。如仅含10%香油成分的假香油。

（十）以假充真

以假充真，是指违法者生产经营的商品的全部成分或材质与该商品所标名称不符，使用或食用后果危害极大。如用牛骨加工制作后冒充的虎骨，用工业酒精掺水制作的假酒等，不但起不到该商品应具有的功能作用，还可能引起各种疾病，甚至造成中毒身亡。

（十一）失效变质

失效变质，一般是指原合格商品经过一定时间储存，超过规定的保质期和保存期，商品内部已发生物理、化学以及其他变化，完全失去商品原有特性，已经丧失使用价值而不能使用或食用。

（十二）以旧充新

以旧充新，是指经销者将已报废的商品进行一番装修或粉饰，然后仍以新商品进行出售，这种手段具有极大的欺骗性。

三、伪劣商品的危害

近年来广大消费者及许多企业饱受假冒伪劣坑害之苦，有关调查资料表明，90%以上的消费者和几乎所有名牌产品的生产企业均曾受到过假冒伪劣商品的侵扰。当前，我国的假冒伪劣商品有以下几个特点。

1. 假冒商品品种多、数量大

从生产资料到生活日用品，从内销到外贸出口，从一般到高档耐用消费品，从日常生活用品到高科技产品，假冒伪劣商品几乎无所不有，尤以制作利润高、销售快的假冒名烟、名酒和药品的问题最为严重。

2. 出现区域性“产、供、销”一条龙假冒地，违法活动更具有隐蔽性、流动性

有的地方造假已形成相当规模，有的已形成“专业村”、“集散地”、“黑窝地”，并有人提供仓库、银行账号、代办运输等，显然是有组织的犯罪活动，具有很强的再生能力和扩散能力。由于国内打击严厉，相当一部分造假活动已发展到境内外勾结，在境外制造，通过走私偷运到国内销售，人称“走私假冒商品”。

3. 重大的恶性案件增多，违法数额攀升

假冒伪劣品对消费者及生产厂家的危害主要表现为：侵害名牌商标形象，真假难辨使消费者和用户望而生畏，严重影响名牌企业的经济效益；严重败坏出口商品的信誉，对我国国际贸易造成不良的影响；名牌产品被挤出了市场，使企业面临停产，甚至陷入破产倒闭的窘境等。

由于有的生产者和经营者受高利诱惑与驱动，甚至铤而走险；有的生产者和经销者在生产和经销中缺乏严格控制，管理混乱无序；法律法规不完善，处罚条款规定偏轻以及地方保护主义等原因，市场上出现的假冒伪劣商品屡禁不止，造成的危害严重，主要表现在以下几个方面。

（1）伪劣商品充斥市场，导致市场商品质量合格率下降。

（2）伪劣商品屡禁不止，严重干扰了市场经济秩序，危及深化改革和对外开放的顺利进行。

（3）伪劣商品造成的恶性事故，产生了不良的社会影响，已经成为一大社会公害。

（4）伪劣商品泛滥，给国家、集体和个人造成了巨大的经济损失，消费者的合法权益受到严重损害。

（5）伪劣商品影响了我国的对外贸易，既造成重大经济损失又败坏了我国的声誉，造成极坏的政治影响。

四、伪劣商品的打击和防范

近年来，全国各地、各有关部门普遍把打假作为一项重要工作，认真组织有关部门开展专项治理，取得了一定成效。但是由于高额利润的驱动，个别生产和经销商法制观念的淡薄，消费者缺乏自我保护意识，加上严重的地方保护主义，制售假冒伪劣行为仍然屡禁不止，个别地方还比较严重。打击和防范伪劣商品，应重点抓好以下工作。

1. 从讲政治的高度，进一步提高对打假工作重要性的认识，切实加强领导

对此，各级各部门务必引起高度重视，充分认识制售假冒伪劣商品行为的危害性和严重性，切实把打击假冒伪劣、维护正常的市场秩序作为保障人民群众生命安全，维护改革、发展、稳定大局的一件大事，摆到重要位置来抓。要以对党和人民高度负责的精神，充分认识到打击假冒伪劣是建设和谐社会的重要工作之一，切实加强对打假工作的领导，一级抓一级，层层建立健全打假责任制。

2. 严格依法行政，切实履行好打假职责

各有关行政执法部门要认真履行打假职责，按照“从严治政、全面加强管理”的要求，加强队伍管理，不断提高队伍的整体素质和执法水平，严格依法行政。对在行政执法中不认真履行职责，对制售假冒伪劣商品违法行为打击不力、严重失职的，监察、人事部门要严肃追究直接责任人和有关领导人的责任；对利用职务之便，包庇纵容制假售假者，甚至从中牟取私利、收受贿赂的，要依法依纪严肃查处。

3. 加强配合，实行综合治理

打假是一项社会系统工程，需要各级各有关部门齐抓共管，在各级政府的统一领导下，各有关行政执法部门和司法机关之间，要密切配合，相互支持，充分发挥打假的整体优势。对重大案件，当地政府要组织有关部门联合行动，协同办案，真正形成打假合力。各地要结合政府机构改革，进一步理顺各行政执法部门的职责，明确责任，各司其职，各负其责，齐抓共管。

4. 健全法制，整顿市场秩序，规范市场行为

对涉及人民生命财产安全和国家信誉的重要商品，一定要坚持严格的市场准入制度，不符合要求的，一律不得进入市场。要加强对名优商品生产企业合法权益的保护。针对制假售假严重的情况，进一步完善和修订现行的有关法律法规，并加强执法监督，从根本上制止制假售假违法犯罪活动。要把打假工作与反腐败结合起来，对直接参与和组织制假售假违法犯罪活动的腐败分子，要坚决依法惩处。

5. 严肃查处大案要案，依法严厉打击犯罪分子

对那些性质恶劣、情节严重的制假售假违法犯罪分子，要依法严厉制裁，排除一切阻力和干扰，一查到底，绝不姑息。对制假售假窝点，一律依法吊销其营业执照、生产许可证、经营许可证，并没收假冒伪劣商品和制假设备、工具、原辅材料、包装物，彻底摧毁其制假售假能力。

6. 加强舆论监督，加大曝光力度

要充分发挥宣传舆论的监督作用，加大曝光力度，形成声势浩大的宣传舆论和社会监督氛围，增强联合打假的影响和威慑力。还要通过宣传、教育，进一步提高消费者的自我保护意识，自觉维护消费者合法权益，自觉抵制制售伪劣商品的行为。

五、伪劣商品的识别

伪劣商品的特征很多，也非常复杂。然而，只要掌握一定规律，认准商品的商标标志，认真查看商品外包装上的标记，注意商品装潢、厂名、厂址，仔细观察商品质量和商品包装，伪劣商品是一定能被识别出来的。一般来说主要有以下几个方面。

（一）从产品包装上鉴别

根据《产品质量法》第十五条规定，产品或其外包装必须具备以下标志：产品质量检验合格证；中文标明的产品名称、生产厂名和厂址；产品规格、等级、主要成分的名称和含量；生产日期、安全使用期或失效日期；使用不当易造成产品损坏或可能危及人身、财产安全的产品，要有警示标志或中文警示。

名优产品大多具有以上标志，而且包装比较科学、合理，包装材料讲究，装潢、商标印刷精美，套印精确、光泽度好。而假冒伪劣产品因制造粗陋、工序简单，不具备或部分具备以上标志。应该提醒消费者的是，这些标志都以中文体现，全部用外文表述的也属于不合格的产品。

（二）从商标上鉴别

许多名优产品的商标，由于产品的质量信誉好而久负盛名，也往往成为不法分子假冒的对象。假冒注册商标有这样几种情况：一是完全假冒，不但名称一样，而且图案色彩也一样；二是图案相似，名称近似，甚至用同音字，以混淆视听：三是变换商标图案颜色或是图案略有差异，名称不同。以上情况只要引起警惕，仔细观察，是会发现漏洞的。

（三）从标志上识别

商品或其包装上的标志有多种，除了商标以外，还有质量认证标志、生产许可证标志、防伪标志等，在选购商品时应该注意选择有质量标志的商品，并要注意其印刷、制作的是否精细、准确。其中防伪标志是近年来正规厂家使用比较多、防伪效果比较好的一种方法，要注意真品的防伪标志的特征。

（四）利用感官鉴别

感官鉴别就是利用人的感觉器官，即人的视觉、听觉、嗅觉、味觉、触觉等对商品的包装、结构、外观、色泽、气味等方面的识别。感官鉴别又称为“经验识别”。由于此种方法易受感官的敏锐程度和鉴别经验丰富与否的影响因而其结果难免带有主观性。

【案例点击】▶▶

案例分析

2008 年 6 月 28 日，位于兰州市的解放军第一医院收治了首例患“肾结石”病症的婴幼儿，据家长们反映，孩子从出生起就一直食用河北石家庄三鹿集团所产的三鹿婴幼儿奶粉。7 月中旬，甘肃省卫生厅接到医院婴儿泌尿结石病例报告后，随即展开了调查，并报告卫生部。随后短短两个多月，该医院收治的患婴人数就迅速扩大到 14 名。9 月 11 日，卫生部证实，经调查，高度怀疑三鹿集团旗下的三鹿牌婴幼儿配方奶粉受到三聚氰胺污染；同日，三鹿集团承认奶粉受三聚氰胺污染，全部召回 2009 年 8 月 6 日以前生产的产品。稍后，不少品牌奶粉被检出含有三聚氰胺，近 30 万名婴幼儿受到损害，5 万余名婴幼儿需住院治疗。一时间，老百姓“谈奶色变”。

三聚氰胺，这个在以前还鲜为人知的化工专业术语，如今已成为人们耳熟能详的词汇。

这样一种化工原料是如何被掺加到原奶中去的？如何进入到奶产品加工环节的？

三聚氰胺是一种化工原料，广泛用于塑料、涂料、黏合剂、消毒剂、化肥和杀虫剂等行业，三聚氰胺与甲醛合成树脂是生产食品包装材料的原料，可用来生产盘子和碗等食品用餐具。动物试验资料表明，三聚氰胺是一种低毒的物质，三聚氰胺对人体健康的影响取决于摄入的量和摄入的时间，如果摄入的量大和时间较长，就会在泌尿系统如膀胱和肾脏形成结石。目前患泌尿系统结石的婴幼儿，主要是由于食用了含有大量三聚氰胺的三鹿牌婴幼儿配方奶粉引起的，三聚氰胺不是食品原料，不允许添加到乳及乳制品中。在乳中违法添加该物质，主要是为了虚增乳中蛋白质含量，牟取不法利益。食品中蛋白质的检测方法主要是通过测定氮含量来推算蛋白质含量。三聚氰胺含氮约66%，奶中每加1克三聚氰胺可使得奶中蛋白质含量虚高约4克。三鹿集团一位质量检查员透露，过去奶站往原奶中为增加重量而兑水，后来随着收奶时检测日趋严格，一些不法奶站就开始追求“技术含量”，“发明”了将三聚氰胺和麦芽糊精按一定比例配制“蛋白粉”掺加到原奶的方法，能够提高原奶中的蛋白质含量，而且不易挥发，不易被检查出来。

中国有两句古话，一是“民以食为天”，二是“病从口入”，这两句话非常贴切地说明了食品及其安全对于老百姓的重要性。而这些年来，老百姓备受“毒食品”的困扰，激素、色素、防腐剂、甲醛、苏丹红、瘦肉精等，让消费者无所适从。试问，在如此严峻的食品安全环境面前，谁还能举箸自如、镇定自若呢？

2009年6月1日，备受期待的《中华人民共和国食品安全法》正式实施。三鹿奶粉事件中，最致命的问题便是添加了三聚氰胺。为此，《食品安全法》规定卫生部门在制订食品添加剂标准时，要经过风险评估，证明食品添加剂是“安全可靠、技术上确有必要的”才能列入食品添加剂目录，不得在食品生产中使用食品添加剂以外的化学物质或者其他危害人体健康的物质。三聚氰胺的添加是在奶站环节，也就是在牛奶被企业收购之前，就被添加了三聚氰胺，而奶牛养殖及牛奶收购站归农业部门管理，原来农业部门是被排除在食品安全监管链条之外的。于是，《食品安全法》规定建立健全食品安全协调机制，县级以上地方政府要对食品安全实行全程的监督管理。在这次奶粉事件中，有不少被检出三聚氰胺的产品是国家免检产品。事件发生后，国务院已经废除了食品的免检制度，《食品安全法》更是从法律高度明确，对食品不得实施免检。

根据案例思考以下问题：

应从哪些环节入手，确保食品的质量安全？

【任务设计】▶▶

识别伪劣商品

1. 任务目标

(1) 培养学生一定的识别伪劣商品方法和技能；

(2) 培养学生的团队合作协调能力。

2. 案例引入

从市场上找来若干种商品和相应的伪劣商品，根据所学的知识进行识别，并写出分析报告。

3. 实施步骤

(1) 指导教师向学生讲解相关商品的基本知识，让学生了解这些商品应具有的质量状况和标准；

(2) 将学生分为6～7组，每组7～8人；

(3) 区别哪些是伪劣商品；

(4) 填写商品识别报告（见表3-1）；

表3-1　伪劣商品识别报告

商品名称	识别内容				评语
	包装	商标	标识	检测	

(5) 小组交流讨论。

4. 检查评价（见表3-2）

表3-2　伪劣商品识别结果评价标准表

被考评人					
考评地点					
考评内容	伪劣商品识别				
	内　容	分值	自我评价	他人评价	教师评价
考评标准	伪劣商品识别准确	40			
	伪劣商品识别方法正确	40			
	团队协作良好	20			
合计		100			
总分					

【思考题】

1. 什么是商品质量？提高商品质量有何意义？

2. 影响商品质量的因素有哪些？

3. 商品质量管理大体经历了哪几个发展阶段？全面质量管理实施中要用到哪些工具和技术？

4. 什么是伪劣商品？其范围是什么？

5. 结合实际，试分析伪劣商品屡禁不止的原因？

第四章 商品标准

[知识目标]

1. 理解标准和商品标准的概念；
2. 掌握商品标准的分类和分级；
3. 掌握标准化的概念和商品标准化的意义；
4. 能够运用商品标准和标准化相关知识解决实际问题。

[能力目标]

在生活和工作中能够运用标准维护自己或企业的正当权益。

[必备知识]

第一节 商品标准

商品标准是判定和评价商品质量的准则和依据。它是社会生产力发展到一定阶段的产物，反过来又是推进社会生产力发展的手段。本节主要介绍商品标准的概念、分类、级别和商品标准的基本内容。

一、标准与商品标准的概念

标准是什么？这是理解商品标准的最基本的问题，也是从事一系列商品标准工作的起点。

（一）标准的概念

我国的国家标准 GB 3935.1—83《标准化基本术语》第一部分对标准作了如下的定义："标准是对重复性事物和概念所做的统一规定。它以科学、技术和实践经验的综合成果为基础，经有关方面协商一致，由主管机构批准，以特定形式发布，作为共同遵守的准则和依据。"

在理解"标准"的概念时，我们应注意以下五点。

1. 标准的本质属性是一种"统一规定"

统一性表现在：标准是由标准主管机构批准、一旦批准就要共同遵守；不同级别的标准是不同适用范围内各自的统一规定；不同类型的标准是从不同侧面进行的统一。

2. 标准制定的对象是重复性事物和概念

这里所说的"重复性"是指同一事物或概念反复多次出现的性质。比如批量生产的产品在生产过程中经历的投入、加工、检验等环节都是重复出现的，又如在某些技术管理领域中经常反复出现同一概念的术语、符号、标识等。只有当事物或概念具有重复出现的特性并处于相对稳定时才有制定标准的必要，使标准作为今后实践的依据，以最大限度地减少不必要的重复劳动、加强沟通和提高控制水平。

3. 标准既是科学技术成果，又是实践经验的总结

有关科学成果和经验在经过分析、比较、综合、验证并加以规范化后，标准才具有科学性。

4. 制定标准要发扬技术民主，要与有关方面协商一致

从市场营销的角度来看，标准的制定者可以在激烈的市场竞争中有效地占领市场。因此标准的制定实际是各方利益博弈的结果。不难理解，制订标准不仅涉及同行业的竞争者，还包括国家、政府层面的参与和斡旋。又由于制订标准对众多部门会产生巨大影响，因而制定产品标准不仅要有生产部门参加，还应当有用户、科研、检验等部门参加共同讨论研究。这样“协商一致”的标准才具有权威性、科学性和适用性。

5. 标准文件有自己一套特定格式和制定颁布的程序

标准的编写、印刷、幅面格式和编号、发布的统一，既可保证标准的质量，又便于资料管理，体现了标准文件的严肃性。标准从制定到批准发布的一整套工作程序和审批制度，是标准本身具有法规特性的表现。

（二）商品标准的概念

商品标准是对商品质量以及与质量有关的各个方面（如商品的品名、规格、性能、用途、使用方法、检验方法、包装、运输、储存等）所作的统一技术规定。商品标准是整个标准体系中的一个组成部分。

商品标准既是商品生产和商品流通的一种共同技术依据，又是商品质量评价和质量监督检验以及商品使用和维护等的依据和准则，同时也是对商品质量争议做出仲裁的判断根据。商品标准对保证和提高商品质量，提高生产、流通和使用的经济效益，维护消费者和用户的合法权益等都起着重要的作用。

二、商品标准的分类

商品标准分类的方法很多，常见的分类标志主要有：表现形式、约束程度和属性特征。

（一）按表现形式分类

商品标准按照其表现形式可分为文件标准和实物标准。

文件标准是指用特定格式的文件，通过文字、表格、图样等形式，对商品规格、质量、检验等有关方面的技术内容制定的统一规定。目前绝大多数商品标准都是文件标准。

实物标准是对某些难以用文字准确表达的色、香、味、形、手感、质地等质量要求，由标准化主管机构或指定部门用实物做成与文件标准规定的质量要求完全或部分相同的标准样品，按一定的程序发布，作为文件标准的补充。例如粮食、茶叶、羊毛、蚕茧等农副产品，都有分等级的实物标准，又如检验番茄、番茄酱色泽所用的“番茄色板”等。

（二）按约束程度分类

商品标准按照其约束程度的不同可分为强制性标准和推荐性标准。

强制性标准又称法规性标准，是国家通过法律的形式，明确对于一些标准所规定的技术内容和要求必须严格执行，不允许以任何理由或方式加以违反、变更的标准。《中华人民共和国标准化法》规定，保障人身健康，人身、财产安全的标准以及法律和行政法规强制执行的标准，均属强制性标准。具体来说包括药品标准、食品卫生标准、兽药标准；产品及产品生产、储运和使用中的安全、卫生标准，劳动安全、卫生标准；工程建设的质量、安全、卫生标准及国家需要控制的其他工程建设标准；环境保护的污染物排放标准和环境质量标准等。

推荐性标准又称自愿性标准，是指国家鼓励自愿采用的具有指导作用而又不宜强制执行的标准。

（三）按标准的属性分类

商品标准按照其属性的不同可分为基础标准、技术标准、管理标准和工作标准。

基础标准是在一定范围内作为其他标准的基础并普遍使用，具有广泛指导意义的标准。如商品名词术语、符号代号标准、量与单位标准等都是目前广泛使用的综合性基础标准。

技术标准是对商品领域中需要协调的技术事项所制定的标准，主要有基础技术标准、质量标准、方法标准和安全卫生标准等。在商品标准中，技术标准使用最为广泛。其中，质量标准是指对具体商品的性能、规格、可靠性和外观等方面规定的准则，如铅笔质量标准、酱油质量标准。方法标准是指方法、程序、规程性质的标准，如合成洗衣粉试验方法标准、酱油质量检验方法标准。安全卫生标准是指一切有关人身安全和卫生方面的专门标准，如儿童玩具安全标准、食品卫生标准等。

管理标准是对商品领域中需要协调的管理事项所制定的标准，主要有基础管理标准、质量管理标准、安全管理标准和卫生管理标准等。

工作标准是对商品领域中需要协调的工作事项所制定的标准，主要有基础工作标准、工作质量标准、工作程序标准和工作方法标准等。

除上述商品标准的划分外，我们还可依标准成熟程度将商品标准分为正式标准和试行标准；依保密程度分为公开标准和内部标准；依适用范围分为出口商品标准和内销商品标准等。

三、商品标准的级别

为使商品标准适应不同的生产技术水平、不同的管理水平以及满足各种不同的经济技术要求，以便更有效地促进商品质量的提高和改善，在我国以及国际上都对商品标准规定了不同的适用领域和有效范围，形成了商品标准的不同级别，下面分别介绍。

（一）我国商品标准的级别

根据《中华人民共和国标准化法》，按制定部门、适用范围等的不同，将商品标准划分为国家标准、行业标准、地方标准、企业标准四级。

1. 国家标准

国家标准是指对全国经济、技术发展有重大意义，必须在全国范围内统一的标准。国家标准在全国范围内适用，其他各级标准不得与之相抵触。国家标准制定的对象包括：通用技术术语、符号、代号、文件格式、制图方法等通用技术语言要求和互换配合要求；保障人体健康和人身、财产安全的技术要求；基本原料、燃料的技术要求、通用基础件的技术要求；通用的试验、检验方法；工程建设的重要技术要求等。

国家标准由国务院标准化行政管理部门编制计划、组织草拟、统一审批、编号和发布。

国家标准的编号由国家标准代号、国家标准顺序号和国家标准发布年号构成。国家标准代号由大写汉语拼音字母构成，强制性国家标准代号为“GB”，推荐性国家标准代号为

“GB/T”。国家标准顺序号是发布国家标准的顺序排号。国家标准发布年号为发布该国家标准年号的四位数字[1]。国家标准顺序号和发布年号之间加一横杠分开，如“GB 17323—1998 瓶装饮用纯净水”和“GB/T 17392—1998 国旗用织物”。

2. 行业标准

行业标准是指对没有国家标准而又需要在全国某个行业范围内统一的技术要求所制定的标准。行业标准是对国家标准的补充，是专业性、技术性较强的标准。行业标准的制定不得与国家标准相抵触，国家标准公布实施后，相应的行业标准自行废止。行业标准制定的对象包括技术术语、符号、文件格式、制图方法等通用技术语言；工农业产品的品种、规格、性能参数、质量标准、试验方法以及安全、卫生要求；工农业产品的设计、生产、检验、包装、储藏、运输过程中的安全、卫生要求；通用零部件的技术要求等。

行业标准由国务院有关行政主管部门负责制定和审批，并报国务院标准化行政主管部门备案。

行业标准的编号由行业标准代号、标准顺序号和发布年号所组成。行业标准代号由大写汉语拼音字母构成，行业的强制性标准代号为国务院标准化行政主管部门规定的各行业的大写汉语拼音代号，推荐性行业标准代号为行业的大写汉语拼音代号加上“/T”。行业标准顺序号和发布年号之间加一横杠分开。如“FZ 20013—1996 防虫蛀毛纺织产品”和“FZ/T 73006—95 腈纶针织内衣”分别为纺织行业的强制性标准和推荐性标准。具体的各行业标准代号如表 4-1 所示。

表 4-1　我国行业标准代号

行业标准名称	标准代号	行业标准名称	标准代号	行业标准名称	标准代号
农业	NY	机械	JB	文化	WH
水产	SC	汽车	QC	体育	TY
水利	SL	民用航空	MH	商业	SB
林业	LY	兵工民品	WJ	物资管理	WB
轻工	QB	船舶	CB	环境保护	HJ
纺织	FZ	航空	HB	稀土	XB
医药	YY	航天	QJ	城镇建设	CJ
民政	MZ	核工业	EJ	建筑工业	JG
教育	JY	铁路运输	TB	新闻出版	CY
烟草	YC	交通	JT	煤炭	MT
黑色金属	YB	劳动和劳动安全	LD	卫生	WS
有色冶金	YS	电子	SJ	公共安全	GA
石油天然气	SY	通信	YD	包装	BB
化工	HG	广播电影电视	GY	地震	DB
石油化工	SH	电力	DL	旅游	LB
建材	JC	金融	JR	气象	QX
地质矿产	DZ	海洋	HY	外经贸	WM
土地管理	TD	档案	DA	海关	HS
测绘	CH	商检	SN	邮政	YZ

[1] 须注意发布年号的表示，1996 年及以后发布的标准用四位数字表示，1996 年之前发布的标准用二位数字表示。

3. 地方标准

地方标准是指对没有国家标准和行业标准而又需要在省、自治区、直辖市范围内统一工业产品的安全、卫生要求所制定的标准。地方标准在本行政区域内适用，不得与国家标准和行业标准相抵触。地方标准在相应的国家或行业标准实施后，自行废止。地方标准制定的对象包括：工业产品的安全、卫生要求；药品、兽药、食品卫生、环境保护、节约能源、种子等法律法规规定的要求；其他法律、法规规定的要求等。

地方标准由省、自治区和直辖市标准行政主管部门编制计划、组织草拟、统一审批、编号和发布，并报国务院标准行政主管部门和国务院有关行政主管部门备案。

强制性地方标准的代号由大写汉语拼音字母“DB”加上省、自治区、直辖市行政区划代码的前两位数，再加斜线、标准顺序号、一横杠“—”和发布年号所组成。推荐性地方标准则在斜线后加“T”，其余构成与强制性地方标准的代号相同。如，“DB 11/068—1996”表示 1996 年发布的第 068 号强制性北京地方标准。又如，“DB 34/T 166—1996”表示 1996 年发布的第 166 号推荐性安徽省地方标准。我国部分省、自治区、直辖市代码如表 4-2 所示。

表 4-2　我国部分省、自治区、直辖市代码

名称	代码	名称	代码	名称	代码
北京市	110000	安徽省	340000	四川省	510000
天津市	120000	福建省	350000	贵州省	520000
河北省	130000	江西省	360000	云南省	530000
山西省	140000	山东省	370000	西藏自治区	540000
内蒙古自治区	150000	河南省	410000	陕西省	610000
辽宁省	210000	湖北省	420000	甘肃省	620000
吉林省	220000	湖南省	430000	青海省	630000
黑龙江省	230000	广东省	440000	宁夏回族自治区	640000
上海市	310000	广西壮族自治区	450000	新疆维吾尔自治区	650000
江苏省	320000	海南省	460000	台湾省	710000
浙江省	330000	重庆市	500000		

4. 企业标准

企业标准是指企业所制定的产品标准和在企业内需要协调、统一的技术要求和管理、工作要求所制定的标准。对于没有国家标准、行业标准和地方标准的，企业可以制定标准；对于已有国家标准、行业标准或地方标准的，国家鼓励企业制定严于国家标准、行业标准或地方标准要求的企业标准。随着经济的全球化，企业标准将越来越受到重视。

企业标准由企业组织制定，并按省、自治区和直辖市人民政府的规定备案。

企业标准代号是由以“企”字汉语拼音的第一个大写字母“Q”加上斜线“/”、企业代号，再加上标准顺序号、一横杠“—”和发布年号所组成。其中，企业代号的规定分两种情况：一是凡中央直属企业的企业代号由国务院有关行政主管部门规定；二是各地方所属企业的企业代号由其所在省、自治区、直辖市政府标准化主管部门规定。企业代号可用汉语拼音、阿拉伯数字或两者间用表示。如“Q/Kodak 02—2001”，其中“Kodak”为柯达（中国）股份有限公司。

（二）国际商品标准的级别

从国际层面来看，商品标准通常分为国际标准、区域标准、国家标准、行业标准、地方标准和企业标准六个级别。下面着重介绍前四个标准。

1. 国际标准

国际标准是指由国际上权威专业组织制定发布，并为世界上大多数国家承认和采用的标准。国际标准通常是指由国际标准化组织（ISO）和国际电工委员会（IEC）制定和发布的标准，以及经国际标准化组织确认并公布的其他国际组织制定的标准。

国际标准化组织成立于1947年，主要任务是制定国际标准，协调世界范围内的标准化工作，与其他国际性组织合作研究有关标准化的问题。国际标准化组织制定的国际标准，其编号由标准代号“ISO”、标准顺序号、发布年号以及标准名称组成。如“ISO 3873—1997 工业安全帽”。

国际电工委员会正式成立于1906年，负责电气和电子领域的标准化，其宗旨是促进电气化、电子工程领域中标准化及有关方面的国际合作。国际电工委员会制定的国际标准，其编号由标准代号“IEC”、标准顺序号、发布年号以及标准名称组成。如“IEC 83—75 家用或类似用途插座或插头”。

国际标准化组织公布的国际组织有：国际计量局（BIPM）、国际合成纤维标准化局（BISF）、食品法典委员会（CAC）、关税合作理事会（CCC）、国际电气设备合格认证委员会（CEE）、国际照明委员会（CIE）、国际无线电咨询委员会（CCIR）、国际无线电干扰特别委员会（CISPR）、国际电报电话咨询委员会（CCITT）、国际原子能机构（IAEA/AIEA）、国际空运联合会（IATA）、国际民航组织（ICAO）、国际辐射单位与测量委员会（ICRU）、国际乳制品业联合会（IDF）、国际图书馆协会联合会（IFLA）、国际制冷学会（IIR）、国际劳工组织（ILO）、国际海事组织（IMO）、国际橄榄油委员会（IOOC）、国际辐射防护委员会（ICRP）、国际兽疫防治局（OIE）、国际法制计量组织（OIML）、国际葡萄与葡萄酒局（IWO）、国际铁路联盟（UIC）、联合国教科文组织（UNESCO）、世界卫生组织（WHO）、世界知识产权组织（WIPO）。其他国际组织还包括国际电信联盟（ITU）、万国邮政联盟（UPU）、联合国粮农组织（UNFAO）、国际羊毛局（IWS）、国际棉花咨询委员会（ICAC）。

国际标准对于促进国际贸易、增进科学、文化、技术的交流起着重大作用。国际标准都为推荐性标准，但由于其具有较高的权威性和科学性，越来越多的国家尊重并自愿采用这些标准。

2. 区域标准

区域标准是指由国际地区性标准化组织制定和发布的标准。这种国际地区性组织有的是由于地理原因，有的是由于政治经济原因而形成的，这些标准仅在这些地区内发生作用。如欧洲标准化委员会（CEN）制定发布的标准（EN）就是区域标准，主要在西欧国家通行。

区域标准可以促进区域性集团成员之间的贸易，便于该地区的技术交流与合作，协调该地区与国际标准化组织的关系。

3. 国家标准

这类标准主要是指世界经济发达国家所制定的国家标准。例如美国国家标准（ANSI）、英国国家标准（BS）、日本工业标准（JIS）、法国国家标准（NF）等。此外，还包括其他国家的某些世界先进标准，如瑞士的手表材料国家标准、瑞典的轴承钢国家标准、比利时的钻石标准等。

4. 行业标准

行业标准，又称团体标准，是由行业标准化团体或机构改革标准，发布在某行业的范围内统一实施的标准。如美国材料与试验协会标准（ASTM）、美国石油学会标准（API）、美国电子工业协会标准（EIA）、英国劳氏船级社标准（LR）等都是国际上有权威性的团体标准，在各自的行业内享有很高的信誉。

四、商品标准的基本内容

商品标准是一种具有法规性的文件，为便于使用和管理，国内外对其封面格式、内容编排以及符号和编号等都有统一规定。我国商品标准包含的内容很多，一般由概述、正文和补充三个部分组成。

（一）概述部分

商品标准的概述部分，概括地说明了标准的对象、技术特征和使用范围。其主要内容包括封面与首页、目次、标准名称和引言。

1. 封面与首页

封面应列有标准名称、编号、分类号、批准发布单位、发布和实施日期等。合订本的标准只有首页，首页上的内容与封面相近。

2. 目次

当商品标准的内容较长、结构较复杂、条文较多时，一般应编写目次。

3. 标准名称

标准名称一般由标准化对象的名称和标准所规定的技术特征两部分组成。可用商品名称作为标准名称，也可用商品名称和“技术条件”（或“规范”）作为标准名称。

4. 引言

引言主要阐述制定标准的必要性和主要依据，历次复审、修订的日期，修订的主要内容，废除和被代替的标准，以及采用国际标准的程度。一般不写标题，也不编号。

（二）正文部分

商品标准的正文部分是商品标准的实质性内容，包括主题内容、适用范围、引用标准、术语、符号、代号、商品分类、技术要求、试验方法、检验规则、标志、包装、运输和储存等方面。

1. 主题内容与适用范围

该部分简要说明标准的主要内容及其适用范围。有的商品标准在必要时还明确指出该标准不适用的范围。

2. 引用标准

该部分主要说明标准中直接引用的标准，本标准必须配套使用的标准并列出标准的编号和名称。

3. 术语、符号和代号

标准中采用的术语、符号和代号，如果在现行国家标准、行业标准中尚无规定的，一般在标准中给出定义或说明。其定义或说明集中写在标准技术内容部分的前面，或分别写在有关章、条的前面。

4. 商品分类

商品分类是在商品标准中规定商品种类和型式，确定商品的基本参数和尺寸，作为合理发展商品品种、规格以及用户选用的依据。

商品分类的内容包括商品的种类、结构形式与尺寸、基本参数、工艺特征、型号与标记、商品命名和型号编制方法等。

在商品分类中，为协调同类商品和配套商品之间的关系，常按一定数值规律排列成科学的系列标准化形式。

5. 技术要求

技术要求是保证商品使用要求而必须具备的技术性能方面的规定，是指导生产、流通、使用及对商品检验的主要依据。

列入标准的技术要求，应当是决定商品质量和使用特性的关键性指标，对商品性能无重要影响的次要指标和要求一般不列入标准。列入标准的各项指标应该是可以测定或鉴定的质量特性。

6. 试验方法

试验方法是评定商品质量的具体做法，是对商品质量是否符合标准而进行检测的方法、程序和手段所做的统一规定。

试验方法一般包括实验原理、试样的采取或制备、所用试剂或标样、试验用仪器和设备、试验条件、试验步骤、试验结果的计算、分析评定、试验的纪录和试验报告等内容。

7. 检验规则

检验规则是对商品如何进行验收而做的具体规定。它是商品制造厂将商品提交质量检验部门进行检验的规定，也是商品收购部门检查商品质量的依据，其目的是保证商品质量合乎标准要求。

8. 标志、包装、运输和储存

标志、包装、运输和储存是为使商品从出厂到交付使用的过程中不致受到损失所做的规定。

(1) 标志　商品标准一般都有对商品标志的规定，特别是对消费品和涉及卫生、安全与环境保护的商品，要求更加严格。标志一般包括标志在商品及其包装上的位置、制作标志的方法、标志的内容和质量要求等内容。

(2) 包装　一切需要包装的商品，在商品标准中都规定有包装的要求。包装要求一般包括包装材料、包装技术和方法、每件包装中商品的数量、重量或体积，以及包装试验方法等内容。

(3) 运输　在运输中有特殊要求的商品，经常规定运输要求。其内容主要包括运输方式、运输条件和运输中的注意事项。

(4) 储存。根据商品的特点，规定商品的储存场所、储存条件、储存要求以及储存期限等。

(三) 补充部分

补充部分是对标准条文所做的必要补充说明和提供使用参考的资料。它包括附录和附加说明两项内容。

1. 附录

根据实际需要，一个标准可以有若干个附录，按照其性质可分为补充件和参考件两种。

(1) 补充件　补充件是标准条文的补充，是标准技术内容的组成部分，与标准条文具有同等效力。

(2) 参考件　参考件是用来帮助使用者理解标准的内容，如某些条文的参考资料或推荐性方法，标准中重要规定的依据等，它不是标准条文的组成部分，仅供参考。

2. 附加说明

附加说明是制定和修订标准中的一些说明事项，分段写在标准终结符号下面。其内容主要有：标准提出单位、归口单位、负责起草单位和标准主要起草人；标准首次发布、历次修订和重新确认的年月；标准负责解释单位以及其他附加说明等。

第二节 商品标准化

由于标准化有利于组织专业化生产、能够提高产品质量、增强企业的内部管理、保障消费者在使用产品过程中的人身与财产安全、减少资源浪费并且有助于打破外国的技术贸易壁垒，因此各国普遍推行商品标准化。我国在采用国际标准时，依采用程度不同可分为等同采用、等效采用和非等效采用三种方式。其中前两种方式可以更好地与国际接轨。

一、标准化与商品标准化的概念

（一）标准化的概念

GB 3935.1—83 对标准化的定义是：在经济、技术、科学及管理等社会实践中，对重复性事物和概念通过制定、发布和实施标准，达到统一，以获得最佳秩序和社会效益。

根据此定义，在理解标准化时我们应遵循以下四个基本原理。

1. 统一原理

标准化就是为了保证事物发展所必需的秩序和效率，对事物的形成、功能或其他特性，确定适合于一定时期和一定条件的一致规范，并使这种一致规范与被取代的对象在功能上达到等效。

2. 简化原理

标准化为了经济有效地满足需求，对标准化对象的结构、型式、规格或其他性能进行筛选提炼，剔除其中多余的、低效能的、可替换的环节，精炼并确定出能满足全面需要所必需的高效能的环节，保持整体构成精简合理，使之功能效率最高。但应特别注意简化不是简单，而是简约。简化的结果不是以少替多，而是以少胜多。

3. 协调原理

为了使标准系统的整体功能达到最佳，并产生实际效果，必须通过有效的方式协调好系统内外相关因素之间的关系，确定为建立和保持相互一致，适应或平衡关系所必须具备的要件。

4. 最优化原理

标准化的根本目的就是为了获得最优的系统效果。因此标准化过程应该是按照特定的目标，在一定的限制条件下，对标准系统的构成因素及其关系进行选择、设计或调整，使之达到最理想的效果。

（二）商品标准化的概念

所谓商品标准化就是指在商品生产和流通的各个环节中制定、发布以及实施商品标准的活动。推行商品标准化的最终目的是达到统一，从而获得最佳市场秩序和社会效益。

商品标准化的内容包括：名词术语统一化；商品质量标准化；商品零部件通用化；商品品种规格系列化；商品质量管理与质量保证标准化；商品检验与评价方法标准化；商品分类

编码标准化；商品包装、储运、养护标准化等。

二、商品标准化的作用

商品标准化的水平是衡量一个国家或地区生产技术和管理水平的尺度，是现代化的一个重要标志。现代化水平越高就越需要商品标准化。商品标准化的作用具体体现在以下七点上。

（一）商品标准化是组织现代化生产的手段，是实施科学管理的基础

随着科学技术的发展和生产的社会化、现代化，生产规模越来越大，分工越来越细，生产协作越来越广泛，许多产品的生产往往涉及几百个甚至是上千个企业，协作者遍布全国甚至世界各地。这种趋势客观上要求使用一系列的统一标准在技术上保持商品生产的高度统一和协调。同时，商品标准化也是实施科学管理的基础。有了统一的商品标准，一切经营管理都将围绕这些标准展开，由此也会相应产生各种符合生产活动规律的生产管理、技术管理、物资管理、质量管理等科学管理制度，从而实现管理工作规范化。

（二）商品标准化是不断提高产品质量的重要保证

商品标准不仅对产品的性能和规格作了具体的规定，而且对产品的检验方法、包装、标志、运输、储藏也做了相应规定，严格按标准组织生产，按标准检验和包装，产品质量就能得到可靠的保证。

不仅产品本身有标准，而且生产产品所用的原料、材料、零部件、半成品以及生产工艺工装等都会制定相互适应、相互配套的标准，这样就能保证企业有序地组织生产，保证产品质量。

（三）商品标准化是合理简化品种、组织专业化生产的前提

有的企业生产的品种多，批量小，质量差，管理混乱，劳动生产效率不高，经济效益差。我们可以通过广泛组织专业化生产来解决这些问题，而标准化正是组织专业化生产的前提。商品标准化可以合理简化品种，提高零部件通用化程度，变多品种、小批量的生产方式为少品种、多批量，有利于组织专业化生产，有利于采用先进技术装备，实现优质、高产、低耗、低成本、高效率的效果。

（四）商品标准化有利于合理利用国家资源、节约能源、节约原材料

标准化对合理利用国家资源有重要作用。比如由于合理地规定了氧化镁的含量，可使一些石灰石矿山资源延长开采期；又如合理地规定火车锅炉用煤的粒度，可使煤炭完全燃烧、充分被利用而不致浪费。

（五）商品标准化可以有效地保障人体健康和人身、财产安全，保护环境

根据《中华人民共和国标准化法》的规定，强制性标准就是针对保障人体健康和人身财产安全、保护环境的目的而广泛制定和强制实施的。不符合强制性标准的产品应责令停止生产、销售并处以罚款，情节严重的可以追究刑事责任。

（六）商品标准化是推广应用科研成果和新技术的桥梁

商品标准化是科研、生产和使用三者之间的桥梁。一项科研成果，如新产品，开始只能

在小范围内试验和试制。只有在试验成功，并经过技术鉴定，纳入相应标准之后，才能得到迅速推广和应用。

（七）商品标准化可以消除贸易壁垒，提高我国产品在国际市场上的竞争力

我国加入世界贸易组织（WTO）后，要遵守该组织的相关规定，其中 WTO 有一个“关税与贸易技术壁垒协议”，要求缔约国准备建立或采用某一标准系统或认证系统时不应以制造国际贸易壁垒为目的，而应以有关的国际标准或其中有关部分作为依据。我国可以通过积极采用国际标准和国外先进标准，同时也可以积极参加国际标准化活动，一方面使产品质量达到国际水平，另一方面反映我国的要求、维护我国的利益，加强自身市场竞争力，打破其他国家和地区的贸易壁垒。

三、我国开展商品标准化的情况

由于上述商品标准化的重大作用，我国十分重视开展商品标准化工作。其中我国把积极采用国际标准作为促进本国技术进步、提高商品质量、开发新商品和发展出口贸易的重要途径。

在 1978 年 9 月我国以中国标准化协会的名义参加了国际标准化组织，为加强标准化的国际交流提供了条件，也为扩大我国标准的使用范围奠定了基础。几十年来，我国正确地确定了采用国际标准的程度，这既符合我国的资源情况和自然条件，又能满足我国经济发展和对外贸易的实际需要。

一般说来，采用国际标准，包括采用国外先进标准，就是把国际标准和国外先进标准的内容，通过分析研究，不同程度地纳入到我国的各级标准中，并贯彻实施以取得最佳效果。在我国采用国际标准时，采用程度可分为等同采用、等效采用和非等效采用三种。

（一）等同采用国际标准

等同采用国际标准是指我国标准在技术内容上与国际标准完全相同，编写上不做或稍做编辑性修改，可用图示符号“≡”表示，其缩写字母代号为“idc”或“IDC”。

（二）等效采用国际标准

等效采用国际标准是指我国标准在技术内容上基本与国际标准相同，仅有小的差异，在编写上则不完全相同于国际标准的方法，可以用图示符号“=”表示，其缩写字母代号为“eqv”或“EQV”。

（三）非等效采用国际标准

非等效采用国际标准是指我国标准在技术内容的规定上，与国际标准有重大差异，可以用图示符号“≠”表示，其缩写字母代号为“neq”或“NEQ”。

采用国际标准的程度仅表示我国标准与国际标准之间的异同情况，而不表示技术水平的高低。值得注意的是，目前国际上只承认等同、等效采用，对非等效采用则要做出说明。所以，在采用国际标准时应尽可能选用等同或等效这两种形式，以避免造成技术壁垒。

第三节　商品质量监督

商品质量监督是贯彻执行商品标准的手段，是保证和提高商品质量并取得经济效益的措

施，也是标准化工作的重要组成部分。只有通过商品质量监督才能及时反馈商品标准的执行情况，为制定、修订商品标准提供可靠的依据。

一、商品质量监督的概念和作用

（一）商品质量监督的概念

商品质量监督是根据国家的质量法规和商品质量标准，由国家指定的商品质量监督机构对生产和流通领域的商品和质量保证体系进行监督的活动。

在认识商品质量监督时，我们应注意以下几点。

第一，商品质量监督的目的是知晓企业生产经营的商品是否达到既定法规和标准的要求，并在此基础上对企业的质量保证工作实行监督。

第二，履行商品质量监督的部门是由国家授权的法定机构，而不是普通的群众团体和民间组织。

第三，履行商品质量监督的依据主要是国家的质量法规和批准发布的正式标准，并多属于强制性标准。

第四，商品质量监督是一个过程，它包括要求商品在符合标准的前提下所做出的连续性评价和促进改善的一系列工作。

（二）商品质量监督的作用

商品质量监督实质上是国家对生产和流通领域商品质量进行控制的一种手段，具体作用如下。

① 商品质量监督是贯彻实施质量法规和商品标准不可缺少的重要手段；
② 商品质量监督是维护消费者利益，保障人体健康和生命安全的需要；
③ 商品质量监督有利于提高商品竞争能力，促进对外贸易的发展；
④ 商品质量监督有利于解决存在的商品质量问题，维护市场经济的正常秩序；
⑤ 商品质量监督有利于对商品质量的管理以及更好地实现国家计划质量目标。

二、商品质量监督的种类

我国的商品质量监督可分为国家的质量监督、社会的质量监督和用户的质量监督。下面分别介绍。

（一）国家的质量监督

国家的质量监督是指国家授权指定第三方专门机构，以公正立场对商品质量进行的监督检查。

这种法定的质量监督采用政府行政的形式，对可能危及人体健康和人身、财产安全的商品，影响国计民生的重要工业产品及用户、消费者组织反映有质量问题的商品，实行定期或经常的监督、抽查和检验，公开发布商品质量检查检验结果，并根据国家有关法规及时处理质量问题，以维护社会经济生活正常秩序和保护消费者的合法权益。

国家的商品质量监督，由国家质量技术监督部门进行规划和组织实施。

（二）社会的质量监督

社会的质量监督是指社会团体、组织和新闻机构根据消费者和用户对商品质量的反映，就流通领域的某些商品和市场商品质量进行监督检查。

这种质量监督是从市场一次抽样，委托第三方检验机构进行质量检验和评价，将检验结果特别是不合格商品的质量状况和生产企业名单予以公布，以造成强大的社会舆论压力，迫使企业改进质量，停止销售不合格商品，对消费者和用户承担质量责任，实行包修、包换、包退、并赔偿经济损失。

在我国，社会质量监督的组织者和职权的行使者主要包括中国消费者协会、中国质量万里行组织委员会、中国质量管理协会用户委员会等。

（三）用户的质量监督

用户的质量监督是指内外贸部门和使用单位为确保所购商品的质量而进行的质量监督。这种质量监督是内外贸部门和使用单位在购买大型成套设备和装置，以及采购生产企业的商品时，进驻承制单位和商品生产厂家进行质量监督，发现问题有权通知企业改正或停止生产，以保证商品质量符合所规定的要求。

这种质量监督的形式主要有：用户自己派人或委托技术服务部门进驻承制单位实行质量监督；内外贸部门派驻厂人员进行质量监督；进货时进行验收检验。

三、商品质量监督的形式

商品质量监督的实施有多种形式，可以分为抽查型质量监督、评价型质量监督和仲裁型质量监督。

（一）抽查型质量监督

抽查型质量监督是指国家质量监督机构通过从市场或企业抽取的商品样品进行监督检验判定其质量，从而采取强制措施责成企业改进质量，直至达到商品标准要求的一种监督活动。

抽查型质量监督形式一般只抽查商品的实物质量，不检查企业的质量保证体系。抽查的主要对象是涉及人体健康和人身、财产安全的商品，影响国计民生的重要工业产品，重要的生产资料商品和消费者反映有质量问题的商品。

（二）评价型质量监督

评价型质量监督是指国家质量监督机构通过对企业的产品质量和质量保证体系进行检验和检查，考核合格后，以颁发产品质量证书、标志等方法确认和证明产品已经达到某一质量水平，并向社会提供质量评价信息，实行必要的事后监督，以检查产品质量和质量保证体系是否保持或提高的一种质量监督活动。

评价型质量监督是国家干预产品质量、进行宏观管理的一种重要形式。产品质量认证、企业质量体系认证、环境标志产品认证、评选优质产品、产品统一检验制度和生产许可证发放等都属于这种形式。

（三）仲裁型质量监督

仲裁型质量监督是指质量监督检验机构通过对有质量争议的商品进行检验和质量调查，分清质量责任，做出公正处理，维护经济活动正常秩序的一种质量监督活动。

仲裁型质量监督具有较强的法制性，这项任务由质量监督管理部门承担，应选择经省级以上人民政府产品质量监督管理部门或其授权的部门审查认可的质量监督检验机构作为仲裁检验机构。

四、商品质量监督管理体制

在我国的商品质量监督管理工作中，质量监督管理网络由技术监督、专业监督系统和其他质量监督检验机构构成，形成了比较完善的商品质量监督管理体制。

（一）技术监督系统

我国的质量监督管理机构是国家质量技术监督局，它负责管理全国商品质量监督工作，组织协调有关部门开展商品质量监督检验工作。县级以上地方质量技术监督部门负责本行政区内的商品质量监督管理工作，组织协调本地承担质量监督检验任务的单位开展质量监督检验工作。

为适应我国商品质量监督检验工作的需要，国家在各省、自治区、直辖市和工业集中的城市都建立了产品质量监督检验机构。其任务是：根据标准进行商品质量监督检验，当产、销双方对商品质量有争议时执行仲裁检验，管理产品质量认证，组织生产许可证发放和参与优质产品审查等。

我国的产品质量监督检验机构主要有四种形式：国家级产品质量监督检验测试中心，主要承担国家指定的商品质量监督抽查检验；各部级（行业）产品质量监督检验测试中心，负责本行业内各企业的产品质量监督检验；全国各地方产品质量监督检验站、所，可代表国家行使商品质量监督检验权，承担地方商品质量监督抽查检验；各省、市综合检验所，负责各专业检验机构未包括的商品质量的监督检验工作。

（二）专业监督系统

我国专业监督系统的监督管理机构和质量监督检验机构包括外贸、卫生、兽药、船舶和锅炉等多个子系统。

1. 外贸子系统

国家出入境检验检疫局是我国主管进出口商品检验的行政执法机构。国家检验检疫局凭借设在各地的进出口商品检验机构监督管理所辖地区的进出口商品检验工作。

2. 卫生子系统

国务院卫生行政部门主管全国的药品监督管理工作，药品检验所负责药品的质量监督检验工作。各级卫生行政部门负责所管辖范围内的食品卫生监督工作，卫生防疫站负责食品卫生监督检验工作。

3. 兽药监察子系统

各级农牧行政管理机关主管兽药监督管理工作。各级兽药监察机构协助农牧行政管理机关，分别负责全国和本辖区的兽药质量监督检验工作。

4. 船舶子系统

由国家船舶检验局及其在有关地区设立的船舶检验机构负责船舶的质量监督管理和检验工作。

5. 锅炉子系统

由国家和地方各级劳动部门负责锅炉压力容器的安全监督工作。

除上述各质量监督系统外，中国消费者协会、中国质量管理协会等社会团体也在全国各地设立了质量监督机构。

第四节　商品质量认证

商品质量是消费者关注的重要问题。以前卖方为推销商品，往往采取自我声明的方式取得买方的信任。但在现实的市场经济中出现的各种商业欺诈、产品质量事故和法律纠纷迫使国家采用各种方法，保护消费者的利益，树立人们对商品质量的信心。产品质量认证已为世界许多国家所采用，并收到明显的效果，被证明是一种比较理想的制度保证。

一、商品质量认证的概念和作用

（一）商品质量认证的概念

国际标准化组织对现代的商品质量认证所下的定义是：由可以充分信任的第三方证实某一产品或服务符合特定标准或其他技术规范的活动。我国的《产品质量认证管理条例》所下的定义是：依据产品标准和相应的技术要求，经认证机构确认并通过颁发认证证书和认证标志来证明某一产品符合相应标准和相应技术要求的活动。

（二）商品质量认证的作用

实行商品质量认证的目的是：保证商品质量，提高商品信誉，保护用户和消费者的权益，促进国际贸易和发展国际质量认证合作。具体地说，其作用反映如下。

1. 有利于提高商品质量信誉和在国内外市场上的竞争力

产品在获得质量认证证书和认证标志并通过注册加以公布后，就可以在激烈的国内国际市场竞争中提高自己的可信度，有利于占领市场，提高企业的经济效益。

2. 有利于提高商品质量水平，推动市场经济的发展

产品质量认证制度的实施可以促进企业推行全面质量管理，及时解决在认证检查中发现的质量问题。同时，认证制度还可以加强国家对产品质量进行有效地监督和管理，促进产品质量的整体水平不断提高。不仅如此，已取得质量认证的产品可以减少重复检验，节约评定的费用。

3. 有利于保护消费者的利益

消费者购买商品时，可以从认证注册公告或从商品及其包装上的认证标志中获得可靠的质量信息，经过比较和挑选，购买到满意的商品。

二、商品质量认证的类型

依据不同的标准我们可以将商品质量认证划分为若干类型。

（一）按认证的方式不同分类

1. 型式试验

按规定的试验方法对产品的样品进行试验，以证明样品符合标准或技术规范的要求。

2. 型式试验加认证后监督——市场抽样检验

这是一种带有监督措施的型式试验。它是从市场上购买样品或从批发商、零售商的仓库中随机抽样进行检验，以证明认证商品的质量持续符合标准或技术规范的要求。

3. 型式试验加认证后监督——供方抽样检验

这种类型与市场抽样检验相似，但它不是从市场上抽样，而是从供方发货前的产品中随机抽样进行检验。

4. 型式试验加认证后监督——市场抽样和供方抽样检验

这是市场抽样检验和供方抽样检验的综合，监督检验所用的样品来自市场抽样和供方随机抽样。

5. 型式试验加供方质量体系认证再加认证后监督——质量体系复查加供方和市场抽样检验

这种认证类型是在批准认证的资格条件中增加了对产品供方质量体系的检查和评定，在批准认证后的监督措施中也增加了对供方质量体系的复查。

6. 供方质量体系的评定和认可

这种认证类型是就供方按既定标准或技术规范要求对所提供产品的质量保证能力进行评定和认可，而不是对供方的最终产品进行认证，所以这种认证类型又称为质量保证能力认证。

7. 批量检验

这种认证类型是根据规定的方案，对一批商品进行抽样检验，并据此做出该批商品是否符合标准或技术规范的判断。

8. 百分之百检验

这种认证是对每一件产品在出厂前都要依据标准由认可的独立检验机构进行检验。

（二）按认证性质的不同分类

1. 强制性认证

我国的强制性认证简称3C认证（China Compulsory Certification，CCC），是我国政府为切实保护广大消费者人身和动植物生命安全、保护环境、保护国家安全，根据我国在加入世界贸易组织时做出的承诺，按照国际通行规则，依照法律法规实施的一种对产品是否符合国家强制标准、技术规则的合格评定的制度。其认证标志如图4-1所示。

图4-1 中国强制认证标志

强制性产品认证制度是各国政府普遍实施的一项市场准入制度。凡被列入强制性产品认证的产品目录内的产品未获得指定机构的认证证书，未按规定加施认证标志，不得出厂、进口、销售和在经营服务场所使用。

中国强制认证标志实施以后，将逐步取代原来实行的“长城”标志和“CCIB”标志。

2. 自愿性认证

我国对一般产品均实行自愿性认证，没有经过认证的产品也可以在市场上销售。

（三）按认证的内容不同分类

1. 质量认证

使用质量认证标志的产品，证明该产品符合某一技术标准。

2. 安全认证

使用安全认证标志的产品，只说明该产品符合某一安全标准或标准中的安全指标，不能说明产品质量的优劣。大多数安全认证都属于强制性认证。

三、商品质量认证的程序

通过对商品质量认证类型的学习，我们知道按照认证的方式不同，商品质量认证可分为八种类型。其中以型式试验加供方质量体系认证再加认证后监督——质量体系复查加供方和市场抽样检验最为完善，这也是国际标准化组织推荐的一种典型的第三方商品认证制度。其具体实施程序如下。

（一）制定供认证用标准

这是开展认证的前提和依据。通常制定的标准是采用国际标准的国家标准。

（二）申请

企业按照认证机构的规定填写申请书和申请表。

（三）检查评价质量体系

按照ISO9000标准检查和评价生产企业的质量体系，以鉴定是否具有持续生产符合标准产品的质量保证能力。

（四）产品测试

依照所规定标准的全部要求，对样品进行型式试验，确定产品的质量状况，并根据试验结果做出最终评定。

（五）审查评议

认证机构对上述工作结果进行审查和评议，如认证合格由认证机构颁发认证证书，允许使用质量认证标志。

（六）监督检查

颁发合格证书后，认证机构继续对制造厂的质量保证体系进行监督检查。

（七）监督检验

在质量认证标志使用有效期内，认证机构可随时在工厂、市场或用户单位抽取样品进行监督检验。

（八）监督处理

经质量体系监督复查和样品监督检验，如发现不符合规定要求的情况，认证机构可根据具体情况，做出停止使用质量认证标志，撤销认证的处理决定，以维护认证机构的信誉。

四、质量体系认证及其他认证

（一）质量体系认证

质量体系认证是指由第三方公证机构依据质量体系标准，对供方的质量体系实施评定，合格者由公证机构颁发质量体系认证证书，并给予注册公布，证明供方在特定的产品范围内具有必要质量保证能力的活动。

质量体系认证的主要依据是ISO 9001、ISO 9002、ISO 9003和ISO 9004四种质量保证模式标准。由于该系列标准总结、吸收了各国质量管理理论的精华，澄清并统一了质量术语的概念，反映和发展了先进发达国家管理的实践经验，具有系统性、实用性和适时性，所以，目前世界各国大都按照ISO 9000质量管理和质量保证系列标准开展认证，并且形成了世界通行的质量体系认证制度。ISO 9000 质量体系认证的作用主要体现在以下几个方面。

① 通过全员培训和参与、全过程控制产品质量、各部门参与提高和改进产品质量，能够提高组织的整体素质，改善管理水平，增强工作积极性，培养和造就一支强有力的管理队伍，增强企业内部凝聚力。

② 有效地保证产品质量，提高生产效率和产品合格率，降低成本，而且有利于新产品的开发和研制。

③ 可以减少客户的投诉，增强客户的信任感，提高客户关系管理水平，留住老客户，吸引新客户。

④ 提高企业知名度，增强企业信誉，获得通往国际市场的通行证。我国在加入世界贸易组织之后要减少对外国商品的关税壁垒，而外国为保护他们自身的利益，会限制没有获得 ISO 9000 国际认证的企业所生产的产品进入本国。我国推行 ISO 9000 对打破外国非关税壁垒有着极大的好处。

⑤ 根据国家规定，各职能部门对获得 ISO 9000 认证的企业有一定的优惠政策。

质量体系认证和商品质量认证不同，其主要区别是：质量体系认证的对象是质量体系；质量体系认证的依据是质量体系标准；质量体系认证的目的是证明供方的质量体系有能力确保其产品满足规定的要求；质量体系认证的证实方式是对质量体系审核而不是对产品实物实施检验；质量体系认证的证明方式是颁发证书，注册公布，供方可使用注册标志做宣传，但不得直接用于产品或以其他方式误导产品已经认证合格；质量体系认证后定期监督供方质量体系，但不对产品实物实施监督检验。

（二）环境管理体系认证

环境管理体系认证是指由第三方公证机构依据环境管理体系标准，对供方的环境管理体系实施评定，合格者由第三方公证机构颁发环境管理体系认证证书，并给予注册公布，证明供方具有按既定环境保护标准和法规要求提供产品的环境保护能力。

随着经济的不断发展，人类不断增长的物质欲望和对自然能源的强烈需求严重地威胁着人类自身的生存和经济的可持续发展。面对生态和能源危机，人们开始采用各种系统的管理方法来规范人类的环境活动。这是国际标准化组织制定 ISO 14000 系列环境管理标准的历史背景。

在 ISO 14000 系列标准中，以 ISO 14001 环境管理体系标准最为重要，它是组织建立环境管理体系以及审核认证的准则，是一系列后续标准的基础。

目前，世界各国正在积极推行 ISO 14000 环境管理系列标准，并以此开展环境管理体系认证。通过环境管理系列标准的实施，可以规范企业和社会团体等所有组织的环境行为，减少人类各项活动所造成的环境污染，保持环境与经济发展相协调，促进经济的持续发展。通过环境管理体系认证，可以证实生产厂使用的原材料、生产工艺、加工方法以及产品的使用和用后处理是否符合环境保护标准和法规的要求。

为促进企业建立环境管理体系的主动性，ISO 14000 系列标准实施环境标志制度。通过环境标志对企业的环境行为加以确认，以标志图形、说明标签等形式向市场展示标志产品及非标志产品环境行为的差别，形成强大的市场压力，达到改善组织环境行为的目的。

（三）食品安全管理体系

HACCP（Hazard Analysis and Critical Control Point），即危害分析和关键控制点的概念与方法起源于美国，是 1959 年美国 Pillsbury 公司应美国宇航局的要求为其生产“100%

不含有致病性微生物和病毒的宇航食品”，以保证太空实验室人员需要的安全、卫生食品而提出的。HACCP 自提出之后，已为世界上许多国家所运用和发展。

HACCP 质量管制法是一套确保食品安全的管理系统，这种管理系统的基本思路是：对从原料采购、产品加工、消费各个环节可能出现的危害进行分析和评估；根据这些分析和评估来设立某一食品从原料直至最终消费这一全过程的关键控制点；建立起能有效检测关键控制点的程序。

该系统的优点是将安全保证的重点由传统的对最终产品的检验转移到对工艺工程及原料质量进行管制。这样可以避免因批量生产不合格产品而造成的巨大损失。在食品的生产过程中，控制潜在危害的先期察觉集中体现出 HACCP 的作用。通过对主要的食品危害，如微生物、化学和物理污染的控制，食品工业可以更好地向消费者提供消费方面的安全保证，降低食品生产过程中的危害，从而提高人民的健康水平。

第五节　消费者权益保护

消费者权益的保护既是商品标准的动力又是商品标准的目的。因此包括生产经营者和消费者在内的广大群众都应对消费者运动的历史、我国消费者的权益与我国对消费者权益的保护措施有所了解。

一、消费者运动的历史

在十九世纪，资本主义处于由市场自由竞争迈向垄断阶段。由于垄断的存在、生产经营者和消费者在信息上的不对称，加之政府的宏观管理的缺位，商业和生产组织往往利用自己在经济、法律、技术和销售手段等方面的优势，将自己的意志片面而又粗暴地强加给消费者，使消费者处于极为不利的境地，迫使消费者组织起来与垄断组织进行斗争。消费者运动从此日益扩大。

所谓消费者运动是指以广大消费者为主体，以各级消费者组织为领导，借助各种法律的、舆论的、经济的、行政的手段，保护消费者合法权益，以谋求消费者较高生活质量的运动。

随着消费者运动的开展，1898 年美国成立了世界上第一个消费者组织，提出了“维护物价”的口号。1936 年美国消费者联盟建立，作为民间的非营利组织，它用各种手段保护消费者权益，揭发批评损害消费者利益的现象和商品质量问题。

第二次世界大战后，一些发达国家相继成立了消费者组织，并制定和实施了各种保护消费者权益的法规。1960 年，美国、英国、奥地利、比利时等国的消费者组织在荷兰的海牙召开会议，正式成立了国际消费者联盟组织（IOCU）。我国于 1984 年成立了中国消费者协会，并在 1987 年加入国际消费者联盟组织。1983 年国际消费者联盟组织确定每年 3 月 15 日为“国际消费者权益日”，并规定了消费者的四项权利：有权获得安全保障；有权获得正确资料；有权自由决定选择；有权提出消费意见。

消费者自觉组织起来维护自己的权利和利益在一定程度上阻止了制造商、销售商有意识地侵犯消费者利益以及生产经营假冒伪劣商品的行为，减少了消费者所受的损失。消费者运动促使各国制定有关保护消费者利益的法律，强化了对商品质量的社会监督，促使生产企业不断改进和提高商品质量，使服务行业重视质量保证、提高服务质量。

二、我国消费者的权益

《中华人民共和国消费者权益保护法》对消费者的合法权益作了明确的规定。消费者的权益包括以下几个方面。

（一）在购买、使用商品和接受服务时享有人身、财产安全不受损害的权利

商品和服务的安全与卫生直接关系消费者的生命、健康和财产安全，经营者提供的商品和服务必须符合保障人身、财产安全的要求。

（二）享有了解商品或服务的真实情况的权利

消费者有权根据商品或服务的不同情况，要求经营者提供商品的价格、产地、生产者、用途、性能、规格、等级、主要成分、生产日期、有效期限、检验合格证明、使用方法说明书、售后服务，或服务的内容、规格、费用等有关情况。

（三）享有自主选择商品或者服务的权利

消费者有权自主选择提供商品或服务的经营者，自主选择商品品种或者服务的方式，自主决定购买或不购买任何一种商品以及接受或者不接受任何一项服务。消费者在自主选择商品或者服务时，有权进行比较、鉴别和挑选。经营者不得拒绝消费者选择某种商品或服务，不得强行搭配消费者不愿购买的商品。

（四）享有公平交易的权利

消费者在购买商品或者接受服务时，有权获得质量保障、价格合理、计量正确等公平交易条件，有权拒绝经营者的强制交易行为。

（五）购买、使用商品或接受服务受到人身、财产损害时，有依法获得赔偿的权利

因产品存在缺陷造成人身、他人财产损害的，受害人可依照《产品质量法》、《民法通则》等法规中的有关条款向产品的生产者或销售者要求赔偿。国家有关部门和消费者组织应认真处理有关消费者投诉和消费者索赔。

（六）享有依法成立维护自身合法权益的社会团体的权利

消费者要有效地维护自身的权益，必须组织起来对损害消费者利益的行为进行反抗和斗争。依法成立的消费者组织是对商品和服务进行社会监督的、保护消费者合法权益的社会团体。国家在制定有关消费者问题的政策、法律、法规时，应该听取这些消费者组织的意见。

（七）享有获得有关消费和消费者权益方面的知识的权利

商品的生产者和经营者应向消费者传送、宣传商品知识和消费知识，开展商品咨询服务。国家和消费者组织应加强消费者教育，通过电视、广播、报刊、咨询、学校教育等方式向消费者宣传商品、服务和消费者权益保护等方面的知识，提高消费者素质。

（八）在购买、使用商品和接受服务时，享有人格尊严、民族风俗习惯得到尊重的权利

经营者必须提高自身的素质和服务质量，文明经商，不得对消费者检查、搜身，采取恶劣态度和用污秽语言进行侮辱。

（九）有对商品和服务以及保护消费者权益工作进行监督的权利

消费者有权检举、控告侵害消费者权益的行为和国家机关及工作人员在保护消费者权益

中的违法失职行为，有权对生产者、经营者及保护消费者权益工作提出批评和建议。

三、我国对消费者权益的保护措施

我国日益重视消费者的权益并通过各种方式加强消费者权益的保护，其主要渠道有：相关法律法规的制定及实施；国家行政监督、司法监督以及社会监督；社会舆论监督。

（一）相关法律法规的制定及实施

目前，我国已发布实施了保护消费者权益的《消费者权益保护法》以及一系列单行法，如《食品卫生法》、《药品管理法》、《化妆品卫生管理条例》、《工业产品质量责任条例》、《产品质量法》、《广告法》、《商标法》、《商检法》、《计量法》、《环境保护法》等。此外，一些省、市、县也颁布实施了地方性保护消费者合法权益的条例。

（二）国家行政监督、司法监督以及社会监督

国家行政监督是指：各级国家行政机构中负有经济监督职责的那部分机构依法对社会经济活动的监督。直接保护消费者权益的国家行政经济监督机构主要有：工商行政管理机构、物价机构、技术监督机构、食品卫生监督机构、药品监督管理机构、进出口商品检验机构、环境保护机构等。

（三）社会舆论监督

近年来社会舆论的监督，特别是诸如报纸、电视、广播等新闻媒体的介入已成为质量监督和消费者权益保护的重要力量。比如，每年中央电视台举办的“3·15”晚会在社会各界产生了广泛而深刻的影响。

【案例点击】▶▶

三鹿奶粉事件

2008年6月28日，兰州市的解放军第一医院收治了首宗患“肾结石”病症的婴幼儿。家长反映，孩子从出生起，就一直食用河北石家庄三鹿集团所产的三鹿婴幼儿奶粉。7月中旬，甘肃省卫生厅接到医院婴儿泌尿结石病例报告后，随即展开调查，并报告卫生部。随后短短两个多月，该医院收治的患婴人数，迅速扩大到14名。

省委、省政府领导和各相关部门对“肾结石事件”也高度重视。省长徐守盛等于9月10日批示，要求卫生部门及各监管部门做好患儿救治的工作，迅速调查。

9月11日，除甘肃省外，中国其他省区都有类似案例发生。

当晚卫生部指出，近期甘肃等地报告多例婴幼儿泌尿系统结石病例，调查发现患儿多有食用三鹿牌婴幼儿配方奶粉的历史。经相关部门调查，高度怀疑石家庄三鹿集团的产品受到三聚氰胺污染。三聚氰胺是种化工原料，可导致人体泌尿系统产生结石。

同日晚上，三鹿集团发布产品召回声明称，为对消费者负责，该公司决定立即从市场召回约700吨奶粉产品。

9月13日，卫生部证实，三鹿牌奶粉中含有的三聚氰胺，是不法分子为增加原料奶或奶粉的蛋白含量，而人为加入的。

三鹿毒奶案于2008年12月27日开始在河北开庭研审，2009年1月22日下判。

总共有6个婴孩因喝了毒奶死亡，逾30万儿童患病。三鹿停产后已宣告破产。

思考：三鹿事件何以能够发生？

【任务设计】

食品类商品质量要求、分析

1. 任务目标

以具体商品为例，通过调查，使学生能认知商品质量的基本要求，并能对具体质量情况进行分析。

2. 案例引入

设计一个调查表，对学校食堂的食品进行调查，看是否满足食品类商品的质量要求。

3. 实施步骤

(1) 指导教师向学生讲解食品类质量的基本要求；

(2) 将学生分为6～7组，每组7～8人；

(3) 组织各组分别进行调查问卷设计；

(4) 对学校食堂的食品进行调查；

(5) 调查完毕后，对调查结果进行分析，以小组形式撰写分析报告；

(6) 在各组推荐的基础上，选定若干名学生在全班进行交流。

4. 检查评价（见表4-3）

表4-3　学校食堂食品类商品质量结果评价标准表

被考评人					
考评地点					
考评内容	学校食堂食品类商品质量的基本要求				
	内　容	分值	自我评价	他人评价	教师评价
考评标准	调查问卷设计	40			
	分析资料全面透彻、准确；报告书写符合要求	40			
	团队协作良好	20			
合计		100			
总分					

【思考题】

1. 什么是商品标准？我国的商品标准分为哪几个级别？各级的适用范围有何不同？
2. 什么是标准化？标准化应遵循哪些基本原理？
3. 什么是商品标准化？商品标准化发挥着怎样的重要作用？
4. 什么是商品质量监督？其种类和形式有哪些？
5. 我国的质量监督体系是如何构成的？
6. 实施商品质量认证有何作用？
7. 商品质量认证有哪些种类？
8. 我国有关消费者保护的法律法规主要有哪些？其核心内容有哪些？

第五章 商品检验

[知识目标]

1. 了解商品检验的概念；
2. 理解商品检验的依据、内容与形式；
3. 掌握商品检验的方法和评价内容。

[能力目标]

能够运用所学知识和方法对常见商品进行初步的检验与评价。

[必备知识]

商品质量是否符合规定的标准，只有经过检验才能确定，而要确定商品质量能否满足消费者要求，就必须进行全面的商品质量评价和开展商品质量监督活动。

第一节 商品检验的概念、类别和依据

一、商品检验的概念与作用

（一）商品检验的概念

商品检验是指商品的产方、买方或者第三方在一定条件下，借助某种手段和方法，按照合同、标准或国际、国家的有关法律、法规、惯例，对商品的质量、规格、数量以及包装等方面进行检查，并做出合格与否或通过验收与否的判定，或为维护买卖双方合法权益，避免或解决各种风险损失和责任划分的争议，便于商品交接结算而出具各种有关证书的业务活动。其中商品质量检验是商品检验的中心内容，狭义的商品检验即指商品质量检验。

商品检验是商品质量监督和认证的一项基础工作，是商品生产和流通中不可缺少的一个重要环节，它对于确保商品质量，维护产、供、销三方的正当利益，都有重要意义。生产企业通过对生产各环节的商品质量检验来保证产品质量，促进产品质量不断提高；商品流通部门在流通各环节进行商品检验，及时防止假冒伪劣商品进入流通领域，以减小经济损失，维护消费者利益；质量监督部门通过商品检验，实施商品质量监督，向社会传递准确的商品质量信息，促进我国市场经济的发展。

（二）商品检验的作用

商品质量检验是质量保证的重要手段，是企业质量体系要素之一，仅就生产领域来说，

其主要作用表现为以下方面。

1. 评价作用

企业质量检验根据有关法规和技术标准进行检验，并将检测结果与标准对比，做出合格或不合格的判断，或对产品质量水平进行评价，以指导生产、商品交换和企业经济活动。

2. 把关作用

检验人员通过对原材料、半成品、成品的检验，鉴别、分选、剔除不合格品，并决定该产品是否接收放行，严格把住每一个环节的质量关，做到：不合格的产品不出厂、销售；假冒、次劣产品不进入市场销售。同时，通过检验，对合格品签发产品合格证，也是对内（原材料和半成品）和对外（成品）的一种质量保证。

3. 预防作用

通过入厂检验、首件检验、巡回检验和抽样检验，及早发现并排除原材料、外购件、外协件、半成品中不合格品，以预防不合格品流入下道工序，造成更大的损失。同时，通过生产过程中的质量检验，掌握质量动态，为质量控制提供依据，及时发现质量问题，以预防和减少不合格品的产生，防止大批产品报废的质量事故。

4. 信息反馈作用

通过质量检验，搜集数据，发现不符合标准的质量问题与现场质量波动情况，及时做好记录，进行统计、分析和评价并及时报告企业管理者，反馈给生产、工艺、设计等职能部门，以便采取相应措施，改进和提高产品质量。

二、商品检验的类别

（一）按检验主体和目的的不同分类

商品检验按其检验主体和目的的不同，可分为生产检验、验收检验和第三方检验

1. 生产检验

生产检验也称为第一方检验，是指商品制造商为了在竞争中得以生存和发展，为了保证商品质量，获得较好的经济效益，对企业的原材料、半成品和成品进行的检验。

2. 验收检验

验收检验也称第二方检验，是指商品的购买方为了维护自身及消费者的利益，保证其所购商品符合合同或标准规定所进行的检验。

3. 第三方检验

第三方检验是指处于交易双方利益之外的第三方，以公正、中立的身份，应有关方面的请求或指派，依据有关法律、合同或标准对商品进行的检验。第三方检验可以合理维护交易双方的权利以及国家和消费者的权益，可以及时协调和解决商品贸易或交换中出现的纠纷，促进商品流通的顺畅进行。

（二）按检验是否具有破损性分类

商品检验按检验是否具有破损性，可分为破损性检验和非破损性检验。

1. 破损性检验

破损性检验是指为了对商品进行各项技术指标的测定、试验，经测定、试验后的商品遭受破坏，甚至再无法使用了的检验。如加工食品罐头、饮料以及茶类的检验等。

2. 非破损性检验

非破坏性检验是指经过检验的商品仍能发挥其正常使用性能的检验。如电器类、纺织品

类、黄金首饰等。

（三）按被检验商品的数量分类

商品检验按被检验商品的数量不同，可分为全数检验、抽样检验和免于检验。

1. 全数检验

全数检验是对被检验商品逐一进行的检验，它适合于批量小、质量特征少且质量不稳定、较贵重的商品检验。该检验的特点是可以提供完全的质量信息，给人以安全可靠感。但由于它实行全部商品检验，所以检验费用昂贵，检验工作量大，为此应该预防重复单调的检验工作给检验人员造成疲劳而产生漏检或错检现象。

2. 抽样检验

抽样检验是按合同或标准中规定的抽样方案，从被检验商品中随机抽取样品，然后对样品逐一进行测试的检验形式。抽样检验适合于批量较大的商品检验，它可以节省检验时间和费用，有利于商品流转。但由于该种检验提供的商品信息量少，可能导致检验结果和实际商品品质的偏差，所以它不适应于质量差异大的商品。

3. 免于检验

免于检验是对商品质量保证体系良好、质量控制完备、成品质量长期稳定的生产企业所生产的产品，在企业自检合格后，商业企业或进出口公司可以直接收货，免于检验。我国进出口商品免检办法中规定，对于法定检验的进出口商品，凡具备下列情况之一者，申请人可以申请免检：在国际上获得质量奖（未超过三年时间）的商品；经国家商检部门认可的国际有关组织实施质量认证，并经商检机构检验质量长期稳定的商品；连续三年出厂合格率及商检机构检验合格率均为百分之百，并且没有质量异议的出口商品；连续三年商检机构检验合格率及用户验收合格率均为百分之百，并且获得用户和消费者良好评价的进出口商品。

（四）按商品内外销售情况分类

商品检验按商品内外销售情况，有内贸商品检验和进出口商品检验，两种检验的具体形式如下。

1. 工厂签证，商业免检

工厂生产出来的产品，经工厂检验部门检验签证后，销售企业可以直接进货，免于检验程序。该形式多适用于生产技术条件好、工厂检测手段完善、产品质量管理制度健全的生产企业。

2. 商业监检，凭工厂签证收货

商业监检是指销售企业的检验人员对工厂生产的半成品、成品及包装，甚至原材料等，在工厂生产全过程中进行监督检验，销售企业可凭工厂检验签证验收。该形式适用于比较高档的商品的质量检验。

3. 工厂签证交货，商业定期不定期抽验

对于某些工厂生产的质量稳定的产品、质量信得过的产品或优质产品，一般是工厂签证后便可交货。但为确保商品质量，销售企业可采取定期或不定期抽验的方法。

4. 商业批验

商业批验是指销售企业对厂方的每批产品都进行检验，否则不予收货。此种检验形式适用于质量不稳定的产品。

5. 行业会检

对于多个厂家生产的同一种产品，在同行业中由工商联合组织行业会检。一般是联合组成产品质量评比小组，定期或不定期地对行业产品进行检验。

6. 库存商品检验

它是指仓储部门对储存期内易发生质量变化的商品所进行的定期检验，目的是及时掌握库存商品的质量变化状况，达到安全储存目的。

7. 法定检验

法定检验是根据国家法令规定，对指定的重要进出口商品执行强制性检验。其方法是根据买卖双方签订的经济合同或标准进行检验，对合格商品签发检验证书，作为海关放行凭证。未经检验或检验不合格的商品，不准出口或进口。

8. 公证检验

公证检验是不带强制性的，完全根据对外贸易关系人的申请，接受办理的各项公证鉴定业务检验。商品检验机构以非当事人的身份和科学公正的态度，通过各种手段，来检验与鉴定各种进出口商品是否符合贸易双方签订的合同要求或国际上有关规定，得出检验与鉴定结果、结论，或是提供有关数据，以便签发证书或其他有关证明等。

9. 委托业务检验

委托业务检验是我国商检机构与其他国家商检机构，开展相互委托检验业务和公证鉴定工作。目前，各国质量认证机构实行相互认证，大大方便了进出口贸易。

三、商品检验的依据

商品检验是一项科学性、技术性、规范性较强的复杂工作，为使检验结果更具有公正性和权威性，必须根据具有法律效力的质量法规、标准及合同等开展商品检验工作。

1. 商品质量法规

国家有关商品质量的法律、法令、条例、规定、制度等，规定了国家对商品质量的要求，体现了人民的意志，保障了国家和人民的合法权益，具有足够的权威性、法制性和科学性。商品质量法规是国家组织、管理、监督和指导商品生产与商品流通，调整经济关系的准绳，是各部门共同行动的准则，也是商品检验活动的重要依据。质量法规包括：商品检验管理法规、产品质量责任制法规、计量管理法规、生产许可证及产品质量认证管理法规等。

2. 技术标准

技术标准是指规定和衡量标准化对象的技术特征的标准。它对产品的结构、规格、质量要求、实验检验方法、验收规则、计算方法等均做了统一规定，是生产、检验、验收、使用、洽谈贸易的技术规范，也是商品检验的主要依据，它对保证检验结果的科学性和准确性，具有重要意义。

3. 购销合同

供需双方约定的质量要求，必须共同遵守。一旦发生质量纠纷，购销合同的质量要求即为仲裁、检验的法律依据。但是，购销合同必须符合《经济合同法》的要求。

第二节 商品检验的程序和内容

一、商品检验的程序

（一）商品检验的一般程序

商品质量检验程序一般由定标、抽样、检验、比较、判定、处理六大步骤组成。

1. 定标

定标是指检验前根据合同、标准的要求，确定检验手段和方法以及商品合格的判断原则，制定商品检验计划的工作。

2. 抽样

抽样是指按合同或标准规定的抽样方案，抽取样品，使样品对商品批次总体具有充分的代表性，同时对样品进行合理的维护。

3. 检验

检验是指在规定要求的环境下，使用一定的检验设备和条件，采用测量、测试、试验等检验方法，检测样品的质量特性。

4. 比较

比较是将检验的结果同要求进行比较，衡量其结果是否合乎质量要求。

5. 判定

判定是指通过将检测的结果与合同及标准要求的技术指标进行对照，根据合格判定原则，对被检商品合格与否做出判定。

6. 处理

处理是指对检验结果出具检验报告，反馈质量信息，对不合格商品做出处理。

（二）进出口商品检验的工作流程

我国进出口商品的检验由国家出入境检验检疫部门依法进行管理。商品检验检疫机构受理商品检验工作的业务流程大体可分为以下四个步骤：受理报验、抽样制样、检验鉴定、签证放行。

商检机构受理报验时，报验者需提供进出口的有关单据，进口单据主要包括外贸合同、外国发票、运单、提单、检验记录、进口到货情况通知单等；出口单据主要包括外贸合同、信用证、许可证等。

二、商品检验的内容

1. 商品质量检验

商品质量检验包括成分、规格、等级、性能和外观质量等，是根据合同和有关检验标准规定或申请人的要求对商品的使用价值所表现出来的各种特性，运用人的感官或化学、物理等各种手段进行测试、鉴别。其目的就是判别、确定该商品的质量是否符合合同中规定的商品质量条件和标准。

2. 商品重量和数量的检验

商品的重量和数量是贸易双方成交商品的基本计量和计价单位。商品重量和数量的多少，与其质量的优劣一样，直接关系到买卖双方的经济利益，因此要求检验机构做出检验和鉴定。重量检验就是根据合同规定，采用不同的计量方式，对不同的商品计量出它们准确的重量。数量检验是按照发票、装箱单或尺码明细单等规定，对整批商品进行逐一清点，证明其实际装货数量。

3. 商品包装检验

包装检验是根据购销合同、标准和其他有关规定，对进出口商品或内销商品的外包装和内包装以及包装标志进行检验。

包装检验首先核对外包装上的商品包装标志（标记、号码等）是否与有关标准的规定或贸易合同相符。对进口商品主要检验外包装是否完好无损，包装材料、包装方式和衬垫物等是否符合合同规定要求。对外包装破损的商品，要另外进行验残，查明货损责任方以及货损程度。对发生残损的商品要检查其是否由于包装不良所引起。对出口商品的包装检验，除包装材料和包装方法必须符合外贸合同、标准规定外，还应检验商品内外包装是否牢固、完整、干燥、清洁，是否适于长途运输和保护商品质量、数量的要求。

商检机构对进出口商品的包装检验，一般抽样或在当场检验，或进行衡器计重的同时结合进行。

4. 卫生检验

卫生检验主要是根据《中华人民共和国食品卫生法》、《化妆品卫生监督条例》、《中华人民共和国药品管理法》等法规，对食品、药品、食品包装材料、化妆品、玩具、纺织品、日用器皿等进行的卫生检验，检验其是否符合卫生条件，以保障人民健康和维护国家信誉。如《中华人民共和国食品卫生法》规定："进口的食品、食品添加剂、食品容器、包装材料和食品用工具及设备，必须符合国家卫生标准和卫生管理办法的规定。进口上款所列产品，由国境食品卫生监督检验机构进行卫生监督检验。进口单位在申报检验时，应当提供输出国（地区）所使用的农药、添加剂、熏蒸剂等有关资料和检验报告。海关凭国家卫生监督检验机构的证书放行。"又规定："出口食品由国家进出口商品检验部门进行卫生监督、检验。海关凭国家进出口商品检验部门的证书放行。"

5. 安全性能检验

安全性能检验是根据国家规定和外贸合同、标准以及进口国的法令要求，对进出口商品有关安全性能方面的项目进行的检验，如易燃、易爆、易触电、易受毒害、易受伤害等，以保证生产使用和生命财产的安全。目前，除进出口船舶及主要船用设备材料和锅炉及压力容器的安全监督检验，根据国家规定分别由船舶检验机构和劳动部门的锅炉、压力容器安全监察机构负责监督检查外，其他进出口商品涉及安全性能方面的项目，由商检机构根据外贸合同规定和国内外的有关规定和要求进行检验，以维护人身安全和确保经济财产免遭侵害。

第三节　商品检验的方法

商品质量检验的方法很多，根据其检验所用的器具、原理和条件，通常分为感官检验法和理化检验法两类，这两种检验方法在实际工作中，是按照商品的不同质量特性进行选择和相互配合使用的。

一、感官检验法

感官检验法指利用人的感觉器官作为检验器具，对商品的色、香、味、手感、音色等感官质量特性，在一定条件下进行判定或评价的检验方法。这是目前商品流通领域中应用较为广泛的一种检验方法。

感官检验法的范围是商品的外形结构、外观疵点、色泽、硬度、弹性、气味、声音、干鲜程度以及包装物等。感官检验法的优点是不需要仪器、简便易行、快速灵活、成本较低，特别适用于目前还不能用仪器定量评价其感官指标的商品和不具备昂贵、复杂仪器检验的企业、部门和消费者。感官检验法的局限性表现在不能检验商品的内在质量，如成分、结构、性质等；检验的结果不精确，不能用准确的数字来表示，是一种定性的方法，结果只能用专业术语或记分法表示商品质量的高低；检验结果易带有主观片面性，常受检验人员知识、技术水平、工作经验、感官的敏锐程度等因素的影响，再加上审美观不同以及检验时心理状态影响结果的准确性，故使检验的结果有时带有一定的主观性，科学性不强。

（一）感官检验的分类

1. 按照人的感觉器官的不同分类

按照人的感觉器官不同，感官检验法可分为视觉检验法、嗅觉检验法、味觉检验法、触觉检验法和听觉检验法等。

（1）视觉检验法　视觉检验法是利用人的视觉器官来检验商品的外形、结构、颜色、光泽以及表面状态、疵点等质量特性的方法。视觉检验法应用范围最广，凡是能直接用眼分辨的质量指标都可以采用这种检验法。视觉检验法受光线强弱、照射方向、背景对比以及检验人员的生理、心理和专业能力的影响很大，通常应在标准照明条件下和适宜的环境中进行，而且需要对检验人员进行必要的挑选和专门的培训。

（2）嗅觉检验法　嗅觉检验法是通过人的嗅觉器官检验商品的气味，来评价商品质量的方法。广泛用于食品、药品、洗化商品和香精、香料等商品质量检验，同时对鉴别纺织纤维、塑料等燃烧的气味差异也有重要意义。嗅觉检验受检验人员生理条件、检验经验及环境条件的影响很大，所以必须对检验人员进行测试、严格选择和培训。在检验中还应避免检验人员的嗅觉器官长时间与强烈的挥发物质接触。其检验顺序从气味淡向气味浓的方向进行，并注意采取措施防止串味等现象。

（3）味觉检验法　味觉检验法是利用人的味觉器官，通过品尝食品的滋味和风味来检验食品质量的方法。食品的味觉主要有酸、甜、苦、咸、辣、涩、鲜等。食品味道和风味的好坏，是决定食品质量高低的重要指标。凡质量正常的食品均具有特有的味道和风味，同一类别的天然食品因品种不同，味道与风味也常有明显的区别。经过加工调制的食品，由于调制方法和使用调料的不同，味道和风味也各异。食品一旦腐败变质，就会改变原有的味道和风味。即使未变质的食品，如味道不佳，质量也会下降。所以对于各种食品的味道和风味必须采用味觉检验法，以区分品质。味觉检验受味觉、味刺激温度和时间等因素的影响。为了顺利采用味觉检验法，一方面要求检验人员必须具有辨别味觉特征的能力，并且被检样品的温度要与对照样品温度一致；另一方面要采用正确的检验方法，遵循统一的规程，如检验时不能吞咽食品，应使其在口中慢慢移动，每次检验前后须用温水漱口等。

（4）触觉检验法　触觉检验法是利用人的触觉器官触摸、按压或拉伸商品，根据商品的光滑细致程度、干湿、软硬、有无弹性、拉力大小等情况来评价商品质量的方法。主要用于检查纸张、塑料、纺织品以及商品表面特性。进行触觉检验时，应注意环境条件的稳定和保持手指皮肤处于正常状态，并加强对检验人员的专门培训。

（5）听觉检验法　听觉检验法是凭借人的听觉器官，根据商品发出的声音来检查商品质量的方法。如检查玻璃制品、瓷器、金属制品有无裂纹或内在的缺陷；评价以声音作为质量指标的乐器、家用电器等商品。听觉检验至今尚无法用仪器来替代，其主要原因之一就是人的耳朵灵敏度高且范围广。但听觉检验法和其他感官检验法一样，需要适宜的环境条件，即力求安静，避免外界因素对听觉灵敏度的影响。

2. 按照感官检验目的的不同分类

感官检验又可分为分析型感官检验与偏爱型感官检验两大类。

（1）分析型感官检验（感官分析）　又称Ⅰ型或A型感官检验（感官分析）。它是以经过培训的评价员的感觉器官作为“仪器”，来测定商品的质量特性或鉴别商品之间的差异等。例如质量检验、商品改进、商品评优等都属于此类型。这种检验（分析）要求评价员对商品做出客观评价，尽量避免人的主观意愿对评价结果的影响。为此，在进行检验时，必须保证以下三点：①评价尺度和评价基准物应统一化、标准化；②检验条件应该规范化；③评价员在经过适当的选择和训练后，应维持在一定的水平。

(2) 偏爱型感官检验（感官分析） 又称Ⅱ型或B型感官检验（感官分析）。它是以未经训练的消费者对商品的感觉判断来了解消费者对商品的偏爱程度，所以是一种主观评价方法。例如，在新商品开发过程中对试制品的评价及市场调查中使用的感官检查等，都属于此类型。这种检验（分析）不像分析型那样需要统一的评价标准和条件，全凭评价者的生理、心理的综合感觉而定，即其感觉程度和主观判断起着决定性作用，因而评价结果往往因人、因时、因地而异，并且允许有相反判断。

(二) 感官检验（分析）常用方法

感官检验（分析）的方法很多，根据检验的目的、要求及统计方法的不同，有以下三类常用的方法。

1. 差别检验

差别检验用于确定两种样品之间是否存在着感官差别（或偏爱某一个）。例如，检验某种商品与标准样品感官特性上是否有差别，或检验经过一段时间储存后商品的风味是否有改变等。其方法有成对比较检验、三点检验、A—非A检验、二一三点检验、五中取二检验等。

2. 使用标度和类别的检验

这种方法涉及两种以上的商品。在经过差别检验并确定其具有明显差别的基础上，为进一步估计差别的顺序或大小，或估计样品应归属的类别，则使用这类方法。它们主要有：排序、量值估计、评分、评估、分类等方法。

3. 分析或描述性检验

这种检验用于识别和尽可能定量指出样品中出现的感官特性，主要有简单描述检验、定量描述和感官剖面检验等。

二、理化检验法

理化检验法是在实验室的一定环境下，利用各种仪器器具和试剂作为手段，运用物理、化学及生物学的方法来测试商品质量的方法。它主要用于商品成分、结构、物理性质、化学性质、安全性、卫生性以及对环境的污染和破坏性等方面的检验。在商品生产和流通中，理化检验法应用越来越广泛。

理化检验法的特点是能客观、准确地反映商品质量情况，而且能得到具体数据，深入阐明商品的化学组成、结构和性质，也能探明某些商品的内部疵点，对商品质量鉴定具有较强的科学性，较感官检验更为客观和精确。但对检验设备和检验条件要求严格，同时还要求检验员具有扎实的基础理论知识及熟练的操作实验技术。现代检测技术在检验仪器使用上与计算机联用，实现自动控制和数据处理，使理化检验走向快速、少损或无损以及自动化。

理化检验根据其原理可分为物理检验法、化学检验法和生物检验法。

1. 物理检验法

这是根据物理学原理，应用物理仪器测定商品物理性质的一种检验方法。常见的方法如下。

(1) 一般物理检验法　即通过各种量具、量仪、天平及专门仪器来测定商品的长度、细度、面积、体积、厚度、密度、黏度、渗水性、透气性等一般物理特性的方法，如棉纤维长度和细度的测定。

(2) 光学检验法　光学检验法是通过各种光学仪器来检验商品品质的一种方法。这种方法不仅可以用来检验商品的物理性质，还可用来检验某些商品的成分和化学性质，常见的仪器有显微镜、折射仪、旋光仪、比色计等。例如，利用折光仪测定油脂的折射率，可判断油脂的新陈、掺假或变质；利用旋光仪测定糖的比旋光度，可确定糖中蔗糖的含量；利用比色计测定某些商品的颜色，确定其品质或等级。

(3) 热学检验法　指利用热学仪器测定商品的热学特性的一种检验方法。这种方法可用来检验商品的熔点、凝固点、沸点、耐热性、耐寒性等。玻璃和搪瓷制品、金属制品、化妆品、化工商品、塑料制品、橡胶制品以及皮革制品等，它们的热学性质都与商品的质量有关。例如，将玻璃杯置于 0～5℃ 水中 5 分钟，取出后即投入沸水中，不炸裂者为合格。

(4) 机械检验法　机械检验法是利用各种力学仪器测定商品机械性能的一种检验方法。很多工业品、商品的质量指标，如抗拉力强度、抗压强度、硬度、弹性、塑性、脆性等，都采用这种检验方法。机械检验法所用的仪器很多，常见的有万能试验机、拉力试验机、冲击试验机、扭转试验机、硬度试验机等。例如，皮革的耐磨强度就用耐磨强度试验机测定，试验机上有成垂直相接的黏附皮革试样的直转盘和黏附金刚砂布的平转盘，测定时以 30r/min 的速度转动转盘，使皮革试样与平转盘上的金刚砂布相摩擦。皮革耐磨强度以磨损 1 克重的试样所用的转数来表示。

(5) 电学检验法　电学检验法是利用电学仪器测定商品电学特性的一种检验方法。检验的项目通常有电阻、介电系数、电容、电压、电流强度、静电性等。通过商品的某些电学特性的测定，如电阻电容等的测定，往往还可以间接测定商品的其他特性，如吸湿性等。电学检验法可节省大量的材料，能迅速得出较准确的结果或数据，使用简便。

2. 化学检验法

化学检验法是利用化学试剂和各种仪器对商品的化学成分及其含量进行测定，进而判断商品品质是否合格的检验方法。根据其具体操作方法，可分为化学分析检验法和仪器分析检验法两种。

(1) 化学分析检验法　化学分析检验法是根据已知的、能定量完成的化学反应进行分析的一种检验方法。依其所有的测定方法的不同，又分为重量分析法和容量分析法。容量分析法是用一种已知准确浓度的标准溶液与被测试样发生作用，最后用滴定终点测出某一组合的含量，如酸碱滴定法。重量分析法是根据一定量的试样，利用相应的化学反应，使被测成分析出或转化为难溶的沉淀，再通过过滤、洗涤、干燥、灼烧等，使沉淀与其他成分分离，然后称取沉淀物的重量，由此计算出被测定成分的含量，如灼烧法测定原料中灰分等。此外，化学分析法还可根据试样重量不同，分为常量分析（试样量 100mg 以上）、半微量分析（试样量在 10～100mg 之间）、微量分析（试样量在 0.01～10mg 之间）及超微量分析（试样量少于 0.01mg）。

(2) 仪器分析检验法。仪器分析检验法是采用光、电等方面比较特殊或复杂的仪器，通过测量商品的物理性质或物理化学性质来确定商品的化学成分的种类、含量和化学结构以判断商品质量的检验方法。它包括光学分析法和电学分析法。光学分析法是通过被测成分吸收或发射电磁辐射的特性差异来进行化学鉴定的，具体有比色法、分光光度法（原子吸收光谱、红外光谱等）、荧光光度法等。例如，用光量（计）光谱仪可在 1～2 分钟内分析出钢中 20 多种合金元素的含量。电学分析法是利用被测物的化学组成与电物理量（电极电位、电流等）之间的定量关系来确定被测物的组成和含量，具体有极谱法、电位滴定法、电解分析法等。仪器分析检验法适用于微量成分含量分析。仪器分析检验法因具有测定的灵敏度高、选择性好、操作简便、分析速度快的特点而应用广泛。但由于样品前处理费时，仪器价格昂贵，对操作人员要求高，故其应用有一定的局限性。

3. 生物检验法

生物检验法是食品类、药类和日常工业品商品质量检验常用的方法之一，包括微生物学检验法和生理学检验法两种。

（1）微生物学检验法　微生物学检验法是利用显微镜观察法、培养法、分离法和形态观察法等，对商品中有害微生物存在与否及其存在的数量进行检验，并判断其是否超过允许限度的一种检验方法。这些有害微生物包括大肠杆菌、沙门菌、霉腐微生物、致病性微生物等。它们直接危害人体健康，危害商品的安全储存。微生物学检验法是判断商品卫生质量的重要手段。

（2）生理学检验法　生理学检验法是用来检验食品的可消化率、发热量及营养素对机体的作用以及食品和其他商品中某些成分的毒性等的一种检验方法。检验多用鼠、兔等动物进行试验，通过动物发育、体重的改变来检查食品的营养价值；通过观察动物健康状况变化、动物解剖结果测定有害物质的毒性。只有经过无毒害试验后，视情况需要并经有关部门批准后，才能在人体上进行试验。

在实际生活中，影响商品质量变化的因素很多，商品质量的下降往往是很多因素作用的综合结果。无论是理化检验还是生物学检验都是在特定条件下进行的，检验只是考虑了一个或几个因素。为了更好地模拟商品实际情况，对商品进行实际试用，以综合评定商品在实际使用中的质量表现，也是一种常用的质量评价方法。

第四节　商品抽样方法

一、抽样的概念和原则

1. 抽样的概念

抽样也称取样、采样、拣样，是指从被检验的商品中按照一定的方法采集样品的过程。

抽样检验是按照事先规定的抽样方案，从被检批中抽取少量样品，组成样本，再对样品逐一进行测试，将测试结果与标准或合同进行比较，最后由样本质量状况统计推断受检商品整体质量合格与否。

生产时具有大致相同的条件，生产时间大致相同的同等级、同种类、同规格尺寸、同原料工艺的产品可组成商品批。一批商品中每个单位商品的性质、功能彼此接近。该批商品的单位商品数量称为批量。

抽样检查的优点是：检查的商品数量少，省时、省力，比较经济核算；检查人员能集中精力仔细检查，便于发现问题；生产方或卖方必须保证自己的产品质量，否则会出现整批商品拒收的情况，使生产方或卖方造成经济损失；适用于破坏性测试，通过少数商品的破坏检查，正确判断整批商品的质量；抽样检查中，搬运损失少；对商品的生产部门和检查部门的组织管理工作是一个促进，及时发现问题，采取措施加以改进，能起某种预防检查的作用。

抽样检查的缺点是：由于是进行抽样，有时会将优质批误判为不合格批，或将劣质批误判为合格批，因而存在接受“劣质”批和拒收“优质”批的风险；由于抽样样本较少，所以反映整批产品质量状况的信息一般不如100%检验那样多，有时会存在片面性。

2. 抽样的原则

（1）代表性原则　要求被抽取的一部分商品必须具备有整批商品的共同特征，以使鉴定结果能成为决定此大量商品质量的主要依据。

（2）典型性原则　它指被抽取的样品能反映整批商品在某些（个）方面的重要特征，能发现某种情况对商品质量造成的重大影响。如食品的变质、污染、掺杂及假冒劣质商品的鉴别。

（3）适时性原则　针对组分、含量、性能、质量等会随时间或容易随时间的推移而发生变化的商品，要求及时地抽样并进行鉴定。如新鲜果菜中各类维生素含量的鉴定及各类农副产品中农药或杀虫剂残留量的鉴定等。

二、抽样的要求和方法

1. 抽样的要求

（1）抽样应当依据抽样对象的形态、性状，合理选用抽样工具与样品容器。抽样工具与样品容器必须清洁，不含被鉴定成分，供微生物鉴定的样品应无菌操作。

（2）外地调入的商品，抽样前应检查有关证件，如商标、运货单、质量鉴定证明等，然后检查外表，包括检查包装以及起运日期、整批数量、产地厂家等情况。

（3）按各类商品的抽样要求抽样，注意抽样部位分布均匀，每个抽样部位的抽样数量（件）保持一致。

（4）抽样的同时应做好记录，内容包括：抽样单位、地址、仓位、车间号、日期、样品名称、样品批号、样品数量、抽样者姓名等。

（5）抽取的样品应妥善保存，保持样品原有的品质特点。抽样后应及时鉴定。

2. 抽样的方法

商品进行抽样检查时，遇到的第一个问题是如何抽取样品。抽样的目的在于通过尽可能少的样本所反映出的质量状况来统计推断整批商品的质量水平。所以如何抽取对该批商品具有代表性的样品，对准确评定整批商品的平均质量，显得十分重要。它是关系着生产者、消费者利益的大事。所以要正确选择抽样方法，控制抽样误差，以获取较为准确的检验结果。根据商品的性能特点，抽样方法在相应的商品标准中均有具体规定。当被检查批的质量均匀一致时，无论怎样抽取样品，无论样品的数量多少，一般都能反映整批商品的质量。但是在工业生产中，由于原材料、加工条件和技术水平的差异，生产出来的产品其质量总是不完全均匀一致的，这时怎样抽取样品就变得很重要了。

为了使抽取的样品能准确反映检查批的总体质量，应提倡采用符合概率论与数理统计理论的抽样方法。目前，被广泛采用的是随机抽样法。即被检验整批商品中的每一件商品都有同等机会被抽取的方法。被抽取机会不受任何主观意志的限制，抽样者按照随机的原则、完全偶然的方法抽取样品，因此比较客观，适用于各种商品、各种批量的抽样。常用的抽样方法有简单随机抽样、分层随机抽样和系统随机抽样。

（1）简单随机抽样　简单随机抽样法又称单纯随机抽样法，它是对整批同类商品不经过任何分组、划类、排序，直接从中按照随机原则抽取检验样品。简单随机抽样通常用于批量不大商品的抽样，通常是将批中各单位商品编号，利用抽签或随机表抽样。从理论上讲，简单随机抽样最符合随机的原则，可避免检验员的主观意识的影响，是最基本的抽样方法，是其他复杂的随机抽样方法的基础。当批量较大时，则无法使用这种方法。

（2）分层随机抽样　分层随机抽样方法又称分组随机抽样法、分类随机抽样法。它是将整批同类商品按主要标志分成若干个组，然后从每组中随机抽取若干样品，最后将各组抽取的样品放在一起作为整批商品的检验样品的抽样方法。分层随机抽样方法适用于批量较大的商品检验，尤其是当批中商品质量可能波动较大时，如不同设备、不同时间、不同生产者生产的商品组成的被检批。它抽取的样本有很好的代表性，是目前使用最多、最广的一种抽样方法。

（3）系统随机抽样　系统随机抽样法又称等距随机抽样法、规律性随机抽样法。它是先将整批同类商品按顺序编号，并随机决定某一个数为抽样的基准号码，然后按已确定的“距离”机械地抽取样品的方法。如按 2、12、22……的顺序抽取样品。这种抽样方法抽样分布均匀，比简单随机抽样更为精确，适用于较小批量商品的抽样，但当被检批商品质量问题呈周期性变化时，则易产生较大偏差。

第五节　商品的品级

一、商品品级的概念

1. 商品品级的概念

商品品级是表示商品质量高低优劣的标志，也是表示商品在某种条件下用途大小的标志，是商品鉴定的重要内容之一。它是相对的、有条件的，有时会因不同时期、不同地区、不同使用条件及不同个性而产生不同的质量等级和市场需求。一般来说，工业品分三个等级，而食品特别是农副产品、土特产等多为四个等级，最多达到六七个等级，如茶叶、棉花、卷烟等。

2. 商品质量等级的划分原则

按照国家《工业产品质量分等导则》有关规定，商品质量水平划分为优等品、一等品和合格品三个等级。

（1）优等品　优等品是指商品的质量标准必须达到国际先进水平，且实物质量水平与国外同类产品相比达到近五年内的先进水平。

（2）一等品　一等品指商品的质量标准必须达到国际一般水平，且实物质量水平达到国际同类产品的一般水平。

（3）合格品　合格品指按照我国一般水平标准组织生产，实物质量水平必须达到相应标准的要求。

3. 标准对产品质量等级的评定原则

国家标准还对产品质量等级的评定原则进行了具体的规定。

（1）产品质量等级的评定，主要依据产品的标准水平和实物质量指标的检测结果，同时为使产品实物质量水平达到相应的等级要求，企业必须具有相应等级的质量保证能力。

目前我国一些企业正在推行“质量管理和质量保证系列标准”（GB/T 19000）。所谓质量保证能力，是指贯彻 GB/T 19000 系列标准，建立质量体系并经过审核被认可的保证能力。也可以用其他方法提高企业的质量保证能力，但需经行业归口部门的承认。

（2）产品质量等级的评定工作，由行业归口部门统一负责。

（3）规定了各等级产品的确认机构，即优等品和一等品等级的确认，须有国家级检测中心、行业专职检验机构或受国家、行业委托的检验机构出具的实物质量水平的检验证明；合格品由企业检验判定。

商品品级工作，既有利于促进生产部门加强管理，提高生产技术水平和产品质量，也有利于限制劣质商品进入流通领域，并且便于消费者选购商品。此外，商品分级也有利于物价管理和监督，促进我国经济健康发展。商品的分级还有利于从整体上综合反映我国工业产品质量水平，有助于推动技术和管理进步，促进产品更新换代和质量提高。

二、商品品级的划分

商品品级的划分方法很多，常用的有记分法和限定法两种。

1. 记分法

常用的有百分记分法和限度记分法两种。

(1) 百分记分法　百分记分法将商品的各项质量指标规定为一定的分数，各质量指标分数之和为 100 分，其中重要指标所占的分数高，次要指标所占的分数低。如果商品质量符合标准规定的要求，其总分就能达到 100 分；若其中某些指标达不到标准要求，其总分相应降低，等级也相应降低。这种方法在食品和部分日用工业品中采用得较多。

(2) 限度记分法　限度记分法是把商品的每种疵点规定为一定的分数，由疵点总分来确定商品的等级。疵点越多，总分越高，商品等级就越低。这种方法一般在日用工业品和纺织品进行分等分级时采用。限度记分法在标准分数上规定的不是最低值，而是最高值。如棉质织布的外观质量，标准中将布面各种疵点分为 7 项，按疵点对布面影响程度确定各项疵点的分数，分数总和不大于 10 分为一等品，超过 40 分为等外品。

2. 限定法

限定法指在标准中规定商品每个等级限定疵点的种类数量、不能有哪些疵点，以及决定商品成为废品的疵点限度。限定法大多用于工业品分级。如全胶鞋 13 个外观指标中，就有鞋面起皱或麻点一级品稍有、二级品有；鞋面砂眼一级品不准有，二级品中砂眼直径不超过 1.5 毫米、深不超过鞋面厚度等规定。

【案例点击】▶▶

进口食品、化妆品问题多

近日，某省检验检疫局对该市经营进口食品、化妆品及洗涤用品的各大商场、超市、专卖店、美容院等 70 多家单位进行了调查，发现了不少问题，主要包括以下几点。

无证无标。有些进口食品、化妆品、洗涤用品无检验检疫证书、无 CIQ 标志现象较为严重，尤其是化妆品、洗涤用品无证无标的约占全部进口化妆品、洗涤用品的 40%～50%。

有标无证或有证无标。有些进口食品、化妆品、洗涤用品虽有 CIQ 标志却无检验检疫证书，或有的有证无标的情况也不少。

中文标签不真实、不规范。如某公司进口的化妆品，报关时间为 2000 年 2 月，其中文标签上的生产日期却是 2000 年 10 月。另外还有一些进口食品、化妆品已过保存期或是走私、假冒伪劣进口商品。一些美容院、化妆品专卖店等经销的进口化妆品大都没有经过检验检疫。

经调查分析，造成上述问题的原因如下。

(1) 有些进口化妆品、洗涤用品的进货渠道较混乱，环节繁多，致使经销商难以得到合法的产品证明。许多商品是从沿海一些批发市场上采购而来的，未经过检验。

(2) 有些进口商品进货环节繁多、经销商与进口商无法联系，难以索取证书与标志。

(3) 进口的商品经口岸检验检疫机构检验合格后，发给进口商的证书是一个正本两个副本，而进口商办完进口手续后一般将进口产品分销各地，一正二副证书难以满足需求，致使一些经销商无“证书”，尤其是无“证书原件”。

(4) 许多大超市大商场由总公司统一配货，对商品只有销售职能。

(5) 有些不法经销商违规经营，造成手续不全等。

针对以上现象，检验检疫部门建议：完善检验检疫法规，适应市场管理工作形势，加大、完善执法力度；强化市场管理，严厉打击制售假冒伪劣商品的行为；借助新闻媒体进行宣传，扩大影响，将进口食品、化妆品市场监督检查结果定期向社会公布；有关部门要做好进口食品、化妆品标签审核检验，做好未检验或手续不全的进口食品、化妆品的补检或补办手续工作等。

(资料来源：中国检验检疫服务网，2009.)

思考：从商品检验的角度分析，我们应该如何提高自我鉴别和选用进口化妆品的能力？

【任务设计】

商品的感官检验

1. 任务目标

(1) 培养学生的一定的感官质量检验方法和商品鉴定技能；

(2) 培养学生的动手能力；

(3) 培养学生的团队合作协调能力。

2. 案例引入

某茶叶专营店新进一批茶叶，为确保茶叶质量，需要对其进行感官质量检验，并写出检验分析报告。

3. 实施步骤

(1) 指导教师向学生讲解茶叶的种类等基本知识，茶叶的审评方法和步骤，让学生了解各类茶叶的质量状况和标准；

(2) 将学生分为 6～7 组，每组 7～8 人；

(3) 为每小组准备红茶、绿茶、乌龙茶的新茶、陈茶各 500 克，茶具一套。开水壶一个；

(4) 区别茶叶类型；

(5) 鉴别同一种茶叶质量好坏；

(6) 填写茶叶的感官质量审评检验报告（见表 5-1）；

表 5-1　茶叶的感官质量审评检验报告

茶叶名称	外形审评				内质审评				评语
	外形	嫩度	净度	色泽	汤色	滋味	香气	叶底	

(7) 小组交流讨论。

4. 检查评价（见表 5-2）

表 5-2　茶叶种类及感官质量鉴别结果评价标准表

被考评人					
考评地点					
考评内容	茶叶种类及感官质量鉴别				
	内　容	分值	自我评价	他人评价	教师评价
考评标准	茶叶种类鉴别准确	40			
	同一种茶叶质量好坏鉴别准确	40			
	团队协作良好	20			
合计		100			
总分					

【思考题】

1. 什么是商品检验，其有何作用？
2. 商品质量检验的依据及基本内容有哪些？
3. 商品检验的方法有哪些，各有何特点？
4. 什么叫抽样？常见的商品抽样方法有哪些？
5. 举例说明你所熟悉的一种商品的感官质量检验方法。
6. 什么是商品的品级？商品品级的划分方法有哪些？

第六章 商品包装

[知识目标]

1. 了解商品包装的概念、作用和分类；
2. 理解商品包装的材料和包装技法；
3. 掌握商品包装标志；
4. 了解商品包装装潢的相关知识。

[能力目标]

1. 掌握商品包装标志的识别技能；
2. 具备运用所学商品包装材料、商品包装标志等的基本原理和方法研究相关案例的能力；
3. 具有商品包装问题的分析与决策能力。

[必备知识]

商品包装是商品学研究的又一项重要内容。绝大多数商品只有经过包装，才算完成它的生产过程，才能进入流通和消费领域。包装不足、包装不当、包装过分都有碍商品价值与商品使用价值的实现。

第一节 商品包装概述

一、商品包装的概念

中国国家标准《包装通用术语》GB 4122—83 对商品包装下了明确的定义："商品包装指在商品流通过程中为保护商品，方便储运，促进销售，按一定技术方法而采用的容器、材料及辅助物等的总体名称"，也指"为达到上述目的而采用容器、材料和辅助物的过程中施加一定技术方法等的操作活动"。由此可见，包装是一类特殊商品，它是具有价值和使用价值的物质实体；包装又是促使被包装商品实现其价值和使用价值的手段；同时包装也是必须按一定技术要求操作的生产活动，是商品生产的重要组成部分。

商品包装具有两层含义。第一是指对商品进行包扎、贮存、运输等一系列操作过程，如打包、装箱、托运等。第二是指为了方便商品运输、储藏、促进销售、便于使用，对商品进行包裹、存放的容器和辅助材料等，通常叫包装用品或包装材料，如箱、袋、钉、盒、桶、布等。

商品包装具有艺术和技术双重特性。从实体构成来看，任何一个商品包装，都是采用一定的包装材料，通过一定的技术方法制造的，都具有各自独特的结构、造型和外观装潢。包装材料、包装技法、包装结构造型和表面装潢是构成包装实体的四大要素。包装材料是包装的物质基础，是包装功能的物质承担者；包装技术是实现包装保护功能、保证内装商品质量的关键；包装结构、造型是包装材料和包装技术的具体形式；包装装潢通过画面和文字美化、宣传和介绍商品的主要手段。

商品包装具有重要的意义。成功的商品包装不仅有利于企业取得良好的经济效益，而且可以节约社会资源，促进商品物流自动化的实现；同时提高包装水平，也是提升商品质量、树立企业形象的重要手段。

二、商品包装的作用

商品包装在商品从生产领域转入流通和消费领域的整个过程中起着非常重要的作用，其主要有：保护作用、容纳作用、便利作用和促销作用。

（一）保护作用

保护商品质量安全和数量完整是包装的最重要作用。商品在流通、运输和储藏过程中，经常会受到各种因素的影响，可能发生物理、化学、机械等变化，造成商品变形、变质。例如，运输、装卸过程中的颠簸、冲击、震动、碰撞、跌落容易导致商品损失、损耗。因此，商品包装必须有一定的抗震性，才能保证商品在运输过程中的安全，尤其在采用集装箱和托盘运输时，商品包装不能过于简陋。商品在流通、储藏过程中外界湿度、温度、气体等条件的变化，可能造成商品发生霉烂、潮解、脱水、干裂、氧化、锈蚀、腐烂、老化等质量变化。因此，商品包装必须有一定的防护措施，才能使商品尽量少受外界环境的影响，保持性能稳定。微生物、害虫的侵入会导致商品的变质、虫蛀等。因此，包装要采取一定的封闭严密措施，以防生物和微生物的威胁和侵害。另外，商品在储藏、堆码过程中所产生的压力对包装的破坏也是相当严重的。因此，包装还必须有足够的承受力，才能保证商品储存中的安全性。

所以，我们必须依据商品的特性、运输和储藏条件，选择适当的包装材料、包装容器和包装方法，对商品进行科学的防护包装，最大限度地减少商品损失损耗，保护商品质量安全和数量完整。

（二）便利作用

商品包装的便利作用，是指包装为商品在流通和消费过程中所提供的一切方便。商品包装的便利作用主要体现在以下方面：方便操作、方便自动化生产、方便储藏、方便装卸、方便运输、方便统计、方便使用、方便回收及处理等。

在流通、销售过程中，合理的商品包装，有利于商品计数、计量、验收，同时可以加速商品流转，使物流过程更快捷、准确，提高商品流通的经济效益。在消费过程中，合理的商品包装能充分展示商品的内在品质，包装上的文字说明、图案又能表明商品的成分、用途和使用方法，这样非常方便消费者识别，便于消费者购买、携带。

包装的便利功能的延伸又发展成复用功能和改用功能。复用功能是指商品包装用完以后，销售包装仍可重复使用；改用功能是指包装商品用完以后，销售包装可做其他用途。

（三）容纳作用

很多商品（气体、液体和粉状商品）本身没有一定的集合形态，这类商品没有包装就无法进行运输和销售，因此必须给它们一定的包装容纳使其具有特定的商品形态。包装的容纳不仅有利于商品的流通和销售，而且还能提高商品的价值。对于质地较疏松的商品，包装的容纳结合合理的压缩，可充分利用包装容积，节省储运空间，节约包装费用；而一般的商品，包装的容纳则可以增加商品的保护层，有利于商品质量稳定：对于那些特殊的消费品，例如食物、药品、卫生用品、消毒品等，包装的容纳则可最大限度地保证商品的卫生。

成组化功能是容纳的延伸，它是指包装能把许多个体或个别的包装物统一组合起来化零为整，化分散为集中，这种成组的容纳可大大方便运输，同时可以减少流通费用。

（四）促销作用

商品包装的促销作用是指商品包装可以美化、宣传商品，使商品具有吸引消费者的魅力，引起消费者对商品的购买欲，从而促进销售。商品包装之所以能促进商品的销售是因为包装具有传达信息、表现商品和美化商品的作用。传达信息作用主要是指包装上的文字说明，可以向消费者介绍商品的品牌、产地、规格、用途、注意事项等，起到广告、宣传和指导消费的作用。表现作用主要依靠包装上的图案、照片等所显露的商品实物，把商品的外貌表达给消费者，使消费者在感性认识的基础上对商品建立起信心。美化作用则是指包装的造型等艺术装饰对商品起到加强、突出的作用。

商品包装特别是销售包装，是“无声的推销员”。良好的包装，给人以美的享受，能诱导和激发消费者购买动机和重复购买的兴趣。特别是在当今人们的物质生活和文化生活不断提高的情况下，包装更成为消费者购买商品时的重要因素。

三、商品包装的分类

商品包装种类繁多，通常可以按照运输方式、包装所用材料、包装在流通中的作用、包装商品、包装技术与方法等进行分类，为了分析研究不同种类商品包装使用价值的特点，我们选用以下几个不同标准，对商品包装进行分类。

（一）按包装在流通中的作用分为运输包装和销售包装

1. 运输包装

运输包装是指用于保护商品、方便储存、安全运输的较大单元的包装形式，又称为大包装或外包装。如箱型包装、桶型包装、集装袋、集装箱、托盘包装等。运输包装具有保障商品安全，方便储运装卸和加速交接与点验等作用。充分保护商品，方便装卸搬运是运输包装的首要功能。

运输包装一般具有容积大、坚固耐用、标准化程度高，搬运方便，标志清晰等特点。

商品的运输包装一般有裸装、散装和包装三种形式。裸装是指那些自然成件，产品能抵抗外界作用，在储运过程中可以保持原状，不必包裹的包装方式，如原木、钢板等均可采用这一方式。散装是指不需要也没必要进行包装，而直接将商品装载在运输工具内的包装方式，如原盐、煤炭、石油等可采用这种方式。包装是指需要外加包裹物，使商品形成包、箱、袋、桶或等形状的包装方式。除了少数商品可以采用裸装和散装的方式外，大多数商品都要经过包装方可运输。

2. 销售包装

销售包装，又称小包装或个包装，是用于直接盛装商品并随同商品一起出售给消费者的小型包装。销售包装的特点一般是包装件小、便于商品陈列展销，易于消费者识别、携带和使用。销售包装往往是商品增加附加价值的手段，所以包装技术通常要求美观、新颖、安全、卫生，其印刷、装潢要求也比较高。

与运输包装保护商品的作用相比，促进销售、便于消费、提高商品价值、方便顾客识别等作用在销售包装中得到了最充分的体现。

销售包装的类型很多，一般可按其主要功能进行分类。目前比较流行的销售包装有：悬挂式包装、透明式或开窗式包装、配套包装和组合包装、分散包装、礼品包装等，这些包装方式在现代生活中扮演着越来越重要的角色。

（二）按包装材料分为木制包装、纸制包装、塑料包装等

以包装材料作为分类标志，是研究商品包装材料的主要分类方法。

1. 木制包装

木制包装是指以木材、木材制品和人造板材（如胶合板、纤维板等）制成的包装。在中国很早就开始使用木材作为包装材料。木制包装主要有：木箱、木桶、木匣、木轴和木夹板、胶合板箱、纤维板箱和托盘等。

2. 纸制包装

纸制包装是指以纸和纸板为原料制成的包装。现代社会最主要的包装材料就是纸和纸制品，其用量约占整个包装材料的40%左右。纸制包装主要有纸板箱、纸袋、纸盒、纸桶、纸杯、纸盘、瓦楞纸箱及纸浆模制包装等，其中用量最多的是瓦楞纸箱。

3. 塑料包装

塑料包装是指各种以塑料为原料制成的包装的统称。塑料是20世纪蓬勃发展起来的新兴包装材料。塑料包装主要有：塑料瓶、塑料袋、塑料盒、全塑箱、钙塑箱、塑料桶、塑料编织袋等。

4. 金属包装

金属包装是指以黑白铁皮、马口铁、铝合金、铝箔等制成的各种包装。金属作为包装材料历史悠久，多用于液体、粉状、糊状、机器等商品的包装。金属包装主要有：金属盒、金属桶、金属软管、罐头盒、钢瓶、油罐、集装箱等。

5. 复合材料包装

复合材料包装，亦称复合包装，是指以两种或两种以上材料紧密复合制成的包装。主要有纸与塑料、塑料与木材、塑料与玻璃、塑料与铝箔、塑料与铝箔和纸等材料制成的包装。

其他常见的材料包装有玻璃与陶瓷包装、纤维织品包装以及用树条、竹条、柳条编的筐、篓、箱以及草编的蒲包、草袋等。

（三）按包装内容物分为食品包装、纺织品包装等

以包装的内容物作为分类标志，商品包装可分为食品包装、土特产包装、化工商品包装、化学危险品包装、纺织品包装、机电商品包装、医药品包装等。

（四）按包装技术方法分为缓冲包装、防潮包装等

以包装技术方法作为分类标志，商品包装可分为防潮包装、防锈包装、收缩包装、组合包装、灭菌包装、缓冲包装和集合包装等。

（五）按包装销售市场分为内销商品包装和外销商品包装

内销商品包装是指用于国内市场的商品包装。外销商品包装是指用于出口商品的包装。两种包装方式的作用基本相同，但是内销商品包装必须与国内物流环境和国内销售市场相

适应，外销商品包装则必须与国外销售市场相适应。

第二节 商品包装材料

包装材料是商品包装的物质基础，商品包装材料有很多，常用的有木材、纸和纸制品、塑料、玻璃、金属、纤维材料等。商品包装材料一般可以分为主要包装材料和辅助包装材料。其中主要包装材料有：塑料、纸和纸板、玻璃、金属、陶瓷、竹木、化学纤维、复合材料等；辅助包装材料则包括：填充材料、衬垫材料、涂料、油墨、黏合剂、捆扎材料等。在选择包装材料时通常要遵循质优、体轻、合理、无毒、无害、无污染的原则。

一、包装材料的性能

从现代商品包装功能的要求来看，包装材料一般应具备以下几个方面的性能。

（一）保护性能

保护性能主要是指保护内装物，防止其变质、损失，保证商品质量的性能。商品包装的保护性能主要取决于包装材料的机械强度、抗老化性、防潮防水性、耐油性、耐热耐寒性、耐腐蚀性、透气性、卫生安全性等。

（二）方便使用性能

方便使用性能主要是指便于开启和取出内装物、便于再封闭的性能等。商品包装的方便使用性能主要取决于包装材料的牢固性、开闭性以及包装容器的结构等。

（三）加工操作性能

加工操作性能主要指商品包装适应自动包装机械操作、易加工、易包装、易封合以及生产效率高的功能。商品包装的这种性能主要取决于包装材料的可塑性、刚性、热合性、挺力、可焊性、光滑度、防静电性等。

（四）外观装饰性能

外观装饰性能指材料的颜色、形状等的美观性，能产生强烈的陈列效果，提高商品身价和激发消费者购买欲望的性能。商品包装的外观装饰性能主要取决于包装材料的光泽度、透明度、防静电吸尘性以及印刷适应性等。

（五）易处理性能

商品包装的易处理性能指包装材料要可重复利用、可再生、可降解、易回收处置，有利于资源节约和生态环境保护。

此外，商品包装材料还应该具有节省费用的性能，即经济合理地选择包装材料，以便节省包装材料、降低机械设备费、劳动费，提高包装效率等。

二、主要包装材料的性能特点

（一）纸制材料

纸制材料是支柱性的传统包装材料，耗量大，应用范围广。纸制材料分为纸和纸板两种，其中纸主要用做包装商品、制作纸袋和印刷装潢等，纸板则主要用于生产纸盒、纸箱、纸桶、纸杯、纸盘等包装容器，用于运输包装。

纸制材料的优点主要有：取材容易、价格较低、且重量轻，可以降低包装和运输成本；容易折叠、成型，方便采用各种加工方法，适用于机械化、自动化生产；密封性能良好、无味无毒、清洁卫生，且用后便于处理，可回收、再生、循环利用，不会污染环境，有利于节约资源；与其他材料相比，纸制材料的黏合可印刷性也是最优的，便于介绍和美化商品。另外，纸制材料还具有适宜的强度和耐冲击性。

当然，纸制材料也有一些致命的弱点，例如撕破强度低，易变形；防潮性、耐水性差；气密性和透明度也比较差。所以，纸和纸板在包装应用上受到了一定程度的限制，目前多通过制作纸塑复合材料等来弥补其不足。

现在，在运输包装中，用量最多的纸制品是瓦楞纸箱。纸浆模制包装物、牛皮纸包装袋用量也占了相当大的比重。

（二）金属材料

金属作为包装材料历史悠久。世界上金属种类很多，常用于包装的金属材料主要是钢材、铝材及其合金材料。其中包装用钢材包括薄钢板、镀锌低碳薄铁板、镀锡低碳薄钢板（俗称马口铁）；包装用铝材有纯铝板、合金铝板和铝箔。在现实生活中，经常用金属材料制成铁桶、铝桶、铁罐、铝罐、钢瓶、集装箱等。

金属材料一般可以分为刚性金属材料和软性金属材料。刚性金属材料主要用于加工饮料、食品和其他商品所用包装罐、听、盒，各种瓶罐的盖、底以及捆扎材料和运输包装桶、集装箱，其目的是装运各种防光、防水、防泄漏、密封性要求高的各类气体、液体或粉状商品。例如，薄钢板桶广泛用于盛装各类食用油脂、石油和化工商品；金属听、盒适用于盛装饼干、奶粉、茶叶、咖啡、香烟等；铁塑复合桶适于盛装各种化工产品及腐蚀性、危险性商品；马口铁罐、镀铬钢板罐、铝罐是罐头和饮料工业的重要包装容器。软性金属材料主要用于制造软管和金属箔。例如，铝箔多用于制造复合包装材料、药品、化妆品、化学品等的包装；铝制软管则广泛用于包装膏状化妆品、医药品、清洁用品、文化用品、食品等。

金属材料一般具有以下方面的优点：良好的密封性能，防潮、耐光、不透气，能达到长期保存商品的目的；有一定的强度，耐碰撞，结实，不易碎，能很好地保护内装物品；金属材料易于回收、循环利用，不会造成环境污染等。金属材料的不足之处在于：一些金属材料的化学稳定性差，在多雨、潮湿的环境下容易生锈，遇到酸、碱则可能发生腐蚀；而且金属材料成本相对较高，所以在一定程度上限制了其在包装上的应用。但是随着现代技术的新发展，可以通过在金属表面镀上某些材料解决这些问题。

（三）塑料

塑料是20世纪迅速发展起来的新兴包装材料，它在整个包装材料中的使用比例仅次于纸和纸板。塑料包括纤维材料、软性的薄膜和刚性的成型材料，在塑料中用的最广的是聚乙烯、聚丙烯、聚苯乙烯、聚氯乙烯、聚酯等。

塑料具有很多优点，如化学性能稳定，易着色、可印刷，耐油脂、耐腐蚀、耐酸碱、耐化学药剂；物理性能优良，具有不同的强度和弹性，折叠及封合方便，耐磨擦、防震、防压、防碰撞、耐冲击，防潮、防水、防渗漏，可塑性与气密性好。因此塑料适合各种包装新技术，如复合技术、充气技术、真空技术、贴体技术、拉伸技术和收缩技术等。塑料透明性好、表面光滑、印刷性能佳、装饰性强，非常适合包装装潢。质量轻，密度小，是钢铁密度的1/5，玻璃密度的1/2，因此，塑制品适应包装轻量化发展的需要；此外，塑料加工成型工艺简单，价格较低，便于制造具有一定的竞争力的各种包装材料和包装容器。

塑料作为包装材料难免也有不足之处：耐热性不如玻璃；机械强度不如钢铁；易老化；有的塑料在高温和低温下会软化、变脆；还有一些塑料带有异味、有毒副作用；塑料包装废弃物不易甚至不能自然降解，如果处理不当会造成环境污染等。不过，塑料容易与纸、金属等传统包装材料制成复合材料，因此塑料发展前景广阔。

（四）玻璃

玻璃属于硅酸盐无机材料，它作为包装材料历史悠久，目前玻璃仍然是包装主要用材之一，常被制成瓶、罐、缸等，广泛用于酒类、饮料、药品、化妆品、调味品、罐头、化学试剂等商品的包装。

玻璃作为包装材料优点突出。化学性能稳定、耐腐蚀、无毒无味、卫生安全是玻璃最突出的优点；透明性好、清洁、美观、易于造型的特点也使玻璃在宣传、美化商品方面有独特的效果；玻璃密封性良好、不透湿、不透气，能有效地保护内装物；另外，玻璃资源丰富、制造成本低、力学性能良好、易于回收再利用，非常有利于环境保护。

但是，玻璃作为包装材料，也存在耐冲击强度低、易碎、笨重、运输成本高等缺点，它们大大限制了玻璃在包装中应用，所以以往很少用玻璃制成运输包装容器。随着玻璃强化、轻量化技术以及复合技术的发展，玻璃对包装的适应性大大加强，现在玻璃也可以用于制造大型运输包装容器，储藏强酸等化工类产品。

（五）木材

在我国，木材作为包装材料很早就被使用。常用的木制包装容器有木箱（包括胶合板箱和纤维板箱）、木桶（分为木板桶、胶合板桶和纤维板桶）、木匣、纤维板箱、胶合板箱、托盘等。

木材具有特殊的耐冲击、耐压和耐气候的能力，其物理、化学性能稳定，易于加工，不污染环境，目前仍是大型和重型商品常用的包装材料，也常被用于包装体积小、重量大、批量小、强度要求高的商品。虽然木材适于做多种商品的包装材料，具有独特的优越性，但由于森林资源的匮乏，木材来源有限、价值高，而且由于保护环境的需要，木材作为包装材料发展潜力并不大。目前，木制包装容器已逐渐减少，正在被塑料等新型包装材料所取代。

（六）陶瓷

陶瓷也是以硅酸盐为主要成分的无机性材料，目前也是现代包装的主要材料之一。

陶瓷与玻璃有许多共同之处，例如化学性能稳定、热稳定性佳，有良好的遮光性，密封性好，耐酸碱腐蚀，成本低廉，可用于制造瓶、坛、罐等包装容器，广泛用于包装运输各种化工产品、特色传统食品等。在我国，因为陶瓷瓶造型古朴典雅、釉彩和图案装饰美观，所以常被用于高级名酒的包装。

（七）其他包装材料

常见的其他包装材料主要有天然纤维（如麻、柳、竹等）和纺织品等。

竹、柳、藤等天然、野生包装材料的共同特点是成本低廉、通风透气、绿色安全、耐用。用这些材料制成的各种筐、篓、箱以及蒲包、草袋等，具有可就地取材、成本低廉、透气性好的优点，适宜包装生鲜商品、土特产品和陶瓷产品等。

纺织品有化学纤维类、金属纤维类及少量矿物纤维，其共同的优点是质轻透气、有一定牢度，通常被制成袋装运输容器，广泛用于盛装粉状、颗粒状商品，如盐、糖、粮食、化肥等。从发展趋势来看，塑料编织袋的利用范围越来越广。

第三节　商品包装技法

商品包装技法是指包装操作时所采用的技术和方法。合理、完美的商品包装技法在商品的运输和销售过程中作用巨大，能最大限度地减少商品破损、流失，降低企业成本，提高经济效益。商品包装技法可以分为商品运输包装技法和商品销售包装技法两大类。

一、商品运输包装技法

所谓商品运输包装技法，是指对准备运输的商品进行包装作业时所采用的技术与方法。常用的商品运输包装技法包括以下几种。

（一）一般包装技法

一般包装技法是指针对产品的不同形态和特点而采用的技术与方法，这是大多数产品都要采用的。要对不同形态的产品进行包装，关键在于如何合理选择内外包装的形态和尺寸。一般包装技法通常包括以下几种。

1. 内装物要合理置放、固定和加固

在包装容器中装进各种各样产品时，如果置放、固定和加固的合理，一般能达到缩小体积、节省材料、减少损失的效果。所以，在装入产品时，一定要注意产品的合理置放、固定和加固的技巧。

2. 对松泡产品要压缩体积

松泡产品，如枕芯、羽绒服、棉被、毛纺织品等，在包装时占用容器的空间太大，必须对其进行体积压缩。据实践验证，一些服装、毯子，真空包装技法可使其体积缩小率达50%左右；对松泡产品，真空包装技法则可使其体积缩小率达85%。真空包装技法经济效益显著，一般可节省费用15%～30%。

3. 合理选择内、外包装的形状尺寸

有些包装好的商品还必须装入集装箱，如果包装件与集装箱之间的形状尺寸匹配得好，就会大大提高集装箱的利用度，并且能有效地保护商品。

4. 包装外的捆扎

在包装外进行捆炸的目的是进一步加固容器、保护商品，还可以减少部分保管费和运费等。

（二）缓冲包装技法

缓冲包装技法又称防震包装技法，是为减缓内装物品受到冲击、震动等外界影响造成损坏而采取一定防护措施的包装技术和方法。

缓冲包装技法一般分为全面缓冲、部分缓冲和悬浮式缓冲三类方法。全面缓冲是指产品或内包装的整个表面都用缓冲材料衬垫的包装方法。全面缓冲依据产品不同和缓冲材料不同可分为压缩包装法、浮动包装法、裹包包装法等。部分缓冲是指仅在产品或内包装的拐角或局部地方使用缓冲材料衬垫。对那些整体性好或有内包装容器的产品适用此法不但能降低包装成本，还能取得良好的效果。悬浮式缓冲又称浮吊包装，它适用于极易受损，且要求确保安全的产品，它是指先将产品置于纸盒中，产品与纸盒间直面均用柔软的泡沫塑料衬垫妥当，盒外用帆布包缝或装入胶合板箱，然后用弹簧张吊在外包装箱内，使其悬浮吊起。

在有的教材中，将缓冲包装技术方法分为妥善衬垫、现场发泡、机械固定等。

1. 妥善衬垫

衬垫的作用是保护商品在受到外来冲击、震动时，保持适当的缓冲余地和阻挡力。例如，精密仪器、电子产品等包装容器内塞满泡沫塑料衬垫、防震填充剂（如纤维素填料、木纤维）等；玻璃、陶瓷器皿等产品的包装箱内常填充瓦楞纸板衬垫；白酒等瓶装商品则往往使用带有固定内格的塑料箱。

2. 现场发泡

现场发泡又称就地发泡，现场发泡适用于家用电器、玻璃陶瓷制品、工艺水晶和其他不规则商品的包装。这种方法采用泡沫体在现场喷入外包装内成型的措施，能将任何形状的物品包裹住，起到缓冲衬垫作用。

3. 机械固定

机械固定可用橡胶模压件将物品的金属件连接，把橡胶件紧扣在包装箱内。例如，大型工具可利用其底脚孔，经螺栓与箱底或滑木连接固定或木框固定，再将木框拴在箱板上。

（三）防潮包装技法

防潮包装技法是指为了隔绝外部空气相对湿度的变化对产品的影响，使产品保持适宜的相对湿度，保证商品质量，采用防潮材料对产品进行包封的技术与方法。在进行防潮包装时，我们应该注意以下几点。

1. 包装场所应清洁干燥

包装场所温度不应有剧烈变化以避免发生结露现象，一般温度不超过 35℃，相对湿度则应保持在 75%以下。

2. 产品在包装前必须是清洁干燥的

不干燥时应先进行干燥处理，不清洁处应进行清洁工作。所用缓冲衬垫材料应采用不吸湿或吸湿性小的材料。

3. 防潮材料应平滑均一

防潮材料应无针孔、无气泡、无砂眼、无破裂、平滑均一。应使用缓冲衬垫材料将防潮材料支撑、固定、卡紧，并尽量将其放在防潮材料的外部。

4. 应尽可能使包装表面积对体积的比率达到最小

应尽量缩小内装物的体积和防潮包装的总表面积，尽可能使包装表面积对体积的比率达到最小。

5. 防潮包装应连续

防潮包装应尽量连续操作，一次完成，当中间停顿作业时，应采取有效的临时防潮保护措施。

6. 防潮包装的封口，必须密封良好

（四）防锈包装技法

防锈包装技法是在运输储存金属制品与零部件时，为防止其生锈而降低价值或性能所采用的各种包装技术和方法。在进行防潮包装操作时，应注意以下几点。

1. 包装场所应防潮

包装场所应该保持低湿度、无尘、没有有害气体，必要时可进行空气调整。

2. 包装内部空气容积应尽可能小

这样可以最大限度地减少潮气、有害气体和尘埃等的数量。

3. 包装物不规则时的包装技法

如果包装对象有突出部分或锐角部分时，应采用缓冲材料进行堵塞、支撑和固定

4. 其他

在处理包装金属制品时，千万不要沾上指纹、留下指汗，否则要妥善地进行处理。

（五）防霉包装技法

防霉包装技法是为防止霉菌侵袭内装商品或霉菌的生长污染商品、影响商品质量所采取的一种防护措施。为使商品和包装不利于霉菌的生长，可以改进材料的配方提高其抗霉性，如减小塑料中有利于霉菌生长的增塑剂、稳定剂等有机物质的含量；或者在所用的材料上涂上防霉剂，杀死或抑制霉菌的生长；也可选用抗菌性强的材料如金属材料等。

（六）集合包装技法

集合包装是将一定数量的商品或包装件，装入具有一定规格、强度和长期周转使用的较大包装容器内，形成一个更大的搬运单元的包装形式。集合包装包括集装盘、集装箱、集装袋和滑片集装与无托盘集装等。其中常见的是集装箱、集装盘。

集装盘又称集装托盘，简称托盘，是指在一件或一组货物下面附加一块垫板，板下有脚，形成插口，方便铲车的铲叉插入，方便进行装卸、搬运、堆码作业。集装托盘兼备包装容器和运输工具的双重作用，它的最大特点是能完全实现机械化，使装卸作业化繁为简；同时方便进行高层堆垛，合理利用存储空间；还能够简化单体包装，节省包装费用，保护商品安全，减小损失和污染。

集装箱的出现和发展，是包装方法和运输方式的一场革命，它的出现为实现运输管理现代化提供了条件。集装箱可以分为多种类型，例如，按照集装箱的不同用途可分为通用集装箱与专集装箱两大类；按照集装箱的制造材料可分为钢质集装箱、铝合金集装箱等。

二、商品销售包装技法

销售包装技法是指销售包装操作时所采用的技术和方法。目前，商品销售包装的技法有：贴体包装技法、泡罩包装技法、收缩包装技法、真空包装技法、拉伸包装技法、充气包装技法、吸氧剂包装技法等。

（一）贴体包装技法

贴体包装技法广泛地用于商品销售包装，它是将单件或多件商品，置于带有微孔的纸板上，用经过加热的软质透明塑料薄膜覆盖，在纸板下面抽真空使薄膜与商品外表紧贴，同时以热熔或胶粘的方法使塑料薄膜与涂了黏结剂的纸板黏合，使商品紧紧固定在其中。贴体包装技法广泛适用于形状复杂、怕压易碎的商品，如灯具、文具、日用器皿、小五金等。

贴体包装技法的优点是：紧紧牢固商品，可以在一定程度上防止商品因受各种机械、物理作用而损伤，同时在销售中也能防止顾客触摸、防尘、防盗，对商有保护作用；包装透明、造型各异、彩底印刷精美，大大增加了商品的陈列效果。

（二）泡罩包装技法

泡罩包装技法广泛地适用于形状复杂、怕压易碎的商品，如食品、药品、文具、玩具、小商品等的销售包装，按照泡罩形式不同，泡罩包装可分为泡眼式、罩壳式和浅盘式三类。

泡眼是一种尺寸很小的泡罩，常见的如药片泡罩包装；罩壳是一种用于玩具、文具、小工具、小商品的泡罩，类似于贴体包装的形式；浅盘是杯、盘、盒的统称，主要用于食品如熟肉、果脯、蛋糕等的包装。

泡罩包装技法的效果基本与贴体包装技法一样：在物流和销售中对商品起保护作用；可以悬挂陈列、节省货位；可以形成成组、成套包装；具有良好的陈列效果。泡罩包装技法与贴体包装技法的不同之处在于以下几个方面：泡罩包装有较好的阻气性、防潮性、防尘性，用于食品时，清洁卫生，可增加货架寿命；对于大批量的药品、食品、小件物品，易实现自动化流水作业；泡罩有一定的立体造型，在外观上更吸引人。

（三）收缩包装技法

收缩包装技法是将经过预拉伸的塑料薄膜、薄膜套或袋，在考虑其收缩率的前提下，将其裹包在被包装商品的外表面，以适当的温度加热，薄膜即在其长度和宽度方向上产生急剧收缩，紧紧地包裹住商品。它广泛地应用于销售包装，是一种很有前途的包装技术。

特点是：所用薄膜材料有一定韧性，且收缩比较均匀，在棱角处不易撕裂，可将零散多件商品方便地包装在一起，如几个罐头、几盒磁带等，有的借助于浅盘，可以省去纸盒；所用塑料薄膜通常是透明的，经收缩紧贴于商品，能充分显示商品的色泽、造型，大大增加了陈列效果；可保证商品在到达消费者手中之前保持密封，防止启封、偷盗等；防潮、防污染，对食品能起到一定的保鲜作用，有利于零售，延长货架寿命。

（四）真空包装技法

真空包装技法也称减压包装技法，是指将产品装入包装容器之后，排除包装内的气体，使密封后的容器内达到一定真空度。

真空包装技法的特点是：用于轻泡工业品包装时，能大大缩小包装体积，最多可缩小50%以上；用于软包装进行冷冻后，包装物表面无霜，可保持食品本色；用于食品包装时，能防止维生素分解、油脂氧化、防止气味散失、防变色、防虫、防霉。真空包装技法的缺点是容易造成褶皱，影响美观。

（五）拉伸包装技法

拉伸包装技法是用具有弹性（可拉伸）的塑料薄膜，在常温和张力作用下，裹包单件或多件商品，在各个方向上牵伸薄膜，使商品紧裹并密封，它与收缩包装技法的效果基本一样，其特点是：采用此种包装不用加热，适合于那些怕加热的产品如鲜肉、冷冻食品、蔬菜等：可以准确地控制裹包力，防止产品被挤碎：由于不需加热收缩设备，可节省设备投资和设备维修费用，并可节省能源。

（六）充气包装技法

充气包装技法又称气体置换包装技法，是指将产品装入包装容器之后，在包装容器内充入一定量的惰性气体，置换其内部的空气，然后进行密封，以便使密封后的容器内仅含少量氧气（1～2%）。充气包装技法适用范围较广，液体、粉末以及质软或有硬尖棱角的商品都能包装，例如食品、日用工业品等。

充气包装技法的特点是：能防止氧化、防锈、防霉、防止气味散失、防变色；能抑制微生物和害虫的生长，大幅度地延长商品保存期；外观光滑、美观。但因为包装容器内有气体，所以不适合进一步加热杀菌处理。

（七）吸氧剂包装技法

吸氧剂包装技法是在密封的包装容器内，使用能与氧气起化学反应的吸氧剂，除去包装内的氧气，使内装物在无氧的条件下得到妥善保存的技术和方法。这种包装技法具有很多优点：能把容器内氧气全部除掉，从而使商品在包装容器内的无氧状态下长时间保存；可防止氧化、生锈、发霉、变色、虫蛀等，完全杜绝氧气的影响；操作方法极为简便，不需大型设备。目前，吸氧剂包装技法主要用于糕点、礼品、茶叶等的保鲜，还常常用于书画、毛皮、古董、电子器材及精密机械零件等物品的包装。

第四节　商品包装标志与商标

一、商品包装标志

为了便于商品的流通、销售、选购和使用，在商品包装上通常都印有某种特定的文字或图形，用以表示商品的性能、储运注意事项、质量水平等含义，这些具有特定含义的图形和文字称为商品包装标志。它的主要作用是便于识别商品，便于准确迅速地运输货物，避免差错，加速流转等。商品包装标志主要表现为商品销售包装标志和商品运输包装标志两种形式，其中，商品销售包装标志又叫商品使用说明或商品标签。

（一）销售包装标志

商品销售包装标志又称商品使用说明，一般指附属于商品销售包装的一切文字、符号、图形、表格及其他说明。商品使用说明不但是交付商品的组成部分，还是向消费者传递商品信息和说明有关问题的工具，是保护消费者利益的重要手段。商品使用说明，可分为使用说明书、在商品或包装上的使用说明和说明性标签三种。商品使用说明的基本内容包括：商品名称、生产厂名和厂址、产地、商标、规格、数量或净含量、商品标准或代号、商品条形码等。对已获质量认证或在质量评比中获奖的商品，应分别标明相应的标志。

对于食品，根据国家标准规定，商品的销售包装标签上必须标注：食品名称、配料表、净含量及固形物含量、制造者的名称和地址、日期标志（生产日期、保质期或保存期）和储藏指南、产品标准代号、质量等级、特殊标注内容等。属保健食品的必须标有保健食品标志。

对于进口商品，在每个小包装上必须用中文标注：商品名称、产地的国名和地方名、中国代理商或总经销商的名称、详细地址。对关系到人身财产安全的商品，对其标注的内容还有更详细的规定。如家用电器商品必须在每个销售包装上标有中文说明、中国商检局 CCIB 安全检测标志和长城安全认证标志；化妆品包装上必须有 CCIB 标志；动植物商品必须在每个小包装上贴有中国动植物检疫局发放的标志；进口预包装食品的每个小包装上必须贴有 CHF 中国卫生检疫标志，等等。

（二）运输包装标志

运输包装标志是商品装卸、运输和储存过程中必不可少的辅助措施，即为了便于商品在运输和保管中的辨认识别，防止错发错运，及时、准确地将商品运到指定的地点或收货单位，用简单的文字或图形在运输包装外面印刷的特定的记号和说明条款。运输包装标志有多种分类方法，按表现形式可分为文字标志和图形标志，按内容和作用可分为收发货标志、包装储运图示标志、危险货物包装标志等几大类。

1. 收发货标志

收发货标志又称识别标志，是指在商品外包装上的商品分类图示标志、文字说明、排列格式和其他标志的总称。收发货标志常用于运输过程中识别货物，也是一般贸易合同、发货单据和运输保险文件中有关标志事项的基本部分。在国家标准 GB 6388—86《运输包装收发货标志》中对运输包装收发货标志的具体内容（如收发货标志的字体、颜色、标志位置）做出了详细规定。

运输包装收发货标志一般都印刷在外包装上，其内容如下。

(1) 分类标志(FL)　用几何图形和简单的文字表明商品类别的特定符号。

(2) 供货号(GH)　即供应该货物的供货清单号码（出口商品用合同号码）。

(3) 货号(HH)　即商品顺序编号，以便出入库、收发货登记和核定商品价格。

(4) 品名规格(PG)　即商品名称或代号，标明单一商品的规格、型号、尺寸、花色等。

(5) 数量(SL)　即包装容器内含商品的数量。

(6) 重量(ZL)　即包装件的重量（千克），包括毛重和净重。

(7) 生产日期(CQ)　即产品生产的年、月、日。

(8) 生产工厂(CC)　即生产该产品的工厂名称。

(9) 体积(TJ)　即包装件的外径尺寸（长×宽×高＝体积）。

(10) 有效期限(XQ)　即商品有效期至××年××月。

(11) 收货地点和单位(SH)　即货物到达站、港和某单位（人）收。

(12) 发货单位(FH)　即发货单位（人）。

(13) 运输号码(YH)　即运输单的号码。

(14) 发运件数(JS)　即发运的件数。

上述各项标志内容，除分类标志必须要有外，其他各项可合理选用。外贸出口商品则应根据国外客户要求，以中、外文对照的形式，印制相应的标志和附加标志。

2. 包装储运图示标志

包装储运图示标志又称指示标志或注意标志，是指根据商品不同性能和特殊要求，标明其在装卸运输及储存过程中应注意事项的醒目简洁的图形和文字。在国际标准 ISO 780—1997《包装——搬运图示标志》中规定了易碎物品、禁用手钩等共 17 种标志，详见表 6-1。

表 6-1　包装储运图示标法

序号	标志名称	标志图形	含义
1	易碎物品	小心轻放	运输包装件内装易碎品，因此搬运时应小心轻放
2	禁用手钩	禁用手钩	搬运运输包装件时禁用手钩

续表

序号	标志名称	标志图形	含义
3	向上	向上	表明运输包装件的正确位置是竖直向上
4	怕晒	怕　热	表明运输包装件不能直接照晒
5	怕辐射		包装物品一旦受辐射便会完全变质或损坏
6	怕雨	怕　湿	包装件怕雨淋
7	重心	重心点	表明一个单元货物的重心
8	禁止翻滚	禁止滚翻	不能翻滚运输包装
9	此面禁用手推车		搬运货物时此面禁放手推车
10	禁用叉车		不能用升降叉车搬运的包装件

续表

序号	标志名称	标志图形	含义
11	由此夹起		表明装运货物时夹钳放置的位置
12	此处不能卡夹		表明装卸货物时此处不能用夹钳夹持
13	堆码重量极限	kg_{max}	表明该运输包装件所能承受的最大重量极限
14	堆码层数极限	n	相同包装的最大堆码层数，n 表示层数极限
15	禁止堆码		该包装件不能堆码并且其上也不能放置其他负载
16	由此吊起	由此吊起	起吊货物时挂链条的位置
17	温度极限		表明运输包装件应该保持的温度极限

运输包装件需要标识何种标志，应根据货物的性质正确使用。标志由生产单位在货物出厂前标识，出厂后如改换包装，标志由改变包装单位标识。

3. 危险货物包装标志

危险货物包装标志又称危险品标志，是用来标明对人体和财产安全有严重威胁的货物的专用标志。为了能引起人们的特别警惕，此类标志往往采用特殊的彩色或黑白菱形图示。不同类别的危险品，应使用不同的危险品标志。国家标准 GB 110—90《危险货物包装标志》规定了危险货物包括爆炸品、易燃气体、不燃气体、有毒气体、易燃液体、易燃固体、自燃物品、遇湿易燃物品、氧化剂、有机过氧化物、剧毒品、有毒品、有害品（远离食品）、感染性物品、放射性物品、腐蚀品和杂类共九类 17 种标志名称，21 个图形（各标志号所对应的标志图形见彩插），如表 6-2 所示。

危险品标志是警告性标志，必须严格遵照国内和国际的规定办理，稍有疏忽，就会造成意外事故。因此，要保证标志清晰，并在货物贮运保存期内不脱落。

表 6-2　危险货物包装标志

标志号	标志名称	图形说明	对应的危险货物类项号	标志号	标志名称	图形说明	对应的危险货物类项号
标志 1	爆炸品	符号:黑色，底色:橙红色	1.1 1.2 1.3	标志 13	剧毒品	符号:黑色，底色:白色	6.1
标志 2	爆炸品	符号:黑色，底色:橙红色	1.4	标志 14	有毒品	符号:黑色，底色:白色	6.1
标志 3	爆炸品	符号:黑色，底色:橙红色	1.5	标志 15	有害品（远离食品）	符号:黑色，底色:白色	6.1
标志 4	易燃气体	符号:黑色或白色，底色:正红色	2.1	标志 16	感染性物品	符号:黑色，底色:白色	6.2
标志 5	不燃气体	符号:黑色或白色，底色:绿色	2.2	标志 17	一级放射性物品	符号:黑色，底色:白色,附一条红竖条	7
标志 6	有毒气体	符号:黑色，底色:白色	2.3				
标志 7	易燃液体	符号:黑色或白色，底色:正红色	3	标志 18	二级放射性物品	符号:黑色，底色:上黄下白，附二条红竖条	7
标志 8	易燃固体	符号:黑色，底色:白色红条	4.1	标志 19	三级放射性物品	符号:黑色，底色:上黄下白，附三条红竖条	7
标志 9	自燃物品	符号:黑色，底色:上白下红	4.2				
标志 10	遇湿易燃物品	符号:黑色或白色，底色:蓝色	4.3	标志 20	腐蚀品	符号:上黑下白，底色:上白下黑	8
标志 11	氧化剂	符号:黑色，底色:柠檬黄色	5.1	标志 21	杂类	符号:黑色，底色:白色	9
标志 12	有机过氧化物	符号:黑色，底色:柠檬黄色	5.2				

二、商标

商标是商品的标志，它代表向消费者提供的一组特定的属性、利益、服务、价值、个性以及文化。在现代商品经济社会中，商品交换对商标的依赖越来越大，商标促进经济繁荣，开拓市场，维护消费者利益的作用日益明显。利用商标不但可以识别商品的不同生产者或经营者，树立企业形象，保护企业和消费者权益；而且能反映特定商品的质量，树立企业形象，促进经济发展。

（一）商标的概念和分类

1. 商标的概念

商标是一种标记，俗称“牌子”。世界知识产权组织对商标的定义是：“将企业的产品或服务区别开来的标记”。商标通常用文字、图形或文字、图形的组合图案构成，是指商品生产、经营者为了使自己生产或销售的商品在市场上与其他商品相区别而使用的一种标志。

商标是随着商品生产、交换的发展而出现的商业性标志，其目的是为了出售商品。商标如同商品的“脸面”，它具有明显的特征。首先，商标的本质特征是区别商品或服务的来源。商标是商品生产、经营者的独特标记，必须使不同厂商的商品能够区别、比较和鉴定。其次，商标享有专有性。“专用”、“排他”是注册商标最本质的内容，经过注册的商标只能在“一定范围”和“一定质量”的商品上使用，他人不得冒用和侵权。再次，商标具有竞争性。商标在市场竞争中，可以起到广告和推销员的作用。因为商标在消费者心目中的形象，反映了商品生产、经营者的信誉，标志着商品的一定质量。此外，商标是企业名声、商品信誉和评价的象征，所以商标应当明显、突出，便于识别。

值得我们大家注意的是，商标并不完全等价于品牌，它一般指的是品牌标志和品牌名称，是品牌的一部分。品牌标志是指品牌中可以识别但不能用语言表达的部分，包括图案、符号或专门设计的字体、颜色等。品牌名称则是指品牌中可以用语言表达的部分。

2. 商标的分类

商标的分类，国际上尚无统一的划分标准。当今世界上主要是以商标结构、用途、商标的使用目的及商标信誉等标准来划分的。

(1) 按商标的结构可分为文字、图形、组合和记号商标。

① 文字商标。是指以纯文字组成的商标，文字包括各种文字、数字和字母，不含其他图形成分。如汉字商标全聚德、张小泉、同仁堂等；数字商标“999”（药品）、1921（酒吧）；字母商标“Ⅳ”（化妆品）、SAMSUN、PHILIPS等。文字商标的优点是易读、易记，不易混淆，准确度高；缺点是不识本国文字的人难以识记。文字的组合可以是生造的，无任何含义，商标的字体可以任选，笔画可以艺术变形。

② 图形商标。是指以图形构成的商标，包括人、动物或自然界的各种各样的事物，可以具体、抽象或虚构。因为图形商标不受语言文字的限制，不论任何国家和地区，只要能识别图形就会叫出商标的名称，如“金字塔”、“兵马俑”等。但由于图形商标不便于称呼，所以单独使用较少。

③ 组合商标。组合商标是以文字、图形或记号组合而成的商标。组合商标的使用较为广泛，图文并茂，惹人注目，利于识别记忆。如我国一家著名调味品企业，商标文字是“王守义十三香”，上方还印有创始人的头像。组合商标易于识别，很容易被人们接受，但是使用组合商标时一定要注意文字和图形的和谐一致。

④ 记号商标。是指以某种记号构成的商标。记号作为产品的标志起源很早，古人常在自己的产品上做上记号，以便与他人的产品相区别。尽管我国商标法没有规定记号商标，但记号商标在实践中仍有使用。

(2) 按商标的用途可分为营业商标、商品商标、服务商标、保证商标、等级商标。

① 营业商标。它是指以企业名称、标记作为商标，即用商号或厂标作为商标，如日立公司的“日立”商标。营业商标的优点在于宣传商品的同时又宣传了企业，有助于提高企业的知名度。

② 商品商标。又称“个别商标”，是指为了将一定规格、品种的商品与其他的商品区别开来，在个别商品上使用的商标。如海尔集团不同规格的冰箱，分别叫“小小王子”、“小王子”、“金统帅”等。

③ 服务商标。服务商标是服务性行业所使用的标志，其表现形式有图形、字母、符号、呼号、乐曲等。它与商品商标性质一样，只是商品商标表示向消费者提供的是商品，而服务商标表示向消费者提供的是服务。使用服务商标的行业有：教育娱乐、建筑修理、金融保

险、运输储藏、广告通信及其他杂项服务。

④ 保证商标。保证商标又称证明商标，主要是指专为说明质量而使用的商标、通过提供质量证明，使商品对消费者具有巨大的吸引力，便于打开销路，占领市场。如绿色食品标志、纯羊毛标志等。

⑤ 等级商标是指同一企业，不同规格、不同质量的同一类商品使用的标志。

(3) 按商品使用者分为制造商标和销售商标。

① 制造商标。制造商标又称“生产商标”，是表示商品制造者的商标。这种商标往往与厂标一致。如我国同仁堂公司的“同仁堂”商标。

② 销售商标。销售商标也称“商业商标”，指销售、经营者销售商品而使用的商标，目的是与其他人经营的商品相区别。世界上著名的大零售商沃尔玛、家乐福、大润发等的名字就是销售商标，这种商标常在生产者实力较弱，销售者享有盛誉的时候使用。

(4) 按商标信誉划分，可以分为普通商标和驰名商标。

驰名商标是指在消费者心目中享有崇高信誉，知名度高的商标。驰名商标是企业的宝贵财富，代表着企业的形象和技术实力，具有一定的竞争力，在国际惯例中驰名商标受到严格的保护。

(二) 商标管理

商标管理是国家商标主管部门为了保护商标权，维护消费者的利益和社会经济秩序，根据商标法律制度，对与商标注册、使用、转让、保护及设计等有关的行为进行监督、检查、协调、控制和服务的行政管理活动。我国商标管理实行分级管理，国家工商行政管理局负责全国商标的管理工作，各地的工商行政管理部门负责各地商标的管理工作。

1. 商标管理的内容

(1) 根据《商标法》规定，查处各种对商标专用权的侵权行为和假冒注册商标的违法案件、保护商标的专用权。

(2) 督促企业在应当使用商标的商品上都使用商标，可以不使用商标的，也要尽可能地在商品或包装上注明企业名称和地址，对注册商标和未注册商标都要进行行政管理，监督商品质量。

(3) 按照《商标法》，办理商标的核转工作，检查监督注册商标所有者正确使用及行使转让、继承等有关问题。

(4) 指导企、事业单位和个体工商业者进行商标设计和正确使用的商标。

(5) 通过对商标的管理，保证、监督商品质量，维护消费者利益。

2. 商标的设计管理

(1) 根据《中华人民共和国商标法》的要求，商标设计必须遵守的原则。

① 注册商标应有标记。为了区别于非注册商标，注册商标应该有标记，以便消费者识别。注册方法是在商标旁加注“注册商标”、“注册”、“R”(registered trademark 的缩写)。

② 商标的设计应符合商标禁用条款。下列标志不得作为商标使用。

a. 同中华人民共和国的国家名称、国旗、国徽、军旗、勋章相同或者近似的，以及同中央国家机关所在地特定地点的名称或者标志性建筑物的名称、图形相同的。

b. 同外国的国家名称、国旗、国徽、军旗相同或者近似的，但该国政府同意的除外。

c. 同政府间国际组织的名称、旗帜、徽记相同或者近似的，但经该组织同意或者不易误导公众的除外。

d. 与表明实施控制、予以保证的官方标志、检验印记相同或者近似的，但经授权的除外。

e. 同“红十字”、“红新月”的名称、标志相同或者近似的。

f. 带有民族歧视性的。

g. 夸大宣传并带有欺骗性的。

h. 有害于社会主义道德风尚或者有其他不良影响的。

县级以上行政区划的地名或者公众知晓的外国地名，不得作为商标。但是，地名具有其他含义或者作为集体商标、证明商标组成部分的除外；已经注册的使用地名的商标继续有效。

(2) 为了充分发挥商标作用，商标设计应该遵循的原则。

① 商标要适应市场环境。商标设计必须入乡随俗，要设计适应当地市场文化环境（如风俗习惯、语言习惯、民族文化、民间禁忌、宗教信仰）并被消费者认可的商标，即商标设计要适应目标市场和潜在市场上消费者的文化价值观念。

② 商标要具有审美性。商标设计要符合消费者审美心理的要求，达到形象性、艺术性、新颖性、时代性、民族性、象征性的高度统一。为此，商标名称要能启发联想，商标的标志要具有艺术感染力。

③ 商标要具备显著性特征。在同一种商品或类似商品上，不能使用与他人的注册商标相同或者相似的商标，否则将构成侵权行为。

3. 商标的使用管理

(1) 对注册商标的使用管理。

商标管理机关依法保护注册人行使商标专用权，同时监督注册人，履行其应该承担的义务。

商标专用权的内容包括商标的使用权和禁止权。商标使用权是指商标注册人有权在核定的商品上使用其注册商标。商标禁止权是指商标注册人有权禁止其他人在同一种商品或者类似商品上使用与自己的注册商标相同或者相近的商标。商标管理机关通过对商标的管理，使商标注册权人的利益得到法律保障。

商标注册权人的义务有三项：第一，必须在法律规定的范围内行使权利，履行法定手续，而不得滥用权利；第二，必须对使用商标的商品质量负责；第三，必须按规定缴纳各种费用。商标管理机构监督商标权人履行其义务，以保证商品质量，维护商标的有效性。

此外，商标管理局还要指导注册人规范地使用商标。

(2) 对未注册商标的使用管理。

商标实行自愿注册制度，企业可以根据其生产经营能力和需要自行决定注册与否。没有注册的商标（品牌）也是商品上的一种标志，但不享有商标专有权，当该商标与他人的注册商标相同或近似时，便构成侵权行为；当他人未注册的商标与之相同或相似，也得不到法律的保护。商标管理机构从保护商标权、维护社会经济秩序出发，应当对未注册商标进行管理。

此外，商标管理局还应当对国家规定必须使用注册商标的商品加强检查。规定必须使用注册商标的商品，必须申请注册商标。未经核准注册的，不得在市场上销售。工商行政管理机关应加强对未注册商标使用行为的监督检查，主要是检查有无擅自在商品或包装上加注注册标记，冒充注册商标的；检查有无违反商标法的规定将禁用标记和县级以上行政区划名称以及公众知晓的外国名称作为商标使用的。除此以外，还应检查并督促未注册商标使用人在生产经营的商品上标明企业名称、地址等责任标记。凡发现未注册商标与他人注册商标相同或相似的，应坚决禁止使用。

【案例点击】

1. 商品包装中的一些教训和案例说明

1915 年的巴拿马国际博览会上，我国名酒——茅台酒，因为包装粗糙，造型不雅，使外国人瞧不起，没能进入预选行列。在这“紧要”关头，我国参展的一个商人急中生智，“不慎”将一瓶茅台酒打烂在地，顿时香气四溢，吸引了所有的人，征服了评审官的心，才使茅台酒“金榜题名”、“笑傲国际市场”。这则故事说明，当时的“茅台人”缺乏商品的整体概念，只重视了商品的内在质量，而忽略了商品的外在质量。它告诉我们，在现代市场营销中，要内在质量和外在质量一起抓，做到“好马要配金鞍”，好商品一定要有好包装。如果仍坚持“只要商品质量好，就一定有销路”的老观念，仍坚持“金玉其中，败絮其外”的做法，其结果必然是重蹈茅台酒之覆辙。

（资料来源：商品包装案例及经验. http://www.x5dj.com.）

思考：结合案例分析，谈谈你对商品销售包装的认识。

2. 如何评价葡萄酒销售包装的“一大”与“一小”

2003 年 2 月张裕集团宣布，推出中国葡萄酒的全新营销模式——“整桶订购”。每桶装酒量相当于 300 瓶 750ml 瓶装酒，一橡木桶葡萄酒，售价高达人民币 8 万元。

几乎与此同时，新天（全称新天国际经贸股份有限公司，2000 年进军葡萄酒业）宣布推出国际最流行款式 10 元一盒的纸盒包装——利乐包葡萄酒。

张裕与新天的举动在葡萄酒业引起高度关注，业界评价，他们的做法是两个极端：前者发力高端，意在保持葡萄酒的贵族身份；后者着力低端，将葡萄酒平民化。

（资料来源：商品学概论. 汪永太，李萍编著. 大连：东北财经大学出版社，2009.）

思考：1. 就商品包装的作用方面，你如何看待这一大一小两种葡萄酒包装？

2. 就商品包装合理化方面你如何看待这一大一小两种包装方式？

【任务设计】

商品包装标志识别与包装技法

1. 任务目标

(1) 使学生进一步理解商品包装标志（运输包装标志、销售包装标志）的作用；

(2) 培养学生熟练识别商品包装标志并能在实践中正确运用的能力；

(3) 熟练掌握各种包装技法。

2. 案例引入

收集一些运输包装标志和销售包装标志，仔细观察后，分析。

(1) 指出包装的标志；

(2) 说明所采用的包装材料、包装技法及优缺点。

3. 实施步骤

(1) 指导教师向学生讲解商品包装标志、包装技法的相关知识，并布置收集各类包装标志的任务；

(2) 将学生分为 6～7 组，每组 7～8 人；

(3) 组织各组分别介绍；

(4) 在各组推荐的基础上，选定若干名学生在全班进行交流。

4. 检查评价（见表 6-3）

表 6-3 商品包装标志识别与包装技法结果评价标准表

被考评人					
考评地点					
考评内容	商品包装标志识别与包装技法				
	内容	分值	自我评价	他人评价	教师评价
考评标准	收集资料全面	40			
	分析资料透彻、准确	40			
	思路清晰、语句顺畅、表意准确	20			
合计		100			
总分					

【思考题】

1. 什么是商品包装？商品包装有何作用？
2. 商品包装有哪些分类方法？
3. 什么是运输包装和销售包装？
4. 什么是商品包装技法？常见的包装技法有哪些？
5. 简述危险品货物运输标志有哪些。
6. 简述商标管理的内容。

第七章 商品储存与养护

[知识目标]

1. 认识商品储运期间的质量变化；
2. 理解储运期间商品质量变化的机理；
3. 了解影响商品质量变化的因素；
4. 掌握商品养护的技术方法。

[能力目标]

1. 能应用商品入库、在库、出库管理的基本技能，对商品进行储存管理；
2. 能运用商品养护的技术方法科学地养护商品。

[必备知识]

商品的储存与养护是商品经营的重要工作。商品储存是当商品离开生产领域，而尚未进入消费过程以前，在商品流通阶段形成的“停滞”。这种“停滞”是商品流通的必要条件，也是保证生产过程和流通过程不致中断的必要条件。而商品养护则是对储运商品实施的保养和维护的技术管理工作。商品在储运过程中，由于其成分、结构和性质的不同，在外界环境因素的作用下，会产生这样或那样的变质和损耗，研究和掌握各类商品在不同储运环境条件下的质量变化规律及其影响因素，采取有效的技术措施和科学的管理方法，控制不利因素，创造优良的储运环境条件，能有效的维护商品质量，减少商品损耗。

第一节 商品的储存管理

一、商品储存的概述

商品储存是指商品在流通领域中暂时滞留的存放。它是商品流通过程中的必备条件，是调节市场供求、保证市场供应、满足消费者需要的必要手段。商品储存发挥着商品“蓄水池”的作用。

（一）商品储存的种类

根据商品储存的目的与作用，商品储存可分为季节性储存、周转性储存和储备性储存。

1. 季节性储存

依据商品季节性生产、季节性消费的时间差异，为实现商品的常年供应而实行的商品储存称为季节性储存。如夏装和冬装均属季节性消费商品，为保证旺季消费的供应，必须在淡季储存；又如水果旺季生产，只有搞好旺季生产期间的储存，才能保证淡季生产期间的市场供应。季节性储存主要解决商品生产与商品消费不同步的矛盾。

2. 周转性储存

由于商品生产、商品消费的异地性，商品运输的间断性，为实现商品消费，完成商品空间位置的转移，保证商品市场均衡供应，在流通领域中实施的商品储存称之为周转性储存。

3. 储备性储存

为适应战备、自然灾害和应急需要物资的储存称之为储备性储存。储备性储存的物资大都是关系国计民生的重要物资。如粮食、药品、生产用原材料等。

（二）商品储存的原则

商品储存必须贯彻“安全、及时、方便、经济”的方针，在确保商品数量和质量要求的前提下，坚持“按需储存、方便进出、节约费用、减少损耗”的原则。

1. 减少商品损耗，确保商品安全的原则

商品储存的根本目的是保证商品安全。防止商品在外界条件的影响作用下霉腐、变质、锈蚀、老化；防止商品鼠咬、虫蛀等情况的发生，力求减少商品损耗。在商品储存期间要采取科学的储存与养护方法，完善规章制度，强化仓库管理，加强防护设施，确保商品储存期间质量不发生变化。

2. 简化手续，出入库方便的原则

商品储存业务是为商品销售业务活动服务的。商品储存要求做到堆码整齐、排列有序、标志明显，出入库手续简便。同时依据“先进先出”原则做好商品储存期间的周转工作。

3. 贯彻节约，降低储存费用原则

商品储存期间在保证商品质量完好、商品安全储存的前提下，要合理利用库房空间，有效利用设备设施，最大限度地提高资源利用率，减少人力、物力和财力的消耗，努力降低储存费用，提高商品储存的经济效益。

二、商品储存的基本条件

（一）仓库建筑的基本要求

仓库是储存商品的场所。由于商品原材料不同，形成商品的自然属性不同，商品的性能、特点不同，商品储存的条件和要求也不同，因此，各种商品储存对仓库建筑的要求也不同。通常情况下，仓库建筑的基本要求如下。

（1）按储存商品的品类，依据其性能、特点及储存的条件要求，作为仓库整体设计的根据，建造适应商品储存整体功能需要的仓库。通常情况下，通用仓库，用于储存工业品、农副产品等一般商品；专用仓库，用来专门储存要求储存技术条件较高、不宜与其他类商品混合存放的专类商品，如茶叶、卷烟、果品、肉食品等；特种仓库，即用来储存具有特殊性质、要求特殊储备设施和技术条件的商品。如要求有严格防火设施的石油库、有安全设施的危险品仓库、冷藏保鲜库等。

（2）仓库建筑是百年大计，因此，仓库设计与建筑必须遵循有利于商品安全储存的原则。仓库地址应选择地下水位低，土质坚硬，通风、排水条件良好，交通方便，环境安全，无污染的地方。特种仓库的库址选择，必须严格执行环境保护有关规定。

（二）储藏设施的基本要求

根据仓库承担储存任务的需要，配备必要的搬运、堆码机械和检斤、计量设施；根据养护工作的需要，配备必要的去湿、降温、保温、通讯等设施；根据储存商品的性能、特点、数量及相关的储存条件，配置必要的防风、防火、防渍、防洪、防震、防虫、防鼠等设备、设施。

三、商品储存管理

（一）入库验收

商品的入库验收，实际上是对商品质量的一次严格检查，为保管好商品打下一个良好的基础。商品入库验收的要求如下。

1. 检验单货是否相符

商品入库时，首先检查单据所列的产地、货号、品名、规格、数量、单价等与商品原包装标签上所列各项内容是否一致，即使有一项不符，也不能入库。

2. 检验包装是否符合要求

在清点商品数量的同时，还要检查包装，如木箱、塑料袋、纸盒等是否符合要求，有无玷污、残破、拆开等现象，有无受潮水湿的痕迹，包装标志是否清楚等。

3. 检查商品质量是否合格

商品验收时，除查看包装外部情况外，还要适当开箱拆包，查看内部商品是否有生霉、腐烂、锈蚀、溶化、熔化、虫蛀、鼠咬等。同时，还要测定商品的含水量是否正常，是否超过安全水分率等。对液体商品，要检查有无沉淀及包装有无破损等。有问题的商品暂不入货区。

（二）储存场所和堆码的管理

为确保商品的在库安全，还必须有一套完整的商品保管养护制度和切实可行的措施。由于各种商品的性质不同，要求储存的条件也不相同。因此，必须根据具体情况，分别对待。例如，对化学危险品、剧毒品、爆炸品等，要归库归类，单独存放；对怕潮、易霉、易溶、易锈蚀、易生虫的商品，要存放在干燥的库房里。库房要有良好的密封、通风和吸潮条件；对受热易燃、易爆炸的商品，要放在阴凉的库房里，最好是专库存放，并要设消防设备；对既怕热又怕冻的水果、蔬菜类商品，应放在冬暖夏凉的低层仓库或地下窖中保管，并要保持较高的相对湿度。

地面潮湿是引起商品变质的一个主要原因，因此，一切商品在堆垛时都要注意做好地面的防潮工作。底层库房、货棚堆垛商品时，一定要用枕木、石块、垫板等垫底，并用苇席、油毡等铺垫隔潮。垛底距地面一般在 30～50cm 之间，以便于垛下通风散热。堆剁的形式和高度，应根据商品的特性、包装情况和储存的季节而定。例如，对含水量高、易霉易变质，但适合通风的商品，在梅雨季节应堆通风垛，堆垛不宜过高；对易渗漏商品，应堆成间隔式行列垛，以便于及时检查；对易弯曲变形的商品，应堆成平直交叉式实心垛等。

（三）环境卫生管理

储存环境不卫生，往往会引起微生物、害虫和鼠类的滋生和繁殖，还会使商品被灰尘、油污、垃圾玷污，进而影响商品质量。因此，要经常对库内进行彻底清扫，对库外达到杂草、污水、垃圾三不留。必要时使用药剂消毒杀菌、杀虫灭鼠，以确保商品安全。

（四）商品在库检查

商品在整个储存期间，要经常进行定期或不定期、定点和不定点的检查，检查的时间和方法应根据商品的性能及其变化规律，结合季节、储存环境和时间等因素掌握。检查时，主要以眼看、耳听、鼻闻、手摸等感官检验为主，必要时可配合使用仪器进行检查，如发现问题，应立即分析原因，并采取补救措施。如翻堆倒垛、加工整理、施放药剂或采取晾晒、密封通风、吸潮等方法，来改善保管条件，保证商品安全。

（五）温湿度管理

商品在储存期间，在各种外界影响因素中，以空气的温度和湿度的影响最主要。可以这样说，商品储存中所有的质量变化都与温湿度有关。因此，必须根据商品的特性、质量变化规律以及本地区气候情况与库内温湿度的关系，加强库内温湿度的管理，采取切实可行的措施，创造商品储存适宜的温湿度条件。控制与调节仓库温度、湿度的方法很多，目前，主要采取密封、通风、吸湿、保温等措施。

1. 密封

密封就是利用密封材料（如塑料薄膜）对库房或商品严密封闭，从而消除外界环境不良因素的影响，保证商品安全储存的方法。密封的形式有多种，如整库密封、货垛密封、货架密封和按件密封等。密封不仅能防潮、防热、防干裂、防溶化等，还可收到防毒、防蛀、防老化等多方面的效果。密封是仓库温湿度管理工作的基础，没有密封措施，就无法运用通风、吸湿等方法调节库内的温湿度。

2. 通风

通风是利用空气自然流动规律或借助机械形成的空气定向流动，有目的地使仓库内外空气部分或全部地交流，从而调节库内温湿度的方法。通风时，要根据商品的要求，对比库内外温湿度的实际情况和变化趋势，并参照风力、风向，有计划地进行。否则，不适宜的通风，不仅不能满足商品储存的要求，而且还会造成不应有的损失。例如，精密仪器、金属制品、化肥、农药等，在潮湿条件下易生锈、溶化，通风是为了降低库内湿度，保持空气干燥，可在天亮前 2～4 时进行通风。通风的方法有自然通风和机械通风两种。此外通风按时间长短有长期通风和临时通风之分，长期通风为商品季节性长期密封奠定了基础，而临时通风则在短期内进行。还须注意的是，在商品养护中，通风要与密封、吸潮严格配合起来，否则，通风后便难以维持其效果。

3. 吸湿或加湿

库内温湿度的管理，除采取适当地通风和密封外，还必须采用有效的吸湿或加湿方法来配合。当库内相对湿度超过储存商品的安全范围，而库外气候又不具备通风条件时，如梅雨季节或阴雨天，可在密封库内用吸湿剂吸湿、去湿或加热等方法来吸收空气中的水分，降低库内相对湿度。若库内相对湿度过低，而库外相对湿度也不高，对于易干缩、脆裂的商品来说，应采用喷蒸汽、直接喷水使其自然蒸发等加湿措施，使库内相对湿度增加。

（六）出库管理

商品出库，必须做到单随货行，单、货数量当面点清，商品质量要当面检验。包装不牢或破损以及标签脱落或不清的，应修复后交付货主。为了避免商品因储存期过长而发生质变的危险，出库同种商品时，贯彻“先进先出”的原则。易燃、易爆等商品出库时，应依据公安部门的有关规定办理手续。商品出库必须要有严格的手续，如不见提货单据不付货，提货单据不经复核不付货等。

第二节　商品储存期间的质量变化

商品在储存过程中，由于外界环境因素的作用，会发生物理变化、机械变化、化学变化、生理生化变化或生物学变化，从而造成商品损耗和商品质量劣变，甚至完全丧失使用价值。只有弄清楚导致商品发生变化的原因和影响因素，才能针对变化采取有效的养护措施，以防止变化和延缓变化的发展，降低商品损耗，保证储存商品的质量。

一、物理变化

商品的物理变化是指商品只改变物理性质而不改变化学性质的一种变化。常见的物理变化形式有：物态变化、含水量变化、串味、沉淀、沾污等。

（一）物态变化

物态变化是指商品在气态、液态、固态三者之间的物质形态转变。

商品的物质形态，一般有固态、液态和气态三种类型，其中固态商品最多，其次为液态商品，气态商品较少。有些商品的形态随着外界条件的改变而发生变化，主要有熔化、凝固、液化、蒸发、升华、凝华。

（二）含水量变化

商品本身所含水分的多少，称为商品的含水量。商品的含水量会随着环境的湿度变化而变化。当外界湿度增大到一定程度时，商品会吸收水分，含水量增加；当外界湿度减小到一定程度时，商品又放出水分，含水量降低。

（三）串味

含有胶体性物质或具有疏松和多孔结构的商品，由于有较强的吸附性而能吸附异味的现象叫串味。易串味的商品主要有粮食、各种熟食品、茶叶和卷烟等。它们能吸附汽油、煤油、樟脑、肥皂、化妆品和农药等的气味，且所吸附的异味不易散失。商品吸附异味后轻则降低商品质量，重则完全失去使用价值。

（四）沉淀

沉淀是指液态商品在储存过程中，受内外因素的综合影响而离析出固态物质的现象。如有的饮料，储存时间过长或在温度较高的条件下，会析出絮状物质，发生混浊沉淀现象。商品发生沉淀后大多会降低质量甚至失去使用价值。

（五）沾污

商品外表沾有脏物、油渍以及其他物质，从而影响商品质量的现象，叫做沾污。有些商品外观质量要求较高，如纺织品、服装及以观赏性为主的商品，由于包装不良、运输装卸不慎或保管不善、仓库的清洁卫生工作搞得不好，容易使商品发生沾污而降低外观质量。

二、机械变化

商品的机械变化是指商品在外力的作用下所发生的形状变化和机械损伤。商品所受外力主要来自搬运、堆码过程中的碰、撞、挤、压等。商品的机械变化形式主要有形状变化和损伤等。

（一）形状变化

商品的形状变化简称为商品的形变。金属薄板制品、塑料制品都是易发生形变的商品。如铝制品受到挤压、碰撞会变形，塑料制品受压受热后形状会发生变化，影响商品质量。

（二）损伤

商品损伤是指商品在外力作用下发生外表划伤、裂纹或整体破碎的现象。易于损伤的商品有玻璃制品、陶瓷器皿、某些农产品等。这些商品在装卸、储运过程中，如受到碰撞、挤压和抛掷作用会发生损伤。商品损伤，轻者表面划伤，降低商品外观质量，重者整体破碎，完全失去使用价值。

三、化学变化

商品的化学变化是指商品发生的分子组成和化学性质等方面的变化。商品在储运过程中，要尽量防止发生化学变化，从而保证商品质量。商品在储运过程中的化学变化形式很多，常见的有氧化、分解、老化、风化、陈化、曝光、锈蚀和燃烧、爆炸等。

（一）氧化

商品的氧化主要是指商品与空气中的氧接触时所发生的化学变化。商品被氧化后，会降低质量，有的还会产生热量，发生燃烧甚至爆炸事故。易于氧化的商品很多，如棉、麻等纤维织品，长期与日光接触，织品中的天然纤维素会被氧化，发生强度下降、褪色变色现象；油脂类商品被氧化后，会产生酸败现象，不但颜色发生变化，而且产生哈喇味，失去食用价值。

（二）分解

某些化学性质不稳定的商品，在光、热、酸、碱及潮湿空气作用下，会发生分解反应。分解反应会使商品质量下降，甚至会使其完全失去使用价值。例如，氮素化肥中的碳酸氢铵，如包装不严密，储存在以上的环境中会开始分解，在 15℃以上时则迅速分解成氨气、二氧化碳和水，不仅失去肥效，而且生成的氨气对人体也有害。

（三）老化

高分子化合物商品，受光、热、氧、辐射以及疲劳运动等因素的影响，而发生弹性下降、变软、发黏以至强力降低、发脆、龟裂等的变质现象称为老化。老化的实质是高聚物的分子链发生了断裂或支化、交联、侧基改变。主链断裂、分子量降低，会使塑料变软、发黏、力学性能下降；支化、交联，会使塑料变硬、变脆，丧失弹性；侧基改变，会使塑料变形、龟裂以至性能全部改变。

（四）风化

含有结晶水的商品，在一定温度或干燥的环境中，其晶体会因逐渐失去结晶水而崩解，变成非结晶状态的无水粉状物的现象称为风化。

玻璃是一种非晶态的固体物质，不含结晶水，它也会发生风化，但它的风化原理与含结晶水的晶态物质的风化是不同的。玻璃抗碱的能力较差，它的风化是由于长时间受到空气中的水分和二氧化碳的作用后产生的，玻璃风化后其表面会产生白色的薄膜或白斑点，透明度降低。

（五）陈化

一些商品在长期储藏中，虽然未霉烂，但质量却显著降低，这种现象称为陈化。例如，储存时间过久的大米，色泽会变暗，煮成的饭香气降低、滋味变劣，储存时间越长问题越显著。

（六）曝光

曝光是指有些含有感光性物质的商品见光后，引起化学变化的现象。如光线可使照相底片上的感光性物质发生氧化、还原、分解等光化学反应。

（七）锈蚀

锈蚀是专指金属商品因生锈而使表面破坏或丧失使用价值的现象。锈蚀分为化学锈蚀和电化学锈蚀两种。化学锈蚀是指金属商品在干燥的环境中与氧气、氯气、二氧化硫等气体接触时，会在其表面生成氧化物、氯化物和硫化物等而腐蚀的现象。电化学锈蚀是指处于潮湿环境中的金属制品，因其表面吸附的水分中往往会溶解有其他物质或接触其他溶液，而形成原电池，从而使金属商品逐渐腐蚀的现象。金属制品在潮湿状态下的锈蚀，生成的氧化物是一种疏松状的多孔结构，潮湿空气可通过其毛细孔渗透到金属表面继续锈蚀金属，直到把金属全部锈蚀完为止。金属锈蚀后，会影响制品的质量和使用价值。

（八）燃烧与爆炸

燃烧是指可燃性物质发生剧烈的氧化反应，而发出大量的光和热的现象。燃烧又可分为自燃和引燃。如黄磷暴露于空气中时，即发生氧化反应而生成五氧化二磷，当其温度达到36℃时即可自行燃烧。绝大部分有机成分的商品都可被引燃。

物质在一定条件下，发生急剧的物理或化学变化，在瞬间内放出大量能量的现象叫做爆炸。具有此种特性的商品称为爆炸品。有些易燃品在燃烧时也能引起爆炸。

四、生理生化变化

商品的生理生化变化，是指有生命的有机体商品在流通过程中，为了维持其生命，本身进行的一系列变化。如呼吸作用、后熟作用、发芽、抽薹和胚胎发育等都属于生理生化变化。

（一）呼吸作用

有生命机能的商品在生命活动中，要不断进行呼吸，分解体内有机物，释放能量，维持其本身生命活动，这种现象叫做呼吸作用。呼吸作用是一切有生命机能商品的最普遍的生理活动，它是借助于氧和酶的参与对有机物进行的一系列氧化过程。

呼吸作用一般可分为有氧呼吸和缺氧呼吸两种。在有氧呼吸中，商品体内的葡萄糖等被分解为二氧化碳和水，并放出大量热量；在缺氧呼吸中，商品体内的葡萄糖生成酒精和二氧化碳，同时放出少量热量。

呼吸作用的结果，一方面是消耗了有机商品体内的营养物质，从而降低了商品的质量；

另一方面是放出的热量如不能及时散发，会造成商品的腐烂变质；分解出的酒精如积累过多，会导致机体内的细胞中毒死亡；分解出的水分又有利于有害微生物的繁殖，进而会加速商品的霉变。

（二）后熟作用

采收后未达到食用成熟度的活体植物性商品和宰杀后的动物鲜肉等商品，在自身所含各种酶的作用下，进行一系列复杂的生理生化变化，而达到成熟的过程叫做后熟作用，简称为后熟。

1. 活体植物性商品的后熟

活体植物性商品品种较多，如果品、蔬菜等。为了延长储藏期，这些商品在尚未达到食用成熟度，但已达到采收成熟度时，就被采收下来。在后熟过程中，其体内的水解酶的活性加强，继续进行着各种复杂有机物的水解过程，而使风味和生理特性发生一系列的变化。后熟对于改善果品类商品的质量有着重要意义。例如，柿子、猕猴桃、香蕉等只有达到食用成熟度时才具有可口的风味。

2. 动物鲜肉的后熟

动物刚屠宰后其肉是软的，随着其内部生理生化作用的进行会变得僵硬，再由僵硬变为柔软状态，这一过程称为后熟或成熟。后熟过程中肉的蛋白质在蛋白酶的催化作用下，能分解出大量的氨基酸，其中的谷氨酸使肉的味道变得更为鲜美。

后熟虽然能改善食用品质，但对储存却是不利的，因为在后熟中，酶的活性很强，在旺盛的呼吸作用中，会释放出较多的水分，并出现后熟出汗、发热，以致容易腐烂变质。

（三）发芽

活体植物性商品，在水分、氧气、温度、湿度等条件适宜和自身酶的作用下，会打破“休眠状态”，迅速萌发或萌动，这种现象称为发芽。发芽会使商品的营养物质供给活性植物本身需要，从而降低了商品质量。如小麦吸潮萌芽，会降低其营养成分含量和膨胀性；马铃薯萌芽则产生剧毒物质龙葵素。通常在萌芽过程中还伴有发热等现象，进而引起发霉，这不仅增加了商品损耗，而且会降低质量，甚至失去使用价值。

（四）抽薹

抽薹是蔬菜类商品由营养生长期向生殖生长期过渡的明显特征，它是蔬菜类商品在储存中常见的质量变化现象。蔬菜抽薹后，不仅降低其食用质量，且耐储藏性下降。

（五）胚胎发育

胚胎发育，此处专指已受精的新鲜蛋类商品，在适宜的温度（一般 25℃以上时）下，所产生的生理变化现象。由于胚胎发育中要利用蛋内的营养成分，所以胚胎发育会引起蛋的质量降低，甚至腐败变质。为了抑制鲜蛋的胚胎发育，延长鲜蛋储存时间，应采用低温保存，但温度要保持在 0℃以上，以免引起冻害。

五、生物学变化

商品的生物学变化是指商品由于感染微生物、遭虫蛀和鼠咬而引起的质量变化。生物学变化主要有霉变、发酵、腐败、虫蛀、鼠咬等。

（一）霉变

商品的霉变是指其在霉腐微生物的作用下，生霉长毛或带有霉味的变质现象。霉变是商品储存中常见的变质现象，不同程度地破坏了商品的使用价值。有些食品霉变后还会产生各种腐败性物质和毒素，人畜食用后，引起中毒。

（二）发酵

发酵主要是指含水量较多的有机体商品感染了酵母菌、醋酸菌、乳酸菌等微生物而使商品中的糖类成分发生不完全氧化的过程。在商品发酵过程中，商品中所含的糖类被微生物作用后，除了产生热量和生成二氧化碳外，还生成酒精、醋酸、乳酸等中间产物，使商品带有酒味或酸味，从而降低食用风味或失去食用价值。

（三）腐败

腐败主要是指细菌作用于商品中的蛋白质而发生的分解反应，产生有恶臭的气体和有毒的物质。畜肉、禽肉、鱼类、贝类、鲜蛋以及它们的加工品等，易被细菌污染而导致变质腐败，所以多采取低温储藏。

（四）虫蛀

虫蛀是指商品被害虫蛀食所形成的变质现象。商品被害虫蛀食后，不仅直接造成商品损失，害虫的排泄物还会污染商品，污染所造成的间接损失往往比直接损失还大。如烟草甲在卷烟上以及衣蛾在呢绒上蛀穿的孔，虽然直接损失不大，但间接损失却很大。另外，虫蛀还会形成信誉损失，在对外贸易中尤为突出，只要部分商品生虫，全部商品就无法销售，只要一种商品生虫，同种商标的其他商品即使无虫也难以销售。

（五）鼠咬

植物、动物食品或以其为原料生产的商品，都易被老鼠盗食而失去食用价值。其他工业品被鼠咬后，不仅破坏外观质量，也影响内在质量。老鼠还经常咬破各种商品包装，造成商品渗漏损失。鼠粪鼠尿还能污染商品，形成更大的商品损失。

第三节　商品的养护措施

一、防霉腐方法

商品的成分结构和环境因素，是霉腐微生物生长繁殖的营养来源和生活的环境条件。因此，商品的防霉腐工作，必须根据微生物的生理特性，而采取适宜的措施进行防治。首先立足于改善商品组成、结构和储运的环境条件，使它不利于微生物的生理活动，从而达到抑制或杀灭微生物的目的。

（一）药剂防霉腐

药剂防霉腐是利用化学药剂使霉腐微生物的细胞和新陈代谢活动受到破坏或抑制，进而达到杀菌或抑菌，防止商品霉腐的目的。药剂防霉腐要和生产部门密切配合。在生产过程中就把防霉剂、防腐剂加到商品中，这样，既方便又可收到良好的防霉腐效果。此外，对批量小的易霉腐的工业品商品如皮革制品等，也可在储运时把防霉腐药剂加到商品表面。例如，用于工业品防霉腐的药剂有：三氯酚钠、水杨酰苯胺、多菌灵及洁尔灭、福尔马林等，它们常用于纺织品、鞋帽、皮革、纸张、竹木制品及纱线等商品的防霉腐；用于食品的防霉腐药剂有：苯甲酸及其钠盐、山梨酸及其钾盐等，常用于汽酒、汽水、面酱、蜜饯、山楂糕、果味露、罐头等食品的防霉腐。防霉腐药剂的选用，应遵循低毒、高效、无副作用、价格低廉等原则，而且在使用时还必须考虑对使用人员的身体健康无不良影响和对环境不造成污染等。

（二）气相防霉腐

气相防霉腐是通过药剂挥发出来的气体渗透到商品中，杀死霉菌或抑制其生长和繁殖的方法。这种方法效果较好，应用面广。常用的气相防霉剂有：环氧乙烯、甲醛和多聚甲醛等。主要用于皮革制品等日用工业品的防霉。应注意的是，气相防霉剂应与密封仓库、大型塑料膜罩或其他密封包装配合使用，才能获得理想效果。另外，使用中要注意安全，严防毒气对人体的伤害。

对于已发生霉腐的商品，为避免进一步变化造成更大的损失，应及时采取措施救治。霉腐商品的救治方法很多，常用的方法有：晾晒、烘烤、熏蒸、机械除霉及加热灭菌等。使用时应根据实际情况合理选择。

（三）气调防霉腐

气调防霉腐是根据好氧性微生物需氧代谢的特性，通过调节密封环境（如气调库、商品包装等）中气体的组成成分，降低氧气浓度，来抑制霉腐微生物的生理活动、酶的活性和鲜活食品的呼吸强度，达到防霉腐和保鲜目的的一种方法。

气调防霉腐有两种方法。一种是靠鲜活食品本身的呼吸作用释放出的二氧化碳来降低塑料薄膜罩内的氧气含量，从而起到气调作用，叫自发气调。另一种是将塑料薄膜罩内的空气抽至一定的真空度（$8.0\times10^{3}\sim2.1\times10^{4}$ Pa），然后再充入氮气或二氧化碳气的气调方法，叫机械气调。

据研究，塑料薄膜罩内的二氧化碳含量达到50%时，对霉腐微生物就有强烈的抑制和杀灭作用。气调还需要有适当低温条件的配合，才能较长时间地保持鲜活食品的新鲜度。气调防霉腐可用于水果、蔬菜的保鲜。近年来，也开始用于粮食、油料、肉及肉制品、鱼类、鲜蛋和茶叶等多种食品的保鲜。

（四）低温防霉腐

含水量大的商品尤其是生鲜食品如鲜肉、鲜鱼、鲜蛋、水果和蔬菜等，多利用低温抑制霉腐微生物繁殖和酶的活性，以达到防霉、防腐的目的。按降低温度的范围，分为冷却和冷冻两种。

冷却法又称冷藏法，其温度控制在0～10℃，此时商品并不结冰，此法适用于不耐冰冻的商品。尤其是水分含量大的生鲜食品和短期储存的食品。冷冻法其温度经过两个阶段的控制，先经过速冻阶段，即在短时间内将温度降到－25～－30℃，当商品深层温度达到－10℃时，再移至－18℃左右的温度下存放。此法适用于长期存放或远距离运输的生鲜动物性食品。

（五）干燥防霉腐

干燥防霉腐是通过各种措施降低商品的含水量，使其水分含量降至商品的安全储运水分之下，从而抑制霉腐微生物的生命活动。这种方法可较长时间地保持商品质量，且商品成分的化学变化也较小。

干燥防霉腐有自然干燥法和人工干燥法两种。自然干燥法是利用自然界的能量，如日晒、风吹、阴晾等方法使商品干燥。该法经济方便，广泛应用于原粮、干果、干菜、水产海味制品和某些粉类制品。人工干燥法是在人工控制环境条件下对商品进行脱水干燥的方法。比较常用的方法有：热风干燥、喷雾干燥、真空干燥、冷冻干燥及远红外和微波干燥等。该方法因要用一定的设备、技术，故费用较高，耗能也较大，在应用上受到了一定的限制。

（六）辐射防霉腐

辐射防霉腐是利用放射性同位素（钴-60 或铯-137）产生的 γ 射线辐射状照射商品的方法。γ 射线是一种波长极短的电磁波，能穿透数英尺厚的固体物。它能杀死商品上的微生物和害虫，抑制蔬菜、水果的发芽或后熟，而对商品本身的营养价值并无明显影响。针对不同商品的特性和各种储存目的，辐射防霉腐分三种类型。

1. 低剂量（小剂量）辐照

辐射剂量低于 0.1 百万拉德（指被照射对象吸收的量，是国际统一使用单位），主要用于抑制马铃薯、洋葱的发芽，杀死害虫和肉类的病原寄生虫，还可延迟水果的后熟。

2. 中剂量辐照

辐射剂量在 0.1～1.0 百万拉德之间，主要是减少商品中微生物的数量和改变食品的工艺特性。适用于肉类、鸡蛋、鱼、贝类、水果、蔬菜等杀灭微生物，尤其对致病细菌、害虫杀死力较大。

3. 大剂量辐照

辐射剂量在 1.0～5.0 百万拉德之间，可彻底杀灭微生物、害虫，可延长冻肉、冻鱼、贝的储藏时间。关于辐射食品的安全性问题目前还有争议，因而对其照射的剂量、时间、适宜的照射条件要严格控制。

二、防治害虫的方法

储运中害虫的防治工作应贯彻“以防为主，防治结合”的方针。对某些易生虫的商品如原材料，必须积极地向产方提出建议和要求，在生产过程中，对原材料采取杀虫措施。如竹、木、藤原料，可采取沸水烫煮、汽蒸、火烤等方法，杀灭隐藏的害虫。对某些易遭虫蛀的商品，在其包装或货架内投放驱避药剂，如天然樟脑或合成樟脑等。此外，储运中害虫的防治还常采用化学、物理、生物等方法，杀灭害虫或使其不育，以维护储运商品的质量。

（一）化学杀虫法

化学杀虫法是利用化学药剂来防治害虫的方法。在实施时，应考虑害虫、药剂和环境三者之间的关系。例如，针对害虫的生活习性，要选择其抵抗力最弱的中期施药，药剂应低毒、高效和低残毒，且对环境无污染。在环境温度较高时施药，可获得满意的杀虫效果。

化学杀虫按其作用于害虫的方式，主要有熏蒸法、触杀杀虫和胃毒杀虫三种。

1. 熏蒸法

杀虫剂的蒸汽通过害虫的呼吸系统进入虫体内，使其中毒死亡的作用叫熏蒸作用。而具有熏蒸作用的化学杀虫剂称为熏蒸剂。常用的熏蒸剂有磷化铝、硫黄和溴甲烷等。它们都能挥发出剧毒气体，渗透力也很强，能杀死商品内部的害虫，但对人的毒性也很强，使用时要注意熏蒸场所的密封和人身安全。熏蒸时最好选择害虫的幼龄期进行毒杀，因其抗药能力较弱而毒效会更好。

2. 触杀剂和胃毒剂

杀虫剂接触虫体，透过表皮进入虫体内，而使其中毒死亡的作用叫触杀作用。具有触杀作用的杀虫剂，又称为触杀剂。如果杀虫剂随着诱饵（食物）被害虫吞吃，通过胃肠吸收，进入虫体内而使其中毒死亡的作用叫胃毒作用。这类杀虫剂又称为胃毒剂。触杀剂和胃毒剂虽然在不同毒杀方法上，效果各有不同，但往往具有触杀作用的杀虫剂，也都具有胃毒作用，个别种类杀虫剂还有熏蒸作用。触杀剂和胃毒剂很多，常用于仓库及环境杀虫消毒的有：对位二氯化苯及一些高效低残毒的有机磷杀虫剂等。

（二）物理杀虫法

物理杀虫法是利用各种物理因素如热、光、射线等破坏储运商品上害虫的生理活动和机体结构，使其不能生存或繁殖的方法。主要有：高、低温杀虫法；射线杀虫与射线不育法；远红外线与微波杀虫法和充氮降氧杀虫法等。

1. 高、低温杀虫法

高温杀虫法是利用日光暴晒（夏天日光直射温度可达 50℃左右）、烘烤（一般温度为 60～110℃）、蒸汽（温度为 80℃左右）等产生的高温作用，使商品中的害虫致死的方法。例如，一般害虫在 38～40℃时即发生热麻痹；48～52℃时经过一定时间即死亡；54℃时经 2～6 小时全部死亡。其原因是：高温下害虫体内水分大量蒸发，蛋白质发生凝固，破坏了虫体细胞组织，因此最终导致死亡。

低温杀虫法是利用低温，使害虫体内酶的活性受到抑制，生理活动缓慢，处于半休眠状态，不食不动，不能繁殖，时间过久会因体内营养物质过度消耗而死亡。低温杀虫法有：库外冷冻、库内通冷风、机械制冷、入仓冷冻密封等。

2. 射线杀虫与射线不育法

射线杀虫与射线不育法，是分别用高剂量的与低剂量的 γ 射线辐射虫体，前者几乎可使所有害虫立即死亡，后者可引起生殖细胞突变，导致害虫机体不育。该法具有杀虫效率高、商品组成成分、商品包装不被破坏，环境不受污染等特点。

3. 微波和远红外线杀虫法

微波是一种高频率电磁波。微波杀虫是利用高频电磁场作用，使害虫体内的水分、脂肪等物质在微波作用下，分子发生振动，分子之间产生剧烈摩擦，生成大量的热能，使虫体内部温度迅速上升（可达 60℃以上），导致害虫死亡的一种方法。

远红外线杀虫法是利用害虫的天敌和人工合成的昆虫激素类似物来控制和消灭害虫的一种方法。此法可避免化学杀虫的抗药性和对环境的污染，是一种很有发展前途的杀虫方法。

目前，人类合成的昆虫激素类似物主要有性信息素合成物和返幼激素等。前者用于诱杀雄虫或使雌虫得不到雄虫的交配而产下不能孵化为害虫的未受精卵，后者是可抑制害虫发育，使其停育在一定发育阶段，不能继续繁殖，最终造成害虫的不育或死亡。

三、防鼠与灭鼠的方法

防鼠与灭鼠要针对鼠类的特性和危害规律，采取防治与突击围剿相结合的办法，要揭其巢穴，断其来路，消其疑忌，投其所好，进行诱捕。

防鼠的主要方法是保持库房内外清洁卫生，清除垃圾，及时处理堆积包装物料及杂乱物品，不给鼠类造成藏身的活动场所。另外，还可以用碎瓷片、碎玻璃与黄沙、石灰或水泥掺和，堵鼠洞，截断其活动通路。

灭鼠有多种方法，除一般的民夹、捕鼠笼外，还有踏板式、吊砖式、碗扣等行之有效的捕鼠方法。也可用调墨油、松香黏胶粘鼠。这些捕鼠方法，对人畜比较安全．只是效果差些。此外，还可用毒饵诱杀。就是把有毒的药剂加放在食物里，让害鼠吃后，中毒而死。但要注意死鼠要妥善处理掉，以免被其他动物吃掉，造成动物连带死亡或污染环境。

除鼠的药剂有两种：一种是害鼠取食药剂后，在肠胃中起致死作用，如安妥、磷化锌、碳酸钡等；另一种是利用毒气使害鼠窒息而死亡，如二氧化硫、氯化苦等。但应注意在食品储藏库中不宜采用毒饵灭鼠。

除上述两种灭鼠方法外，还有采用驱鼠剂驱除鼠类，及用人工合成鼠类激素类似物控制和消灭鼠类。前者是鼠类闻到此药便很快逃避，这种药剂对鼠类口腔黏膜有强烈的刺激作用。常用的驱鼠剂为放线酮。后者与生物杀虫法类似。

四、防腐蚀方法

金属商品的电化学腐蚀是造成商品损失的重要因素之一。做好金属商品的防腐蚀工作非常重要，这也是仓储过程中商品养护的一项重要任务。金属商品的电化学腐蚀除内在因素如金属及其制品本身的组成成分、电位高低、表面状况等外，还主要决定于金属表面电解液膜的存在。因此在防止金属商品电化学腐蚀的方法中，相当多的方法是围绕防止金属表面生成水膜而进行的。

在生产部门，为了提高金属的耐腐蚀性能，最常采用的方法是在金属表面涂盖防护层。例如喷漆、搪瓷涂层、电镀等，把金属与促使金属腐蚀的外界条件隔离开来，从而达到防腐蚀的目的。

在仓储过程中使用的主要防腐蚀方法是：涂油防锈、气相防锈、可剥性塑料封存、改善仓储条件等。

（一）涂油防锈

涂油防锈是流通中常用的一种简便有效的防腐蚀方法。它是在金属表面涂覆一层油脂薄膜，在一定程度上使大气中的氧、水分以及其他有害气体与金属表面隔离，从而达到防止或减缓金属制品生锈的方法。此法属于短期的防锈法，随着时间的推移，防锈油会逐渐消耗，或由于防锈油的变质，而使金属商品又有重新生锈的危险。根据防锈油形成膜的性质，可分为软膏防锈油、硬膜防锈油、油膜防锈油三类。除防锈油外，凡士林、黄蜡油、机油等也可作防锈油脂。

（二）气相防锈

气相防锈是利用挥发性气相防锈剂在金属制品周围挥发出缓蚀气体，来阻隔空气中的氧、水分等有害因素的腐蚀作用以达到防锈目的的一种方法。这是一种较新的防锈方法。具有使用方便、封存期较长、使用范围广泛的特点。它适用于结构复杂，不易为其他防锈涂层所保护的金属制品的防锈。常用的气相防锈剂有：亚硝酸二环己胺、肉桂酸二环己胺、肉桂酸、福尔马林等。常用的气相防锈形式有三种。

1. 气相防锈纸防锈

气相防锈纸是用牛皮纸、石蜡纸、防羊皮纸、防水纸等，浸涂气相防锈剂，干燥后制成，用于金属商品的内包装，外层再用塑料袋或蜡纸密封。

2. 粉末法气相防锈

该法是用气相防锈剂粉末，均匀喷洒在金属制品表面或散装在金属制品的包装袋中，也可调成片剂、丸剂放入包装袋，然后密封。

3. 溶液法气相防锈

此法是用有机溶液或水溶解气相防锈剂而形成的溶液，浸涂或喷涂于金属制品表面，形成一层防锈剂薄膜，然后用蜡纸或塑料袋包装。

（三）可剥性塑料封存

可剥性塑料是用高分子合成树脂为基础原料，加入矿物油、增塑剂、防锈剂、稳定剂以及防腐剂等，加热溶解后制成的。这种塑料液喷涂于金属制品表面，能形成可以剥落的一层特殊的塑料薄膜，像给金属制品穿上一件密不透风的外衣，它有阻隔腐蚀介质腐蚀金属制品的作用，以达到防锈目的。可剥性塑料中，常用的树脂有乙基纤维素、醋酸丁酸纤维素、聚氯乙烯树脂、过氯乙烯树脂和改性酚醛树脂等。

可剥性塑料按其组成和性质的不同，可分为热熔型和溶剂型两类。

1. 热熔型可剥性塑料

该塑料是一种具有一定韧性的固体，它加热熔化后，浸涂于金属制品表面，冷却后能形成一层1～3mm厚的塑料膜层。

2. 溶剂型可剥性塑料

它是一种黏稠液体，涂刷于金属制品表面，能形成一层0.3～0.5mm厚的膜层。溶剂型可剥性塑料适用于一般五金零件的封存防锈。由于膜层较薄，所以它的防锈期较短。

以上两种薄膜都有阻隔外界环境不良因素、防止生锈的效用，启封时用手即可剥除。

五、防老化方法

防老化是根据高分子材料性能的变化规律，采取各种有效措施以减缓其老化的速度，达到提高材料的抗老化性能，延长其使用寿命的目的。高分子商品的老化有其内因和外因，所以防老化应从两方面着手。

（一）提高商品本身的抗老化作用

高分子材料的防老化，首先应提高高分子材料本身对外界因素作用的抵抗能力。例如，通过改变分子构型，减少不稳定结构，或除去杂质，可提高高分子材料本身对外界因素作用的抵抗能力。还可以在加工生产中，用添加防老化剂（抗氧剂、热稳定剂、光稳定剂、紫外线吸收剂等）的方法来抑制光、热、氧等外界因素的作用，提高其耐老化性能。此外，还可以在高分子材料商品的外表涂以漆、胶、塑料、油等保护层，有显著的防老化作用。如塑料商品可用某些塑料粉末在其表面涂一层薄膜，可提高耐磨、耐热等性能。

在上述防老化方法中，添加防老化剂是常用而又有效的一种方法。防老化剂是一种提高高分子材料和制品的热加工性能和储运、使用寿命的化学物质，其添加量很小，但能使材料和成品的耐老化性能提高数倍乃至数千倍。

（二）控制储运中引起老化的因素

商品的防老化主要是在生产过程中考虑，但储运中也不能忽视，应采取一系列的防老化措施。

1. 妥善包装

完好而妥善的包装可使商品与外界环境处于隔离状态，这样可减少外界因素的影响。

2. 控制温度

温度对商品老化有直接的影响，所以高分子商品应存放在受温度影响较小的库房里，不宜露天存放，更不宜暴晒。

3. 合理堆码

高分子商品堆码时要注意通风散热，底层商品承重不能过大，以免造成挤压，加剧老化。

【案例点击】▶▶

苹果、梨的裹纸

在果品市场上，人们常常可以看到在苹果、梨等水果的外面包裹着一层裹纸或泡沫塑料网，其目的是减轻苹果、梨等水果在仓储、配送过程中的碰撞和损伤，以确保水果质量。分析证明：裹纸防潮性差，易吸湿，从而引起商品发烂、发霉；而泡沫塑料网不能保持水果水分，易引起商品失水萎缩。为提高商品的养护水平，人们研制出了新型涂蜡纸，将其裹于水果外表，既能保证水果自身水分，又能有效起到防潮和防震作用。它相当于把水果分割储存，即使个别水果发烂、变质，也不会影响到水果整体质量。从而提高了商品仓储质量，降低水果在储运期间的损耗。

（资料来源：商品养护与安全管理. 百度文库，2010-12.）

思考：1. 苹果、梨的裹纸、泡沫塑料网、新型涂蜡纸在其储运过程中发挥了怎样的作用？

2. 针对水果的日常养护方法还有哪些？

【任务设计】▶▶

商品在库储存与在架陈列销售条件

1. 任务目标

(1) 使学生掌握商品基本的养护方法；

(2) 掌握常见商品储藏保管基本条件。

2. 案例引入

参观仓库或市场，调查常见商品的在库储存、在架陈列销售的基本条件。

3. 实施步骤

(1) 指导教师指定几种常见商品，带领学生参观仓库或超市；

(2) 将学生分为6～7组，每组7～8人；

(3) 记录指定商品在库储存、在架陈列销售的基本条件；

(4) 对现状或存在问题进行分析，并形成书面报告；

(5) 在各组推荐的基础上，选定若干名学生在全班进行交流。

4. 检查评价（见表 7-1）

表 7-1　商品在库储存与在架陈列销售条件结果评价标准表

被考评人					
考评地点					
考评内容	商品在库储存与在架陈列销售条件				
	内容	分值	自我评价	他人评价	教师评价
考评标准	商品在库储存与在架陈列销售条件表述准确	40			
	对现状、存在问题分析透彻、建议合理	40			
	报告格式符合要求，条理清晰、语句顺畅	20			
合计		100			
总分					

【思考题】

1. 怎样做好商品的入库、在库和出库工作？
2. 为什么在实际工作中，是以相对湿度来表示空气潮湿程度的？
3. 金属的锈蚀机理是什么？其防锈蚀措施有哪些？
4. 消费者对日常商品的防霉措施有哪些？这些措施为什么能起到防霉变作用？

第八章

商品与环境和资源

[知识目标]

1. 明确商品与环境的关系，理解环境保护的重要性；
2. 掌握环境管理体系认证的概念；
3. 了解 ISO 14000 环境管理体系；
4. 了解生命周期环境管理的内容。

[能力目标]

1. 具有防止商品对环境污染的能力；
2. 具有识别各种环境标志的能力。

[必备知识]

随着科学技术的进步，市场经济的发展，人们的物质生活越来越丰富，但人类赖以生存的生态环境却遭到了极大地破坏，商品对环境的污染程度已经逐渐威胁到了人类的健康和安全。商品与环境问题越来越引起人们的关注，因此，商品学界将商品与环境的问题纳入了商品学的研究范围。如何合理利用资源，减少和消除商品生产和消耗对环境的污染，成为了当代商品学研究的一个重要问题。

第一节　商品对环境的污染及防治

一、环境和环境污染

（一）环境的概念

环境总是相对于某一中心事物而言的，环境因中心事物的不同而不同，因中心事物的变化而变化。《中华人民共和国环境法》从法学的角度对环境概念进行了阐述："本法所称环境是指影响人类生存和发展的各种天然的和经过人工改造的自然因素的总体，包括大气、水、海洋、土地、矿藏、森林、草原、野生生物、自然遗迹，人文遗迹、风景名胜区、自然保护区、城市和乡村等。"它包括自然环境和社会环境，我们通常所称的环境是指自然环境。自然环境就是指围绕在人类周围的各种自然因素的总和，由大气圈、水圈、土圈、岩石圈和生物圈等五个自然圈所组成。

自然环境按其主要的组成要素可分为大气环境、水环境（包括海洋环境、江河环境、湖泊环境等）、土壤环境、生物环境（如森林环境、草原环境等）、地质环境等。

（二）环境污染的概念

环境污染是指人类直接或间接地向环境排放超过其自净能力的物质或能量，从而使环境的质量降低，对人类的生存与发展、生态系统和财产造成不利影响的现象。具体包括：水污染、大气污染、噪声污染、放射性污染等。

水污染是指水体因某种物质的介入，而导致其化学、物理、生物或者放射性等方面特征的改变，从而影响水的有效利用，危害人体健康或者破坏生态环境，造成水质恶化的现象。很多疾病与水污染有关系，伤寒、霍乱、痢疾、传染性肝病等均是由水的不洁引起的。

大气污染是指由于人类活动或自然过程引起某些物质进入大气中，呈现出足够的浓度，达到足够的时间，并因此危害了人体的舒适、健康和福利或环境的现象。大气污染对人的危害主要表现为呼吸道疾病；对植物的危害表现为抑制其生理机制，造成成长不良，甚至死亡。大气污染还影响全球气候，造成气候不断恶化。温室效应和酸雨就是由于大气污染形成的。

噪声污染是指所产生的环境噪声超过国家规定的环境噪声排放标准，并干扰他人正常工作、学习、生活的现象。噪声污染与水污染、大气污染被看成世界范围内的三个主要环境问题。长期受噪声污染的人听力容易受损，并且高血压、动脉硬化和冠心病的发病率要高于一般人。

放射性污染是指由于人类活动造成物料、人体、场所、环境介质表面或者内部出现超过国家标准的放射性物质或者射线。放射性污染对生物的危害十分严重，如果人在短时间受到大量放射性物质的照射，就会产生急性损伤，轻者有感染、腹泻呕吐症状，重者会产生中枢神经损伤甚至死亡。

小知识

环境污染重大事件

1. 水污染事件

日本熊本县水俣镇一家氮肥公司排放的废水中含有汞，废水排入海湾后经过某些生物的转化，形成甲基汞。这些汞在海水、底泥和鱼类中富集，又经过食物链使人中毒。当时，最先发病的是爱吃鱼的猫。中毒后的猫发疯痉挛，纷纷跳海自杀。没有几年，水俣地区连猫的踪影都不见了。1956 年，出现了与猫的症状相似的病人。因为开始病因不清，所以用当地地名命名。1991 年，日本环境厅公布的中毒病人仍有 2248 人，其中 1004 人死亡。

2. 大气污染事件

1952 年 12 月 5 日至 9 日，大雾笼罩英国全境。位于泰晤士河开阔河谷地区的伦敦城上空有明显的逆温层存在，逆温层顶高约 60 至 150 米，烟尘难以扩散。几天之内有约 4000 人丧生。事件过后两个月内，还约有 8000 人死亡，其中 70 到 80 岁老人死亡率极高。直到 60 年代才查清这次烟雾事件是因为烟雾粉尘中含有氧化铁，促使空气中二氧化硫生成硫酸雾，吸入人体后导致死亡。

3. 噪声污染事件

1981 年，在美国举行的一次现代派露天音乐会上，当震耳欲聋的音乐声响起后，有 300 多名听众突然失去知觉，昏迷不醒，100 辆救护车到达现场抢救。这就是骇人听闻的噪声污染事件。

4. 放射性污染事件

1986 年 4 月，乌克兰切尔诺贝利核电站发生了严重的核泄漏，当时有 31 人死亡，400 多人受伤，造成了灾难性的环境放射性污染。据白俄罗斯 1997 年政府公布的资料，乌克兰切尔诺贝利核事故所泄漏的放射性粉尘有70%飘落在白俄罗斯境内。大约6000平方公里的土地无法使用，400多个居民点成为无人区，政府不得不关闭了600多所学校、300多个企业和54个大型农业联合体。造成的直接经济损失在2350亿美元以上。1997年对切尔诺贝利约400公里处的一所学校的数百名学生进行体检，几乎无一例健康，都患有不同程度的慢性病。据专家估计，完全消除事故影响需要800年的时间，将经过整整40代人。

二、商品对环境的污染

（一）商品对环境的污染

经济的快速发展很大程度上是以牺牲环境为代价的。商品生产中形成的废水、废气和废渣直接排放到环境当中，造成了空气、水和土壤的污染。据统计数字显示，2003年全球燃料燃烧二氧化碳排放量达到249亿8000万吨，仅中国就占了37亿2000万吨，中国由于空气污染造成的损失相当于国内生产总值的3%到8%。同时水资源也受到了严重的污染，我国70%的江河湖泊受到了不同程度的污染，城市90%的地下水也被污染。由于含有大量氮、氨和磷的废水流入海洋，2005年我国沿海地区出现了82次赤潮。在我国两万多个自然湖泊当中，75%的湖泊都被藻类生长物污染，湖泊正在逐年消失。过去50年来，中国有近千个自然湖泊已经消失，平均每年20个，这对我国自然环境造成了巨大影响。

商品消费中产生的生活垃圾和生活污水对环境也产生了极大的污染。我国是世界上人口最多的国家，也是世界上垃圾包袱最重的国家。统计表明，目前全国每年的城市垃圾生产量达到1.5亿吨，并正以每年约9%的速度递增。每年约有5600万吨的城市垃圾露天堆放在郊区，2/3的城市陷入生活垃圾包围之中，未经处理堆积下来的垃圾量已达到70亿吨，侵占土地8亿多平方米。

（二）商品包装对环境的污染

产品包装一方面消耗了大量的资源，另一方面包装残留物是一个巨大的污染源。尤其是近年来广泛使用的一次性包装和轻型塑料包装材料，多是不可降解材料，消费者在用过之后随手扔掉，形成了大量难于处理的垃圾，带来环境污染问题。全世界每年抛弃的垃圾数量接近100亿吨，其中包装废弃物就占了大约1/3。包装可以美化商品、促进销售，因此很多企业运用包装来引导消费和提高产品竞争力，从而产生过度包装问题。为了使商品有高档感，使用不必要的多层次繁琐包装，采用高成本印刷；为了降低包装成本，使用不易回收和处理的包装材料，这都使得环境污染日益严重。

白色污染

白色污染是人们对难降解的塑料垃圾（多指塑料袋）污染环境现象的一种形象称谓。它是指各类生活塑料制品使用后被弃置成为固体废物，由于随意乱丢乱扔，难于降解处理，以致造成城市环境严重污染的现象。据统计资料如下。

全国：仅每天买菜要用掉10亿个塑料袋，其他各种塑料袋的用量每天在20亿个以上。

北京：每年废弃23亿个塑料袋，2.2亿只餐盒，农用膜675万平方米。

西安：200多家超市、便利店等，光印制塑料袋每年至少花费4000万元，数量至少在4亿个以上。

家乐福：每个单店每月的一次性塑料购物袋用量达30万～40万个。

新一佳：门店一天就需要用掉2万个塑料袋，一年就超过700万个。

武商量贩：30多家一年用掉8000多万个购物塑料袋，成本近千万元。

三、商品对环境污染的防治措施

1. 强化环境立法，提高公民环境意识

1983年，我国政府宣布把环境保护列为一项基本国策，提出在经济发展过程中经济效益、社会效益和环境效益相统一的战略方针。为了防治环境污染，我国相继颁布了《中华人民共和国环境保护法》、《中华人民共和国水污染防治法》等一系列法律。“保护环境，人人有责”，防治环境污染是每个公民的责任，我们应当清醒地认识到人类对生态环境造成的污染和破坏，并以积极的态度参加各项环境保护活动，自觉培养保护环境的道德风尚。

小知识

我国“限塑令”

2008年1月9日国务院下发了《关于限制生产销售使用塑料购物袋的通知》，规定自2008年6月1日起，在所有超市、商场、集贸市场等商品零售场所实行塑料购物袋有偿使用制度，一律不得免费提供塑料购物袋。

据国家发改委提供的信息，实施“限塑令”一年以来，全国超市塑料袋使用量减少了2/3，减少塑料消耗约27万吨，加上其他商品零售场所可减少塑料消耗40万吨～50万吨，每年可节约石油240万吨～300万吨，减少二氧化碳排放量760万吨～960万吨。

我国实行“限塑”，是利用经济手段治疗人们对白色污染的依赖，通过宣传教育让老百姓把自觉摒弃塑料袋变成习惯，最终实现“禁塑”。

2. 提高科学技术，降低环境污染

科学技术的进步，是推动经济发展的动力，也是搞好防治环境污染的动力。科学技术的提高与进步是环境污染防治的重要保证和关键。有计划地对落后的工业企业进行技术改造，提高企业人员和装备水平，增加经济效益，压缩污染物排放量，减轻对环境的危害；逐步地对现有的污染处理设施进行技术改造，通过改造，采用国际先进的处理工艺和技术设备，增强处理能力，降低成本；用现代化的技术和设备装备各级环保监测站，提高监测水平。

3. 开发绿色产品，使用绿色包装

绿色产品是指生产过程及其本身节能、节水、低污染、低毒、可再生、可回收的一类产品，它是绿色科技应用的最终体现。绿色包装是指以天然植物和有关矿物质为原料研制成对生态环境和人类健康无害，有利于回收利用，易于降解、可持续发展的一种环保型包装。绿色产品和绿色包装能直接促使人们消费观念和生产方式的转变，其主要特点是以市场调节方式来实现环境保护的目标。公众以购买绿色产品为时尚，促进企业以生产绿色产品作为获取经济利益的途径，从而减轻环境污染，保持生态平衡。

小知识

世界环境日

世界环境日是每一年的6月5日，由1972年6月5日在瑞典首都斯德哥尔摩召开的世界上第一次联合国人类环境会议所建议，于1972年10月经第27届联合国大会通过确定的。每年的这一天，联合国各成员国要以各种形式开展保护环境的宣传活动，从1974年开始，联合国环境规划署根据这一年的主要环境问题，确定一个宣传的主题。从1987年开始，以一个城市作为联合国的宣传活动中心。联合国根据当年的世界主要环境问题及环境热点，有针对性地制定每年的“世界环境日”的主题。联合国系统和各国政府每年都在这一天开展各种活动，宣传保护和改善人类环境的重要性。

中国从1985年6月5日开始举办纪念世界环境日的活动，自此之后，每年的6月5日全国各地都要举办纪念活动。1993年北京被选为举办庆祝活动的城市，主题为“贫穷与环境——摆脱恶性循环”。2002年深圳被选为举办庆祝活动的城市，主题是“使地球充满生机”。

第二节 环境管理体系认证

一、环境管理体系认证的概念

环境管理体系认证是第三方公证机构依据公开发布的环境管理体系标准，对供方的环境管理体系实施评定，评定合格的由第三方机构颁发环境管理体系认证证书，并给予注册公布，证明供方具有按既定环境保护标准和法规要求提供商品的环境保护能力。目前，世界各国进行环境管理体系认证时采用的标准是ISO 14000系列标准。

二、ISO 14000环境管理体系

（一）产生背景

由于人类过度追求经济增长而忽略环境的重要性，导致温室效应加剧、水体严重污染、土地大量荒漠化、森林锐减、生态环境严峻破坏。面对如此严峻的形势，人类开始考虑采取一种行之有效的办法来约束自己的行为，希望以一套比较系统、完善的管理方法来规范人类自身的环境活动，以求达到改善生存环境的目的。

20世纪80年代起，美国和西欧的一些公司为了响应持续发展的号召，减少污染，提高在公众心目中的形象以获得商品经营支持，开始建立各自的环境管理方式，这是环境管理体系的雏形。荷兰1985年提出建立企业环境管理体系的概念，并于1988年试行实施，1990年开始施行标准化和许可证制度。欧盟1990年在慕尼黑的环境圆桌会议上专门讨论了环境审核问题。英国也在质量体系标准（BS 750）基础上，制定BS 7750环境管理体系。英国的BS 7750和欧盟的环境审核实施后，欧洲的许多国家纷纷开展认证活动，由第三方予以证明企业的环境绩效。这些实践活动奠定了ISO 14000系列标准产生的基础。

1993年6月，ISO成立了第207技术委员会（TC207），专门负责环境管理工作，主要

工作内容就是环境管理体系的标准化。主要工作目的就是要支持环境保护工作，改善并维持生态环境的质量，减少人类各项活动所造成的环境污染，使之与社会经济发展达到平衡，促进经济的持续发展。1996 年 9 月 1 日 ISO 正式颁布环境管理体系标准，目前 ISO 14000 系列标准已包括 15 项独立的标准。

（二）ISO 14000 系列标准的主要内容

1. ISO 14001:《环境管理体系——规范及使用指南》

ISO 14001 是 ISO 14000 系列标准中的主体标准。它规定了组织建立、实施并保持的环境管理体系的基本模式和 17 项基本要求。该体系适用于任何类型和规模的组织，并适用于各种地理、文化和社会条件。标准的总目的是支持环境保护和污染预防，协调它们与社会需求和经济需求的关系。标准可供组织建立一套机制，用来确定环境方针和目标。通过环境管理体系的持续改进实现组织环境绩效的持续改进。

ISO 14001 标准是对一个组织的环境管理体系进行认证、注册和自我声明的依据。组织可以通过展示对本标准的成功实施，使相关方确信它已建立了妥善的环境管理体系。标准不包括职业安全卫生管理方面的要求。

2. ISO 14004:《环境管理体系——原则、体系和支持技术通用指南》

该标准简述了环境管理体系的五项原则，为建立和实施环境管理体系，加强环境管理体系和其他管理体系的协调提供可操作的建议和指导。它同时也向组织提供了如何有效地改进和保持环境管理体系的建议，使组织通过资源配置，职责分配以及对操作惯例、程序和过程的不断评价来有序地处理环境事务，从而确保组织确定并实现其环境目标，达到持续满足国家或国际要求的能力。该指南不是一项规范标准，目的是为环境管理体系的实施和强化它和组织全部管理工作的关系提供帮助，不适用于环境管理体系的认证和注册。

3. ISO 14010:《环境审核指南——通用原则》

该标准给出了环境审核定义及有关术语，并阐述了环境审核通用原则，旨在向组织、审核员和委托方提供各种环境审核的一般原理。

4. ISO 14011:《环境审核指南——审核程序——环境管理体系审核标准》

该标准提供了进行环境管理体系审核的程序，包括审核目的，启动审核直至审核结束一系列步骤要求，以判定环境管理体系是否符合环境管理体系审核准则。适用于实施环境管理体系的一切类型和规模的组织。

5. ISO 14012:《环境审核指南——环境审核员资格要求》

该标准提供了关于环境审核员的资格要求，它对内部审核员和外部审核员同样适用。内部审核员与外部审核员都需要需具备同样的能力，但由于组织的规模、性质、复杂性和环境因素不同，组织内有关技能与经验的发展水平不同等原因，不必满足本指南规定的所有具体要求。

6. ISO 14040:《生命周期评价——原则和框架》

该标准于 1997 年 6 月 1 日正式颁布，是 ISO 14000 系列标准中的工具性标准。标准规范了生命周期分析方法，并给出了“生命周期评价”过程所涉及的概念定义和具体方法要求。

三、环境管理体系认证的作用

（一）有利于提高企业的竞争力

ISO 14000 强调污染防治和持续改进，规定了一个以规划、实施、检查、改进（PDCA）

螺旋上升的开环为核心的反馈管理机制。采用 ISO 14000 管理模式有助于提高管理者和员工的环境意识，改善企业形象，减少法律纠纷和环境投诉，提高技术水平，减少排污收费，遵守环境法律法规，通过环境方面的优势来赢得客户，扩大市场。

（二）有利于企业积极主动地改善环境行为

环境法律法规，规定和规范了企业的环境行为，为企业的环境保护工作指明了方向和目标，在企业的持续发展中起着重要的作用。而遵守法律法规正是环境管理体系贯穿始终的基本要求，是体系管理的重要内容。环境管理体系强调遵守相关的法律法规，使企业的环保工作长期、持续地满足法律、法规的要求，有利于企业积极主动地改善环境行为。

（三）有利于消除技术性贸易壁垒，促进国际贸易

ISO 14000 系列标准被美国、日本、欧盟等发达国家和地区广泛使用，成为一种国际潮流。国际上很多国家逐渐对进口商品的生产厂家提出 ISO 14000 要求，以此来限制进口。通过环境管理体系认证可以使出口国出口产品达到国际标准水平，避免各国的技术性贸易壁垒，提高在国际市场上的竞争力。

第三节 商品生命周期环境管理

一、生命周期环境管理

（一）商品生命周期

环境管理中的商品生命周期是指从原料采购开始，经过原料加工、产品制造、产品包装、运输和销售，然后由消费者使用、维修，最终回收再循环或作为废物处理和处置的整个过程。

企业输入对环境产生影响的材料、能源、水等物质，必然会输出企业的产品、副产品和废弃物或污染排放物。在企业的生产经营活动中，作为产品、原材料所投入的资源和能源，构成了地球资源耗竭和能源短缺问题，而废弃物或污染排放物的排放又造成了环境污染问题。因此商品生命周期各阶段与环境问题密切相关。

（二）生命周期环境管理

生命周期环境管理是指运用计划、组织、协调、控制、监督等手段，对商品生命周期各阶段涉及有关生态环境的各种活动所实施的一种旨在提高经济效益和环境效益的约束化管理。

ISO 14000 系列标准中涉及商品生命周期环境管理内容的主要有环境标志和声明、生命周期评价两项工作。环境标志和声明是对企业及其商品的环境行为的确认，也是指导绿色消费的一种手段。生命周期评价是对商品生命周期全过程的环境影响进行评价，主要是以预防为主，对商品及企业实行全过程的环境控制。

二、环境标志

（一）环境标志的概念

环境标志（environmental label，EL），是一种标在产品或其包装上的标签，它表明该

产品不仅质量合格，而且在生产、使用和处理处置过程中符合特定的环境保护要求，与同类产品相比，具有低毒无害、节约资源等环境优势。

环境标志工作一般由各国政府授权给环保机构。环境标志具有证明性，能证明产品符合要求；环境标志具有权威性，由企业、商会或其他团体申请注册，并对使用该证明的商品具有鉴定能力和保证责任；环境标志还具有时效性，每3～5年需重新认定。

环境标志引导各国企业自觉调整产业结构，采用清洁工艺，生产对环境有益的产品，最终达到环境与经济协调发展的目的。环境标志以其独特的经济手段，使广大公众行动起来，将购买力作为一种保护环境的工具，促使生产商在每个阶段都注意环境影响，并以此观点重新检查他们的产品周期，从而达到预防污染、保护环境、增加效益的目的。

（二）一些国家和地区的环境标志（如图8-1所示）

中国十环标志　德国蓝色天使标志　北欧白天鹅标志

日本生态标志　欧洲欧盟之花标志　加拿大环境选择标志

图8-1 一些国家和地区的环境标志

1. 中国十环标志

图形由青山、绿水、太阳及十个环组成。环境标志图形的中心结构表示人类赖以生存环境，外围的十个环紧密结合，环环相扣，表示公众参与，共同保护环境；同时十个环的“环”字与环境的“环”同字，其寓意为“全民联合起来，共同保护人类赖以生存的环境”。我国于1993年发布了环境标志图形，即“十环标志”。这是我国唯一由政府颁布的环保产品证明性商标。至今已先后制定了五十多项环境标志产品标准，环境认证产品种类达五十一类，涉及建材、纺织品、汽车、日化用品、电子产品、包装制品等行业。

2. 德国蓝色天使标志

图形为二支蓝色的橄榄枝环绕着一个张开双臂的小孩，象征着为下一代留下一片蓝天和绿叶。德国于1977年提出蓝色天使计划，是世界上第一个实施环境标志的国家，其环境标志是以联合国环境规划署的蓝色天使表示的。环境标志自实施以来，已具有权威性并获得该国国民的认同，并已成为许多国家环境标志的示范。

3. 北欧白天鹅标志

图形为一只白色天鹅翱翔于绿色背景中。北欧白天鹅环境标志是于1989年由北欧部长会议决议发起，统合北欧国家，发展出的一套独立公正的标志制度，为全球第一个跨国性的环境标志制度。参与的国家包括挪威、瑞典、冰岛及芬兰四个国家，产品规格分别由四个国家研拟，但经过其中一国的验证后，即可在四国通行。

4. 日本生态标志

图形以双手拥抱着地球，象征“用我们的手来保护地球和环境”，以两只手拼出一个英文字母“e”，代表“地球”、“环境”、“生态”三个英文单词的首字母的小写，意味着对地球、环境和生态的保护。日本环境厅于1989年开始推行环境标志制度。

5. 欧洲欧盟之花标志

图形为一朵绿色小花。为了鼓励在欧洲地区生产及消费绿色产品，欧盟于1992年公布实施欧盟之花标志。会员国设有一个主管机关来管理、审查环境标志申请案。经过十几年的发展，欧盟之花标志已在欧洲市场上享有了很高的声誉。

6. 加拿大环境选择标志

图形由枫叶和三只鸽子组成。枫叶代表加拿大的环境，三只鸽子象征三个主要的环境保护参加者：政府、产业、商业。加拿大的环境标志计划“环境选择”始于1988年，它是由政府组织的，由隶属于环境保护部的秘书处负责管理，技术机构是加拿大标准协会。

三、生命周期评价

（一）生命周期评价的概念

生命周期评价（life cycle assessment，LCA），是一种用于评估产品在其整个生命周期中，即从原材料的获取、产品的生产直至产品使用后的处置，对环境影响的技术和方法。生命周期评价是对一个产品系统的生命周期中输入、输出及其潜在环境影响的汇编和评价。

生命周期评价的对象是一个方案，评价的目的是表示此种产品的生命周期对环境的影响程度，即从产品的原材料获取、商品设计、加工制造、包装运输、流通销售、使用维护、报废回收处置的整个过程进行的评价，是对产品生命周期的所有环境影响进行全面、科学的评价，并据此对产品的环境性能进行改善。

（二）生命周期评价的过程

生命周期评价的过程是：首先辨识和量化整个生命周期阶段中能量和物质的消耗以及环境释放，然后评价这些消耗和释放对环境的影响，最后辨识和评价减少这些影响的机会。生命周期评价注重研究系统在生态健康、人类健康和资源消耗领域内的环境影响。ISO 14000系列标准将生命周期评价分为以下4个步骤。

1. 目的与范围的确定

明确评估分析的目的与被分析产品及其功能。

2. 清单分析

用量化的数据来标识系统范围内的所有过程对资源的消耗以及其环境排放物。预测产品的整个生命周期过程中输入和输出的详细情况，填写清单。

3. 影响评价

影响评价是生命周期评价中非常重要的一个环节，它涉及环境影响指标数据的分类和计算，目的是对清单分析所识别的环境影响因子进行定性和定量的评价，以确定产品全生命周期过程中的物质能量交换对其外部环境的影响程度。

4. 结果解释

根据以上三步评估过程所得到的结果，说明减少环境影响的需要和措施，提出一些改进性原则和方法。

【案例点击】

2001年，某胶合板制造有限公司通过市场调查获悉，许多消费者十分担心家庭装饰材料中含有危害身体的成分。为了使消费者能够信赖其产品，该公司未经国家有关部门认可，擅自在其生产的木工板产品标识上使用绿色产品认证标志，并宣称“本产品运用绿色新科技，获得国家绿色健康环保型标志”。当地消费者协会接到消费者投诉举报后，派人抽样送交法定机构检测鉴定，结论为该木工板中使用了不合格黏合剂，造成甲醛含量超标，对人体有害。经进一步调查核实后，确认该公司所宣传的内容纯属虚构，已构成欺诈消费者的违法行为，遂移交工商行政管理机关实施行政处罚。当地工商局依据《产品质量法》的有关规定，对该公司做出了责令改正违法行为、没收全部木工板产品、并处罚款4万元的行政处罚决定。

这是一起企业自行加封“绿色产品称号和绿色认证标志”、欺骗消费者的假冒“绿色”案件。绿色产品代表着无污染、无公害、可持续、有助于消费者身体健康的产品。为了加强环境保护，节约资源和能源，满足子孙万代的消费需求和安全健康，国家鼓励企业生产绿色产品，中国消费者协会也在全国范围内开展“绿色消费年”主题活动，倡导全社会进行绿色消费。由于绿色产品在一定意义上代表产品的信誉和质量，深受消费者的青睐，因而能够为生产者带来巨额利润。在日益激烈的市场竞争活动中，一些利欲熏心的不法厂商为牟取非法利益，窥视绿色产品市场，置消费者权益于不顾，将“黑手”伸向绿色消费这一消费领域，毫无根据地宣称自己的产品是绿色产品，大肆盗用、冒用绿色产品认证标志。

思考

1. 这家企业为什么要冒用绿色产品认证标志？
2. 怎样做才能杜绝企业冒用认证标志现象？

【任务设计】

按5～8人一组，把同学分成若干小组，分别调查、了解水污染、大气污染、噪声污染、放射性污染与哪些商品有关，如何防治，写成调查报告。

【思考题】

1. 什么是环境污染？
2. 什么是绿色产品和绿色包装？
3. 什么是环境管理体系认证？
4. 生命周期评价的过程是什么？
5. 各国常见的环境标志有哪些？

第九章

日用工业品商品

[知识目标]

1. 了解日用工业品的质量要求；
2. 理解日用工业品的结构和性质；
3. 掌握日用工业品商品分类。

[能力目标]

1. 具有对日用工业品进行鉴别的能力；
2. 具有对日用工业品进行评价的能力；
3. 具有对日用工业品进行养护的能力。

[必备知识]

第一节 日用工业品的质量要求

日用工业品是指供人们日常使用的工业产品，俗称日用百货。日用工业品是人们日常生活中不可或缺的一大类商品，其品种繁多，主要包括塑料制品、玻璃制品、陶瓷制品、搪瓷制品、铝制品、洗涤制品、化妆品、箱包及玩具等种类。尽管不同种类的日用工业品有着不同的组成、结构、性质，而且质量要求也有其特殊性，但从总体上看，日用工业品的基本质量要求可归结为适用性、耐用性、安全卫生性、结构和外观四个方面。

一、适用性

适用性是指满足商品主要用途所必须具备的性能。适用性是构成商品使用价值的基本条件，也是评定日用工业品商品质量的重要方面。

不同用途的日用工业品商品对其适用性的基本要求也不同。

比如，日用玻璃制品特别是盛水器皿，应有较强的耐水性，否则在使用过程中容易失去光泽，发生失重现象，严重者会由于易溶物的溶入而对人体健康有害。玻璃杯和保温瓶等玻璃制品又需具备耐温急变性，现行标准规定，将制品放于1～5℃环境中静置5分钟，取出后立即投入沸水中而不炸裂则为合格品。

又如塑料制品，由于其种类多、用途广，涉及日用塑料制品的性能指标主要有：收缩性、透明性、透视性、透气性等。对于某一具体塑料制品的适用性应根据其类型和用途特点等来确定。

对于单一用途的商品，要求它在正常情况下，具有符合该种商品品级的最佳使用效果；对于多种用途的商品，则要求多种性能的工作状态良好。如带有测温测湿装置的电子钟，除需要计时准确外，测定温度湿度效果也应良好。现代化的商品都在向着多功能的方向发展，其适用性就更为重要。

二、耐用性

耐用性是指日用工业品商品在流通和使用中能够抵抗各种外界因素对其破坏的性能。它反映了商品的使用寿命和次数，说明了商品的耐用程度，是评价绝大多数日用工业品商品质量的重要依据。

不同用途的工业品商品，对其耐用性的具体要求也不同。例如，日用瓷器应具有良好的热稳定性。热稳定性是指产品在冷热交换中不出现裂纹或破损。热稳定性的好坏可反映陶瓷产品的使用寿命，冷热交换的温差越大，其使用寿命越长。根据一般标准规定，将陶瓷产品加热至180℃然后投入到20℃水中，取出观察其是否有裂纹或破损，若此温度下不出现损坏，其使用寿命一般可达3年以上。又如白炽灯泡规定了最低使用小时数为900小时，对气压保温瓶规定了最少按压次数为8万次。为保证耐用工业品商品的使用寿命，厂家对自己生产的商品规定了保修期限，为商品使用创造了保证条件。

要求日用工业品商品坚固耐用是消费者的普遍愿望，但对某些商品也存在特殊性。如时尚商品和一次性使用的商品，对其耐用性的要求就要考虑它们的不同用途和特点，做到“物有所值”即可。

三、安全卫生性

卫生安全性是指商品在使用过程中，有关保护人身安全和人体健康所需要的各种性能。由于现代社会极其关注人身安全和人体健康，所以这类性能也是对日用工业品商品质量的一项基本要求。

日用工业品商品用途不同，对其安全卫生性的要求也不同。

比如，日用陶瓷制品的一个重要安全卫生指标是铅、镉溶出量。铅、镉的存在是由于产品表面装饰图案中陶瓷颜料里含有其成分所致，铅的存在还有可能是为降低产品表层釉的烧成温度而加入了含铅成分所致。若生产工艺控制不当，极易造成在使用过程中铅、镉的过量溶出，经常使用这类产品易引起铅、镉重金属中毒。

又如，由于化妆品直接接触人体，因此对化妆品的安全卫生性要求很高。要求化妆品没有异味，对皮肤和黏膜没有刺激和损伤，无感染性，使用卫生安全。2002年版的《化妆品卫生规范》中规定了化妆品禁用的物质，有421种化学物质和75种动植物来源的物质禁止用做化妆品的原料或化妆品的组成成分；在新版的《化妆品卫生规范》中还规定了化妆品中限用的物质，如规定了对汞、铅、砷和甲醇等有害物质的限量，汞的限量为1mg/kg、铅的限量为40mg/kg、甲醇的限量为2000mg/kg；限用的防腐剂有55种（类）；限用的着色剂共计157种等。另外，特殊用途的化妆品质量要求既要符合化妆品的要求，又要符合药品的规定。

再比如，玩具是儿童日常生活中接触最多的物品，对玩具也有特殊的安全卫生性要求。玩具的材料应无毒无害且不易损坏和不宜过小。有毒涂料会对孩子造成慢性中毒，过小的玩具容易被孩子吞下，对孩子造成伤害。不仅如此，玩具的边缘及棱角不应锋利和尖锐，对固定在软体毛绒玩具上的小零件，应检查其是否安装牢固。

四、结构和外观

日用工业品商品的结构主要是指其宏观结构，即指商品体各个部分的构成。日用工业品商品必须具有合理的结构，因为结构不合理不仅影响商品的外观，而且会直接影响商品的适用性和耐用性。皮箱应外表饱满、端正，各部位无明显凹凸，箱盖与箱底合拢处无间隙；箱内布层应平整滑洁，缝制时针脚应均匀、缝迹应整齐，箱外附件镶嵌牢固结实；日用陶瓷制品应体型周正匀称，规格尺寸、公差等应符合规定要求；玻璃的结构一般要求美观大方、周正规则、线条流畅，结构不良不仅影响美观，而且会造成使用不便，降低制品的坚固性和耐热性；自行车、缝纫机等零件之间的间隔过大或过小，不仅影响使用也会影响寿命和安全。

日用工业品的外观主要是指对其造型、式样、花纹、色彩等艺术方面的要求。工业品商品的外观对于美化和丰富人们的物质生活和精神生活具有特殊意义，因此要求该类商品必须具有良好的外观。如果商品造型、式样不新颖，花纹图案缺乏美感，颜色和色调不协调，那么，即使商品的其他性能良好，也缺乏对购买者的吸引力，不会受到欢迎。

在日用工业品商品的外观要求中，对于某些类别或品种，外观要求还包括对外观疵点的规定。所谓外观疵点，是指外观上所存在的各种毛病。它不仅破坏商品的美观，而且可能影响商品的实用性和耐用性。因此，常将日用工业品商品的外观疵点作为划分商品品级的标志。外观疵点超过一定数量的商品不能作为正品销售。现以玻璃制品为例进行介绍。

外观疵点是目前划分玻璃制品的主要依据，较常见的外观疵点主要有以下几种类型.

（1）砂粒　砂粒是指玻璃体内所存在的透明或不透明粒状的物质，主要是由于个别未能熔化的石英砂或原料中含有难熔杂质造成的。砂粒的存在不仅会影响玻璃制品的美观，而且由于砂粒和玻璃的膨胀系数不一致，还会显著降低玻璃制品的耐温急变性。

（2）斑纹　斑纹是指存在于玻璃制品体内的完全不熔于玻璃熔体中的凝块，一般呈波浪状、山形状或滴形状等状态，有无色、黄色和绿色等多种颜色。斑纹会严重影响玻璃制品的美观，并且会形成玻璃成分和厚度的不一致，从而降低玻璃制品的耐温急变性。

（3）气泡　气泡是指玻璃体内的气泡包含物。小气泡的产生主要是由于制造时未能将产生的气泡完全排除；大气泡主要是由于空气卷入造成的。气泡除了影响美观外，大气泡还会降低玻璃制品的耐温急变性和坚固性。

（4）装饰疵点　装饰疵点主要有图案不准确、色彩不调和、研磨不平整、涂色不牢靠等方面，从而影响玻璃制品的美观。

第二节　日用工业品的结构和性质

有许多因素影响着日用工业品商品的质量。其中，日用工业品的结构和性质是两个非常重要的因素，值得我们仔细学习。只有把握了这两个因素，牛产厂才能制造出优质的商品，而购买者则可以更好地对日用工业品商品进行质量鉴别和挑选。

一、日用工业品的结构

在通常情况下，日用工业品是以液态、固态和软膏体等形态存在，其中绝大多数为固体。在固体日用工业品中，又有许多种类属于高分子化合物形成的商品体。因此，我们在研究日用工业品的结构时，着重阐述固体商品的结构。

固体商品的形状和性质非常复杂，原因之一就是商品本身的结构。为了从总体上把握结构的实质，我们将商品从外到内划分为宏观结构、微观结构和内部结构三个层次。

1. 固体商品的宏观结构

固体商品的宏观结构是指用肉眼或通过放大镜所能观察到的结构。宏观结构具体可分为外形结构、组织结构和结构单元的组合。

（1）外形结构。外形结构是指商品的外观形状和大小，也就是商品的式样、规格等。比如日用搪瓷制品可分为面盆类、口杯类和杂件类。而这三类根据形状、式样、花色等又可划分若干品种：面盆类按形状分为平边、卷边、标准、翻口和深形面盆等；口杯类主要有矮形杯、直口杯、圆底杯、高形杯、牛奶杯等；杂件类主要有碗、盘、烧锅、茶桶、痰盂等。再如，皮鞋按式样可分为高帮鞋、低帮鞋、坡跟鞋、厚底鞋等；皮鞋中的童鞋按照大小又可分为小童鞋（13～16号），中童鞋（16 $\frac{1}{2}$～19 $\frac{1}{2}$号），大童鞋（20～23号）。

（2）组织结构。组织结构是指商品体各部分的构成，也就是商品的构成部位及其材料。以包头式皮鞋为例，它由鞋帮和鞋底两部分构成。鞋帮一般包括包头、中帮和后帮三个部分；鞋底则由大底、膛底、沿条、鞋跟、垫心和勾心等部分组成。鞋帮和鞋底除用天然皮革等材料外，有的鞋帮采用合成革、人造革和纺织品为材料，有的鞋底以橡胶为主要材料。

（3）结构单元的组合。通常日用工业品的宏观结构非常复杂，日用工业品商品是由若干个零件、部件组装而成的，我们称之为结构单元的组合。在结构单元的组合中，使商品具有使用价值必不可少的结构被称为基本结构；使商品更好地发挥使用价值的结构被称为辅助结构。如保温瓶的瓶胆、瓶塞是基本结构，其外壳和装饰件是辅助结构。

通过上述介绍可知，商品的宏观结构使商品显示出一定的物理力学性能，是衡量商品质量的一个重要因素。我们可以分析商品的宏观结构来探究商品质量，也为日用工业品的运输、包装、储存、使用提供依据。如空心颗粒状结构的合成洗衣粉比粉末状洗衣粉溶解快，且干爽不易吸潮，有较好的流动性，便于包装、储存和使用。同时，商品的宏观结构也具有保护、美化商品的作用，体现商品的造型风格，满足消费者使用该商品的精神需求。

要充分满足市场需求、提高日用工业品商品的质量、改善其品种，一个重要的措施就是要使商品宏观结构合理化。商品的基本结构是合理的，商品才能性能稳定，使用安全可靠；也只有商品的辅助结构是合理的，商品才能新颖美观，别具风格，使用方便。

2. 固体商品的微观结构

固体商品的微观结构，是指用光学或电子显微镜能观察到的结构，如金属制品及其材料的晶体结构以及天然或合成的高分子有机物的晶体或非晶体结构。商品的微观结构会影响或决定其物理和力学性能，这种结构分为晶体结构和非晶体结构两类。

所谓晶体结构是指构成物质的原子、分子或离子等结构单元按一定规律呈周期性的空间排列状态。根据键合力的性质不同，可把晶体分为离子晶体、原子晶体、分子晶体和金属晶体四种。

非晶体结构是指不具有明显晶体结构的状态。非晶体结构构成的物质没有明确的熔点。

3. 固体商品的内部结构

固体商品的内部结构是指用显微镜观察不到的原子、分子以及更大一些的结构单元的组合。

因为商品的内部结构不同，同一类物质的商品在宏观上的表现也明显不同。如聚丙烯，有的在常温下呈固态，有的在常温下呈液态；同是固态，有的可制成塑料制品，有的却可制成纤维织品。

二、日用工业品的性质

日用工业品的性质是决定日用工业品商品质量的主要因素，也是确定日用工业品商品运输、包装、储存和使用的重要依据。

日用工业品的性质主要有化学性质、物理性质和机械性质。

（一）化学性质

日用工业品的化学性质是指日用工业品商品在外界因素影响下所表现出来的化学行为，如氧化、还原、酸碱性、化学稳定性等。在各种化学性质中，以化学稳定性和酸碱性对商品质量的影响最大。

1. 化学稳定性

商品的化学稳定性是指商品抵抗外界各种因素作用，而保持其化学成分和结构稳定的能力。各种商品抵抗外界因素与其发生化学作用的能力是不同的，因而化学稳定性也有差异。商品中的无机成分一般比较稳定，所发生的化学变化通常为化合和分解反应。商品的有机成分发生的化学变化比较复杂。塑料、橡胶等高分子物制品在光、热等因素的作用下会发生老化现象。如制造乒乓球的原料赛璐珞塑料的化学稳定性较差，长期储存或常在日光下暴晒，容易使制品变色、老化、燃烧，当温度升高到130℃时开始冒烟，到170℃左右硝酸纤维素就会全部分解并起火。因此，在使用及保管中要特别注意安全。

各种商品受不同外界因素的影响，其耐受能力是不同的。商品在流通和使用过程中，经常受到空气中的氧气影响，而日光照射、气候变化、水分、酸碱等因素，又都不同程度上加速了氧化作用而导致商品加速变质。所以，耐氧化、耐光、耐气候性是某些商品经常要考核的重要指标。耐水性、耐酸碱性也是某些商品的考核指标。以玻璃为例，玻璃的化学稳定性是指玻璃抗水、酸、碱、大气中的水汽或其他气体，以及各种化学因素作用的能力。玻璃具有较高的化学稳定性，玻璃对水和酸具有较强的抵抗性，但抗碱性较差。实践证明，水汽比水溶液具有更大的侵蚀性。普通玻璃制品长期使用后出现表面光泽消失，或表面晦暗，甚至出现斑点和油脂状薄膜等，就是由于玻璃中的碱性氧化物在潮湿空气中与二氧化碳反应生成碳酸盐造成的。这一现象称为玻璃的风化或发霉，它能降低玻璃的透明度，影响玻璃制品的质量。

商品的化学稳定性主要决定于商品的化学成分及其分子结构。所以，在流通和使用过程中，应根据各种商品的特点通过改进其化学成分及分子结构，或采取其他具体措施，提高商品的化学稳定性。如向钢铁中加入铬、镍等成分制成不锈钢；向塑料中加入抗氧化剂、热稳定剂、紫外线吸收剂等；通过改变玻璃的化学成分，或对玻璃进行热处理及表面处理，可以提高玻璃的化学稳定性。

2. 酸碱性

某些商品呈现酸性或碱性，反映了该商品的质量和适用性。因此在研究商品质量时往往要测定其酸碱度。

酸碱度一般用pH值表示，商品化学成分不同，其化学性质不同，溶液的酸碱度也不同。肥皂在酸性溶液中可全部水解，在碱性溶液中却很稳定，因为在肥皂生产中加有碱性助剂。但是由于其溶液呈碱性，所以普通肥皂不适宜洗涤不耐碱的丝毛制品。而铝制品对酸、对碱的作用都很敏感。因此，许多日用工业品，如皮革制品、日用器皿等，都要研究酸碱对其影响，使商品的使用价值得以发挥和维护。

人体的皮肤由于分泌皮脂及汗液，常显弱酸性（pH值在4.5～6.5之间），这对维持皮肤的功能，保持人体健康有重要意义。而碱性和强酸性都对皮肤有腐蚀和刺激作用。所以日用化学品都应严格控制pH。洁肤用品为了利于除去油污，可以略具碱性；护肤和美容化妆商品，在其理化质量指标中都对pH做了规定。

（二）物理性质

商品的物理性质是指商品受到外界因素作用时表现出来的物理行为。各种商品都有其特定的物理性质，与一般日用工业品商品使用价值关系密切的有商品的物理状态、重量、导热性、耐热性、吸湿性、透气性、透湿性和透水性，颜色和光泽等。

1. 商品的物理状态

固态、液态和气态是物质所具有的三种不同的状态，称为物质的三态。商品也存在这三种状态。物质的三态变化，主要与温度的影响和其内部的微粒运动有直接关系。

构成固体的微粒（原子或离子）能量较小，只能在其平衡位置附近振动，所以固体商品在常温下的形状、尺寸都很稳定。不同的固态物质在状态转变的过程中需要的温度是不同的。有一类物质在熔化或凝固的过程中温度保持不变，这类物质叫做晶体，如各种金属和合金等。晶体熔化的温度称为熔点，凝固成晶体时的温度称为凝固点。还有一类物质从固态转变成液态，或从液态转变为固态的过程，并没有固定的熔化温度或凝固温度，这一类物质称为非晶体，如松香、石蜡、玻璃、塑料等。还有的固态物质加热时不经过液态阶段，而直接转化为气态，这种现象称为升华。由此可知，了解物质的结晶、升华现象，掌握商品的熔点、凝固点，对于商品的保管、使用，判断商品的成分、质量都有着重要的意义。

构成液体的微粒能量较大。这些微粒不仅可以在一个位置附近振动，还可以移动，甚至脱出液体界面。因此，液态商品没有固定形状，具有流动性和挥发性。液态商品的这种性质会引起渗透、泄漏。这不仅造成液态商品损失，还会降低其质量。液态商品又有较大的热膨胀性和很小的可压缩性。在密闭的容器内，当温度升高时会对容器壁产生很大的压力，甚至使包装容器破裂。这些都给液态商品的包装带来相当大的复杂性。

2. 重量

重量是指商品的轻重。重量可以反映某些商品的质量，如纸张、皮革、合成洗衣粉等。商品的重量指标通常在商品标准中有规定，常见的重量指标有密度、表观密度和平方米重。

密度是指物体重量与其体积的比值。单一紧密材料制成的商品均具有固定的密度值，一般用单位立方厘米的重量来表示。如果密度不符，可考虑成分不纯或内部有孔洞缺陷。

表观密度是指物体在自然状态下单位容积内的重量。多孔性商品多用表观密度反映其质量，它可以表示商品多孔的程度。如Ⅰ类合成洗衣粉要求表观密度$\leqslant 0.42g/cm^3$；Ⅱ类合成洗衣粉要求表观密度$\leqslant 0.45g/cm^3$；Ⅲ类合成洗衣粉要求表观密度$\leqslant 0.75g/cm^3$。

平方米重是指每平方米面积商品的重量，主要用于片状材料商品，如纸张，52 克凸版纸重 $52g/m^2$。

商品重量与商品质量有密切的关系。重量指标可以说明某些商品的性能，如合成洗衣粉的溶解性；重量指标也可以用来评价某些商品的质量，判断材料的本质和结构特点，如铝制品材质的优劣即可用某些重量指标来研判。

3. 导热性

导热性是指商品传递热能的性质。商品的导热性受多种因素影响。

商品导热性大小受其化学成分的影响。金属的导热性一般较高，因此常用来制作烹饪用具；非金属材料的导热性低，如动植物纤维、皮革等都是热的不良导体，可制作穿着用品，塑料、玻璃等可制作隔热保温用品。

商品导热性还与商品的结构有关。蓬松厚实的结构，其孔隙充满着大量的、导热性很小的静止空气，不仅减少了热的传导，还增强了保温性；疏漏、轻薄的结构使空气易于流通，热量散发容易，商品的保温性则差。

此外，商品的导热性也与商品表面的颜色有关。白色、浅色和光泽性能好的表面对光具有较强的反射作用，可以减少辐射热的侵入；深色和粗糙的表面则具有较强的吸热性能。

商品导热性的表示方法因商品的种类不同而有所区别。例如，金属制品用导热系数表示，而保温瓶以一定时间内瓶中水温下降的温度数来表示。

4. 耐热性

耐热性是指商品受温度变化而不致破坏或显著降低强度的性质。商品的耐热性与导热性有关系。导热性大而膨胀系数小的物质，由于膨胀均匀，耐热性就高；反之，耐热性就低。如玻璃制品、搪瓷制品导热性差，在温度变化时，由于导热慢致使各部分受热不均匀，因而容易破裂。有些商品在温度变化时分子结构会发生变化，可能显著降低其性能，如橡胶、塑料制品，在高温时常出现发黏和强度降低的现象，低温时则易发硬变脆。

不同商品其耐热性的表示方法也不同。如玻璃、搪瓷制品，常用于盛装沸水或直接与热源接触，要承受突然发生的温度变化，故其耐热性是用商品所能承受而不致破裂的温度差来表示；橡胶及某些塑料制品的耐热性一般是用一定温度条件下强度降低的百分率来表示。

5. 吸湿性

商品的吸湿性是指商品吸着水分和放出水分的性质。具有吸湿性的商品在潮湿环境中能吸收水分，在干燥环境中能放出水分，其含水量将随着外界温度的变化而变化。吸湿性愈强，商品含水量改变的范围愈大。

商品吸湿与其成分、结构、表面积大小以及外界的温湿度有关。按照吸湿的强弱大体可将商品分为三种类型：一是易溶性商品，如肥皂、碱等，在潮湿的条件下可以大量地吸湿；商品表面吸附水分，进一步还将发生糊化或溶解，严重影响商品的质量。二是吸湿性大的商品，如纸张、皮革制品等，具有较大的表面积，又含有亲水基团。在温度变化时，含水量的变化很大，会使商品的外形、重量、体积和强度等方面都发生相应的改变，对这种商品要注意研究其吸湿的特点以及对质量的影响规律。三是吸湿性小的商品，如玻璃、金属制品等，表面光滑，结构紧密，仅表面具有吸附一些水分的能力，一般吸湿性很小，应着重研究它们对水的化学稳定性。

在商品吸湿过程中，一方面商品表面吸附了水分子，另一方面又有水分子由液态转变为气态，脱离商品表面而解吸。当单位时间内吸附和解吸的水分子数相等时，则达到了吸湿的动态平衡，这时的商品含水量就具有相对稳定性。但是当环境的温度再改变时，又会发生吸湿的平衡移动。气温增高，会增强水分子的解吸功能，加快解吸的速度，促使吸湿平衡向解吸方向移动；相对湿度增高，会加速吸湿的进行，促使吸湿平衡向吸附水分子的方向移动。

商品的吸湿性一般是用含水率或吸湿率来表示。含水率是在一定温湿度下，商品中水分含量占商品湿重的百分率；吸湿率是在一定温湿度下，商品中水分含量占商品干燥重量的百分率。含水率和吸湿率的计算公式如下所示。

$$\text{含水率}=\frac{\text{商品含水量}}{\text{商品重量}}\times 100\%$$

$$\text{吸湿率}=\frac{\text{商品含水量}}{\text{商品重量}-\text{商品含水量}}\times 100\%$$

研究商品吸湿性有利于对商品性能的了解，方便对商品实际重量的计算，并且可以有针对性地对不同商品进行保管养护。

6. 透气性、透湿性和透水性

透气性是指商品能被空气透过的性质。透湿性是指商品能被水汽透过的性质。透水性是指商品能被液态水透过的性质。商品的透气性、透湿性和透水性的区别在于它们透过的物质及其形态和大小都不相同。商品透气、透湿和透水性的大小主要取决于商品的组织结构。商品组织结构松弛，其透气、透湿、透水性都大。同时，商品透水、透湿、透气性大小还与商品的化学成分有密切关系。商品成分中含有亲水基团，或属于多孔性商品，虽然结构紧密，透水性可能较小，但透气、透湿性还是很大的。凡透水的商品都透气、透湿，但透气、透湿的商品不一定都透水。玻璃、搪瓷和金属制品由于其结构和化学成分的特点，透气、透湿性都很小。

由于商品的用途不同，对其透气性、透湿性、透水性的要求也各有不同。对衣着类商品，透气、透湿性是最重要的卫生要求。衣、帽、鞋、袜等应有适当的透气、透湿性，才能使人体蒸发出来的水分和分泌出来的各种气味透过衣物散发。

有些商品由于用途特殊，如雨衣、防雨布、胶鞋等，不仅要求有良好的透气性和透湿性，还要求有很好的不透水性；对包装用的防潮材料则要求具有不透水性和不透湿性。

透气性（或透湿性）通常用透气量（或透湿量）来表示。透气（湿）量是指单位时间内，透过商品单位面积的空气（水汽）的量。透水性一般是用单位时间内，单位面积商品所透过的水量来表示。

因为温度和压力对于测定透气性、透湿性和透水性的结果都有直接影响，所以各种表示方法都有温度与气压或水压等条件的要求。

7. 颜色与光泽

颜色与光泽是日用工业品商品的重要外观性质。颜色与光泽在商品标准中并没有很明确的规定，但在实际上却有不同的需求，并经常随时间的变化而不断变化。如塑料制品的色泽要求鲜明，不应有变色、色调不匀、平光、银纹等现象；无色玻璃制品应透明、洁净而富有光泽，有色玻璃制品应色泽鲜艳、赏心悦目、深浅均匀；香皂色泽应均匀稳定等。

当光照射在商品上，会发生反射、吸收、透射和折射四种现象。太阳光是由波长 330～780nm 之间紫、蓝、青、绿、黄、橙、红光混合而成的可见光。商品可吸收太阳光中某些波长的光，而反射或透过其余波长的光，所呈现的颜色就是被反射或透射的光的混合色。

每种商品对光的照射表现有所不同，因而呈现不同的颜色。对于不透明的商品来说，其颜色是反射色光的混合色。若光被全部反射，商品则呈白色；全部吸收，则商品呈黑色；仅反射红光，则商品呈红色。对于透明的商品来说，其颜色是透过它的色光的混合色。若全部透过，商品呈白色；全部不透过，商品呈黑色；仅红光透过，则商品呈红色。

商品颜色一般是指在太阳光照射下所呈现的颜色。商品的颜色因光源不同而不同。接近太阳光光谱的是日光灯灯光，它可以较正确地显示商品的颜色。

光泽是指商品被光照射后的反光现象。影响商品光泽的因素主要是商品表面的光滑程度。一般来说，商品表面光滑，对光的反射方向基本一致，就会表现出良好的光泽；商品表面粗糙，则光照后会发生漫反射，商品表现为缺乏光泽。光泽好的商品，颜色显得鲜明；无光泽的商品，其颜色深暗而显得陈旧。

（三）力学性质

日用工业品商品的机械性质是指：商品受到外力作用时，抵抗发生形变的能力。在一定程度上可以根据商品的力学性质来判断其坚固耐用性。

力学性能是许多日用工业品商品的重要质量指标。日用工业品由于使用要求不同，对力学性能的要求也有所区别。现从弹性和塑性，强度两个方面进行介绍。

1. 弹性和塑性

日用工业品商品的弹性和塑性是指商品在外力作用时发生形变的性质。商品在外力作用下所产生的形变有弹性形变和塑性形变两种。当物体受到一定外力作用后产生了形变，解除外力后物体又能自动恢复到原来的形状和尺寸，这样的形变称为弹性形变；若解除外力后物体不能复原，这样的形变称为塑性形变。

弹性和塑性的大小一般可用下式来表示：

$$弹性=\frac{L_2}{L_2+L_3}\times100\%=\frac{L_2}{L_1-L}\times100\%$$

$$塑性=\frac{L_3}{L_2+L_3}\times100\%=\frac{L_3}{L_1-L}\times100\%$$

式中，L 为物体的原长度；L_1为物体拉伸后的长度；L_2为伸长的长度中所回缩的长度；L_3为伸长的长度中不回缩的长度。

弹性形变又可分为普弹形变、高弹形变和黏弹形变三种。

在普弹形变下，当外力移去后，物体能迅速地恢复原状；在高弹形变下形变消失得较慢；在黏弹形变下，形变消失得更慢。

在外力作用下，物体产生形变与其内部结构有直接关系。如橡胶的形变与其大分子长链结构以及链上的单链的自由旋转有关。当物体伸长时，它的分子链通过单键的自由旋转而表现出伸长，外力移去后，链又恢复原状而表现出回弹，所以橡胶的形变是一种非常典型的高弹形变。塑料的长分子链间分子排列规整程度不一致，有的部分排列得很规则，不易相对移动，称为晶相；有的部分排列不规则，容易相对运动，称为非晶相。由于某种原因，晶相和非晶相掺杂并存，因此能同时表现出难以运动的黏性和能运动的弹性，这两方面综合起来就叫黏弹形变，又称蠕变。塑料的蠕变表现为在常温下形变拖拖拉拉，复原也不干脆。

物体具有弹性形变的性质称为弹性，这种物体称为弹性体；具有塑性形变的性质称为塑性，这种物体称为塑性体。

实际上，没有一种物体受到外力作用时仅发生一种形变，即没有一种物体仅具有弹性或仅具有塑性。将物体分为弹性体与塑性体只是在一定的条件下具有相对的意义。如钢材和塑料在常温下是弹性体，当温度升高到熔点时，它们又成为塑性体。橡胶在常温下是弹性体，而在－80℃时又变成硬脆的物体。

商品的弹性和塑性还与商品的组织结构有关。组织紧密的商品，一般具有较高的弹性，组织结构松弛的商品则容易出现较大的塑性形变。

研究商品的弹性和塑性，可根据其弹性和塑性的大小及其变化规律，确定商品的科学合理使用方法以及保管养护措施。

2. 强度

商品的强度是指商品抵抗外力破坏作用的能力。强度是表示商品坚固耐用的重要指标。任何商品在外力的作用下都会发生或大或小的形变，同时其内部也会产生抵抗形变以保持原来的形状的力，这种抵抗力叫做应力。随着外力的增大，其形变增加，应力也相应地增加，当增加到一定程度时，形变停止，即达到了物体将被破坏的地步。商品体的强度就是指使商品体破坏所需的最小负荷。

日用工业品对商品的强度在很大程度上取决于其成分和结构。不同成分的商品具有不同的强度；同一成分的商品，结构不同，强度也不同。

玻璃、金属、橡胶和塑料等各种制品的破坏不外乎是原子间的主价键断裂，或分子间的次价键受破坏。商品的破坏往往是先在某些薄弱的部位开始，然后应力更易向弱处集中，使破坏进一步发展，以致整个商品被破坏。商品的薄弱部分可能是在制造中混入了有害杂质、气泡的部位，或因加工不良形成的裂隙处。

皮革、纸张等多孔性商品的破坏有两种现象，一种是纤细材料的断裂，这是化学键或分子间力被外力所破坏的结果；另一种现象是材料的组织间交叉处的分离，或材料的解体。这说明影响这类多孔性商品的强度的因素除材料本身的成分和内部结构外，还有商品体的微观和宏观结构。

各种商品的用途和使用条件不同，在使用过程中所承受的外力的形式也不同，所以各种强度对不同商品有着不同的意义。能普遍反映各类商品坚固耐用的强度指标主要有抗张强度、抗弯曲强度、抗磨强度、硬度和抗疲劳强度等。

（1）抗张强度。抗张强度是指商品抵抗拉伸荷重的能力，又称抗拉强度。拉伸荷重是商品在使用过程中经常遇到的一种外力。商品在承受这种拉伸力作用时，发生长度增加和横切面积缩小的形变，同时产生相应的拉伸应力。当拉伸力超过该商品的抗张强度时，商品就会出现断裂现象。所以抗张强度是许多商品的重要质量指标，如在判断纸张、塑料、橡胶、钢材等的品质时，均需测定其抗张强度。如前所述，抗张强度受多种因素影响。如玻璃成分中含有氧化硅和氧化钙时能提高玻璃的抗张强度；而含有氧化钠和氧化钾时则降低玻璃的抗张强度。又如当玻璃表面存在裂纹或伤痕时，在外力作用下易于断裂。

商品的抗张强度通常是用其试验材料被拉断时的单位断面面积的荷重来表示，单位是牛顿/厘米^2（N/cm^2）。

（2）抗弯曲强度。抗弯曲强度又称耐折度，是指商品抵抗弯曲荷重的能力。物体弯曲时各部分发生不同的形变。当向内弯曲时，在弯曲点处发生弯曲形变的同时，物体外层受拉伸而内层受压缩，使物体内部结构产生不同的位移和应力。

脆性物体的抗弯曲强度很低，当弯曲荷重超过其弯曲强度时就会发生脆裂。柔性物体的抗张强度常小于其抗弯曲强度和抗压强度，当弯曲到某一角度时，承受最大拉伸的部分首先破裂，如果反复弯曲则破裂部分由内外两侧逐渐伸向中层，最后全部断裂。

测定抗弯曲强度的方法有多种：可以检查商品反复弯曲直到断裂时所需的次数；可以将物体弯曲到一定角度看表面是否发生裂纹；可以检查弯曲后是否出现各层分离现象。检查抗弯曲强度的方法应根据商品结构的特点以及商品的用途和使用条件来确定。

3. 抗磨强度

抗磨强度是指商品抵抗其他物体摩擦的能力。两种物体互相摩擦时，较硬的物体不会受到明显的损伤，说明这种商品耐磨强度高。可见，抗磨强度与物体的硬度有着一致性。但是，对于具有交织结构的商品来说，硬度高，其抗磨强度反而低于较软的物体。

工业材料或制品在使用过程中经常遭受摩擦，因此均应具有一定的抗磨强度以保证经久耐用。如轮胎、胶鞋等橡胶制品，在使用过程中经常与其他物体发生摩擦，因而要求具有较高的抗磨强度。

商品抗磨强度的表示方法可分为两类：一类是用在一定条件下物体被磨耗的重量或体积来表示；另一类是用在一定条件下磨耗至破损为止所需要的次数来表示。

4. 硬度

硬度是指商品抵抗较硬物体对其压入的能力。硬度是金属制品、玻璃制品、橡胶制品和塑料制品等的重要质量指标。

物体的硬度与其成分、结构，尤其与原子的排列和分子间的内聚力有关。不同成分的商品，其硬度差异很大。如金属制品比绝大多数塑料及橡胶制品硬度大；同是以聚氯乙烯合成树脂为主要成分制成的塑料制品，有的柔软、有的坚硬，这是因为前者加入了大量的增塑剂和发泡剂，而后者则加入了较多的增强材料。

测定硬度的方法有压入法和划痕法两种。压入法是用硬度测定仪的钢球或金刚石压头，在加载的情况下，对压入的痕迹进行测量。划痕法是选用滑石、石膏、方解石、萤石、磷灰石、长石、石英、黄玉、刚玉、金刚石 10 种标准材料，它们的硬度分别为 1～10，在被测试样表面进行刻划，并对划痕鉴定，以确定被测试样的相应硬度，叫莫氏硬度。如玻璃的硬度常用相对硬度即莫氏硬度来表示，莫氏硬度就是一种刻划硬度。玻璃的硬度在莫氏硬度表上分为4级至8级。铅玻璃最软，硬度为4级；普通玻璃为5级；含氧化硼达15%的玻璃硬度最大。

5. 抗疲劳强度

抗疲劳强度是指商品抵抗外力反复作用的能力。实际上，商品在使用过程中承受着多次多种外力作用，虽然并未达到完全破坏的程度，但在某些部位也会产生微小的裂纹或损伤，如果作用力继续反复作用，这些裂纹将逐渐扩大，旧裂纹互相汇合，商品强度就会降低，直到破损。这就是商品强度的疲劳现象。

抗疲劳强度与作用力的大小、性质和作用时间都有关系，作用力大、时间长、反复作用次数多都会加速商品的疲劳过程。

物体抗疲劳强度通常是用物体承受一定次数的作用力后，抗疲劳强度降低的百分率来表示。

第三节 日用工业品商品分类介绍

通过对日用工业品商品的基本质量要求和结构性质的学习，我们对日用工业品作为一大类商品所具有的一般属性有了一定的了解。但是，日用工业品商品包含着众多种类，而每一种类又有若干品种，其质量要求变化较多。为了更深入地理解日用工业品商品的结构性质与质量问题，我们就洗化用品、塑料制品和皮革类商品三个主要种类进行探讨。

一、洗化用品

洗化商品是指用化学原料制成的用品，包括合成洗涤剂、肥皂、牙膏和化妆品等。

（一）合成洗涤剂

合成洗涤剂是以合成表面活性剂为主要成分，并配有适量不同作用的助洗剂而制成的一种洗涤用品。合成洗涤剂有良好的去垢性和耐硬水性，不受水温限制，节省时间，用途广泛，同时有利于保护自然资源。

1. 合成洗涤剂的组成及作用

（1）表面活性剂。表面活性剂是一种能在低浓度下降低溶剂表面张力的物质。其分子由两个不同部分构成，一段是由一个较长的烃链组成，它是憎水性的，能溶于油但不能溶于水，因此称为憎水基或亲油基；分子的另一端是较短的极性基团，它能溶于水而不能溶于油，称为亲水基。根据表面活性剂在水溶液中离解出来的表面活性离子电荷不同，分为阴离子型、阳离子型、非离子型和两性离子型四大类。表面活性剂分子在水中的排列见图9-1。

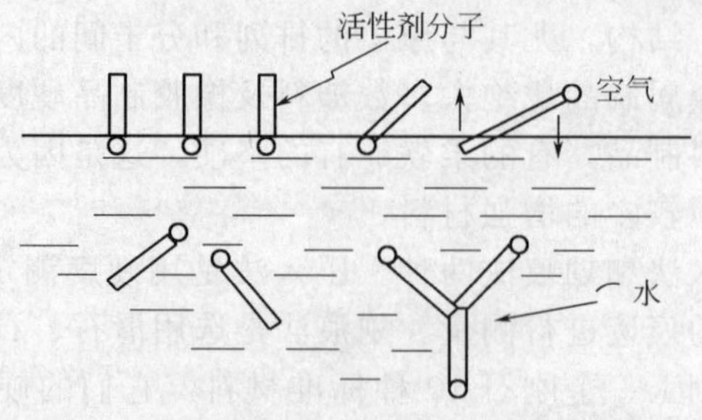

图9-1 表面活性剂分子在水中的排列

阴离子型活性剂常见的有烷基磺酸钠、烷基苯磺酸钠、脂肪醇硫钠等，它适用于在碱性或中性溶液中洗涤，常用于洗涤棉、麻、化纤织品，在工业上用作润湿剂、乳化剂和金属清洗剂；阳离子型活性剂常见的有铵盐型、季铵盐型等，它适用于在酸性溶液中洗涤，这限制了它在日常生活中的使用，它在工业上广泛应用于杀菌、消毒等；非离子型活性剂常见的有脂肪醇聚氧乙烯醚、烷基酚聚氧乙烯醚等，其水溶液呈中性，在碱性、酸性以及金属盐类溶液中都比较稳定，它可与任何类型的表面活性物混合使用；两性离子型表面活性剂常见的有羧酸盐型和甜菜碱型等，它在酸性溶液中成阳离子型，在碱性溶液中成阴离子型，在中性溶液中成非离子型，是一种性能比较全面的活性物，但成本高，限制了其使用量。

(2) 助洗剂、辅助剂。为了提高和改进合成洗涤剂的性能，常加入各种各样的助洗剂和辅助剂以产生协同效应。助洗剂、辅助剂种类很多，常见的有：聚磷酸盐，主要作用是增加洗涤剂的综合性能，是一种良好的助洗剂，但由于易造成环境污染，已逐渐被沸石等所替代；硅酸钠，在洗衣粉中与其他助洗剂同时使用，能起到协同效应的作用；碳酸钠，在碱性条件下具有良好的助洗作用；硫酸钠，一般作为一种辅助助洗剂和填料来加以使用，主要作用是降低成本；抗再沉淀剂，主要作用是阻碍污垢重新沉积于被洗织物；过氧酸盐，利用活性氧，有除斑、漂白作用；荧光增白粉，主要作用是增加被洗织物的白度，使有色织物洗后更显鲜艳悦目；酶制剂，酶在一定温度下对血渍、奶渍、肉汁、牛乳、酱油斑渍等具有分解破坏作用，将酶制剂加入洗衣粉中可使洗涤溶液去污力提高30％～60％。

2. 合成洗涤剂的分类

合成洗涤剂的种类繁多。按商品的外观形态可分为粉状、空心颗粒状、液体状、浆状、块状洗涤剂等；按用途可分为人体用、织物用、厨房用、食品用、住宅用洗涤剂；按活性物含量分为20型、25型、30型洗涤剂；按泡沫多少分为无泡型、低泡型、中泡型、高泡型洗涤剂；按助洗剂特点分为无磷型、加酶型、漂白型、增白型、加香型洗涤剂等。

3. 合成洗涤剂的质量要求

(1) 合成洗涤剂的感官品质指标。优质的洗涤剂应色泽均匀，无异味，受一般外界因素影响应无变质情况；液态洗涤剂则要考虑其透明度、稠度、保存性等；固体洗衣粉颗粒的直径应在0.5～0.8mm，颗粒均匀，视密度在0.28～0.36g/cm^3，流动性好，没有发黏结块、受潮结块现象。

(2) 合成洗涤剂的理化质量指标。表面活性剂的含量以百分比表示，其含量高低涉及洗涤剂类型和去污力大小，不皂化物含量越小越好；pH值，对丝毛型应呈中性，对棉麻型则呈碱性，但小于或等于9.5；去污力、生物降解率越大越好；对人体无害，对皮肤刺激性小等。

(二) 肥皂

肥皂是用油脂与碱经皂化作用制成的高级脂肪酸盐，并辅以各种辅助原料制作而成的产品。肥皂一般为块状，其特点是溶解度好，去污力强，有一定硬度，使用方便，起泡迅速而且丰富等，但不适于在硬水中洗涤。

1. 肥皂的组成及作用

组成肥皂的原料分为主要原料、辅助原料、填充原料。

(1) 主要原料。主要原料为油脂和碱。油脂是制皂的基本原料，要求含量纯净、无杂质、无臭、无味、无酸败；碱在制钠皂时用苛性钠，制钾皂时用苛性钾。

(2) 辅助原料。加入辅助原料的目的是为了提高其特有的性能，如加入香料不但可增加香味，而且具有良好的杀菌消毒功效；加入色料的目的是增加美观；药料主要是消毒剂和防腐剂，但必须适量。

(3) 填充原料。即填充肥皂体积与增加重量的材料，主要包括水溶性填充料，如水玻璃、碳酸钠等；水不溶性填充料，如洗涤陶土、碳酸钙、石膏、滑石粉等，这类填充料以填充体积和降低成本为目的。

2. 肥皂的分类与主要品种

(1) 肥皂的分类如图 9-2 所示。

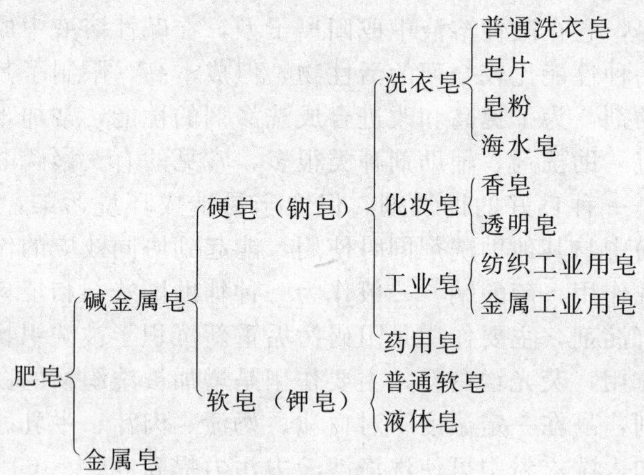

图 9-2 肥皂的种类

(2) 肥皂的主要品种及性能特点。洗衣皂指用于洗涤衣物的块状肥皂，根据脂肪酸含量分为 42 型、47 型、53 型、60 型等；透明皂总脂肪酸含量在 72%左右，具有耐用、碱性小、溶解度大、泡沫丰富等特点；香皂的总脂肪酸含量达 80%以上，用于清洁皮肤，属于化妆洗涤用品，其特点是组织紧密细腻，易于溶解、泡沫丰富、去污力强、对皮肤刺激小、质地纯洁、气味芳香长久、总脂肪酸含量高；药皂是加有杀菌剂的肥皂，不但可以作为一种洗涤剂，而且可以作为一种消毒杀菌剂，总脂肪含量也在 72%左右；液体皂是以肥皂的主要成分和质量优良的合成表面活性剂复配而成的，集中了肥皂和合成洗涤剂的优点，特点是能软化硬水，pH 值在 9 以下，性能温和，使用方便，泡沫力低，去垢力强；金属皂是一种工业用皂，不能溶于水，因此不能作为洗涤污垢之用。

3. 肥皂的质量要求

判断肥皂的质量依据两种质量指标。

(1) 肥皂的感官质量指标。从外观上看，洗衣皂应硬度适中，不发黏，不分离，不开裂，香皂应为干硬，细腻均匀，无裂纹、气泡、斑点、剥离、冒汗等现象。从色泽上看，洗衣皂颜色均匀洁净；香皂色泽均匀而相对稳定。从形状上看，洗衣皂形状端正、收缩均匀，不得有歪斜、变形、缺边、缺角等现象；香皂可以压成各种形状，同样不得有歪斜、缺裂或字迹模糊等现象。从气味上讲，洗衣皂无不良气味；香皂应具有各种天然或合成香料配成一定类型的持久香味。

(2) 肥皂的理化质量指标。以洗衣皂和香皂为例，其理化质量指标分别见表 9-1 和表 9-2。

（三）化妆用品

化妆用品是清洁、保护、美化、营养人体面部和皮肤表面以及毛发等的日常用品。它有令人愉快的香气，能充分表现人体的美，给人以容貌整洁、讲究卫生的好感，有利于人们的身心健康。

表 9-1 洗衣皂的理化质量指标

指标名称	53 型	47 型	42 型
总脂肪酸含量(%)	53	47	42
每块总脂肪酸实际质量不低于标准重量(%)	95	95	95
游离碱(NaOH)不大于(%)	0.3	0.3	0.3
脂肪酸凝固点(℃)	37.0～45.0	37.0～45.0	37.0～45.0
硅酸钠用 SiO_2 表示不小于(%)	2.0	2.0	2.5
泡沫(40℃)最高点不小于(mm)	170	170	160
过 5 分钟后不小于(mm)	160	160	150
40℃±1℃时溶解度(mg/cm^3)	20～35	20～35	20～40

表 9-2 香皂的理化质量指标

指标名称	优级	一级	二级	三级
总脂肪酸含量(%)	80	80	80	80
总脂肪酸含量允许不低于(%)	78.5	78.5	78.5	78.5
游离碱(NaOH)不大于(%)	0.05	0.05	0.05	0.05
开裂不大于(级)	2	3	4	5
糊烂(20℃±1℃)不大于(mm)	2.0	2.0	3.0	3.0
剖面白心气泡不大于(级)	1	2	3	4
脂肪酸凝固点(℃)	37.0～43.0	37.0～43.0	37.0～43.0	37.0～43.0
泡沫(40℃)最高点不小于(mm)	180	175	170	165
过 5 分钟后不小于(mm)	175	170	165	160

1. 化妆品的分类

化妆品可按物理性状和用途来划分。

(1) 按物理性状的不同，化妆品可分为：

① 膏霜类，有雪花膏、香脂、润肤霜、防晒霜、洗发膏等；

② 粉质类，有香粉、爽身粉、香粉饼、胭脂等；

③ 液体状类，有香水、花露水、冷烫水、生发水等；

④ 胶状类，有指甲油、清洁面膜等；

⑤ 笔状类，有眉笔、唇线笔等。

(2) 按用途的不同，化妆品可分为：

① 护肤类，有雪花膏、香脂、奶液、防冻霜、人参霜、珍珠霜、粉刺霜、祛斑霜等；

② 发用类，有发乳、护发素、营养头水、奎宁、染发剂、冷烫水、去屑水、止痒水等；

③ 清洁卫生类，有洗发膏、洗发精、清洁霜、清洁奶、香水、痱子粉等；

④ 美容类，有修面整容水、香粉、指甲油、去光水等。

2. 化妆品的主要品种及性能特点

我们着重介绍雪花膏、香脂、洗发液、香水这四种化妆品。

(1) 雪花膏。雪花膏是硬脂酸、甘油和水在乳化剂作用下而形成的水包油乳化体，是一种半固体膏状化妆品，白似雪花，涂在皮肤上遇热融化，像雪花一样消失，故得名雪花膏。其特点是：搽在皮肤上不油不腻，使皮肤有滋润、滑爽舒适的感觉；水分蒸发后，在皮肤上留下一层透明薄膜，能隔离外界干燥空气与皮肤接触，防止皮肤中的水分过快地挥发，从而调节和保护角质层；有适当的含水量，使皮肤柔软、滋润。适合春、秋和油性皮肤的人使用。雪花膏加入一些特殊成分可形成不同的品种。

(2) 香脂。又名冷霜，是油类物质在乳化剂的作用下形成的油包水型乳化体，外观与雪花膏相似，也是半固体膏状化妆品。其含油多于雪花膏，具有抗寒润肤性能，防止皮肤干燥、皲裂的功能比雪花膏强，适合冬季或干性皮肤的人使用。品种与雪花膏类同。

(3) 洗发液。又名香波，是一种以表面活性剂为主体配方而成的，具有清洁人的头皮和头发，并保持其美观作用的液体洗发用品。其特点是洗涤力温和，无碱性刺激作用，洗后易于梳理和冲洗，可加入营养和药性物质，使洗发、护发、美发融为一体，有去头屑、减皮脂和治头癣等效果。

(4) 香水类。香水的基本成分是酒精和香精，一般香精含量多（15%～25%）且香精质量高的称为香水；香精含量少（3%左右），香精质量较次，且加的香精中有防蚊虫效果的称为花露水。高级香水用天然动物香料和经陈化酒精配制，香味持久；花露水也是一种卫生用品，洒在身上可以除汗臭，防蚊叮、虫咬。

3. 化妆品的质量要求

化妆品的包装应整洁、美观、封口严密，没有泄漏；商标、装饰图案文字说明等应清晰、美观、色泽典雅、配色协调；使用说明书中应写明商标、品名、生产许可证编号、产品用途、生产日期、保质期、厂家厂地、容量或重量、香型、主要原料、使用方法、使用注意事项及安全警告、产品储存条件及方法等。从色泽上讲，无色固状、粉状、膏状、乳状化妆品应洁白有光泽，液状应清澈透明，有色化妆品应色泽均匀一致，无杂色；从组织状态上讲，固状化妆品应软硬适宜，粉状应粉质细腻，膏状、乳状应稠度适当、质地细腻，液状应清澈、均匀、无颗粒杂质；从气味上讲，化妆品必须具有芬芳的香气，香味可根据不同的化妆品选用不同的香型，但必须持久，没有强烈的刺激性；从安全卫生性上讲，要求外观良好，没有异臭，对皮肤和黏膜没有刺激和损伤，无感染性，使用安全等。

二、塑料制品

塑料是以合成或天然的高分子材料为主要成分，可在一定温度和压力下塑制成形，而在常温下保持形状不变的材料。塑料具有质量轻、强度高，化学稳定性好，绝缘性好，着色性好，具有一定的透明度等优点，但有易变形，尺寸稳定性差，导热性、耐热性差，易老化等缺点。由于全球环境变化，塑料的环保问题也越来越被人们所关注。

（一）塑料的组成及作用

塑料主要由树脂和塑料助剂构成。下面分别进行介绍。

1. 树脂

构成塑料的一般是合成树脂。合成树脂是以煤、石油、天然气以及一些农副产品为主要原料，由具有一定条件的低分子化物，通过化学或物理方法结合而成的高分子化合物。塑料中合成树脂的含量一般可达40%～90%。塑料中的助剂也是决定塑料工艺性质和性能特点的内在因素。

2. 塑料助剂

在塑料中加入助剂的目的主要是为了改善加工性能，提高效能和降低成本。不同种类的塑料因成型加工方法以及使用条件不同，所需助剂的种类和用量也不同。常见的助剂如下。

(1) 增塑剂，能增加塑料的柔软性、延伸性、可塑性、降低塑料流动温度和硬度，有利于塑料制品的成型，但抗张强度、弹性模量、介电性质则有所降低。

(2) 稳定剂，塑料制品在加工、储存和使用过程中，在光、热、氧的作用下易老化，为了延缓和阻止老化现象的发生，必须加入稳定剂，主要有热稳定剂、光稳定剂和抗氧剂等。

(3) 阻燃剂，是一类能提高塑料着火温度，延缓燃烧速度或阻止燃烧的物质。

(4) 抗静电剂，是一类能消除或防止塑料表面静电的物质。

(5) 发泡剂，是一类能使塑料产生微孔的物质，这类物质多为随温度变化可气化或产生气体的化合物，前者称为物理发泡，后者称为化学发泡。

（6）着色剂，能改变塑料固有的颜色，美化塑料制品。

（7）润滑剂，是一类能改善塑料加热成形时的脱模和提高制品表面光洁度的物质。

（8）增强材料和填料，为改善塑料性能、降低塑料成本，扩大塑料应用范围而加入的物质，常用的有玻璃纤维、石棉、碳酸钙、滑石粉、纤维素等。

（二）塑料的分类与主要品种

1. 塑料的分类

按塑料的成型性能分为热固性塑料和热塑性塑料两大类。热固性塑料经加热成型后，形成质地坚硬、不溶于任何溶剂的塑料，即使再加热也不能使其软化，只会碳化，它们的大分子为网状结构。常见的热固性塑料有酚醛塑料、脲醛塑料、蜜胺塑料等。热塑性塑料是一类加热软化、冷却变硬的塑料。即使成型后，也可通过再次加热，使其软化，重新成型，它们的大分子为长链型或支链型结构。常见的热塑性塑料有聚乙烯、聚氯乙烯、聚苯乙烯、有机玻璃、聚酯、聚酰胺和硝酸纤维素等。

2. 塑料的主要品种及其特性

塑料的主要品种如下。

（1）聚乙烯塑料（PE）。聚乙烯塑料具有质轻、不易脆化、无臭、无味、无毒、化学稳定性强、绝缘性好、有一定的透气性等特点。聚乙烯按密度可分为高密度、中密度和低密度三种。低密度聚乙烯质地较软，外观呈乳白色半透明状，使用温度在80～90℃，相对密度0.91～0.92，具有较好的柔软性、伸长率和耐冲击性，适用于制造较柔软的制品，如奶瓶、杯子、薄膜等；高密度聚乙烯质地刚硬，耐热性、耐寒性较好，外观呈乳白色不透明状，相对密度一般在0.90～0.96之间，使用温度可达90℃，抗拉强度较高，适用于制造较坚硬的制品，如衣钩、管道、饮料周转箱等；中密度聚乙烯性能介于低密度和高密度之间，适用于制造热水瓶壳、水桶、面盆等。

（2）聚氯乙烯塑料（PVC）。聚氯乙烯塑料的主要特点是色泽鲜艳、不易破裂、结构较为紧密、相对密度可达1.3左右，耐腐蚀，气密性好，硬度和刚性比聚乙烯大，耐老化，电绝缘性好，有较大的机械强度，有很好的阻燃性，耐热性差，使用温度最好在40℃以下，遇冷出现变硬发脆现象，耐光性较差，遇热易变形等。聚氯乙烯塑料在日用品方面主要是制造肥皂盒、鞋底、薄膜等；在工业品方面主要制造管材、板材、建筑材料等。

（3）聚丙烯塑料（PP）。聚丙烯塑料呈乳白色半透明状，是最轻的一种塑料，相对密度0.90～0.91，无毒、无味，力学性能比聚乙烯高，耐冲击、耐磨、耐腐蚀，绝缘性好，并具有良好的拉伸强度、耐热性和气密性，使用温度可达167℃，在没有外力作用下，即使温度达到150℃时，也不会变形，但耐自然老化和耐寒性较差。适用于制造撕裂薄膜、各种容器、家电外壳等。

（4）聚苯乙烯塑料（PS）。聚苯乙烯属硬塑料，敲击时会发出铿锵的金属声响；硬度高、表面光滑、富有光泽；无毒、无味，透光率仅次于有机玻璃；具有良好的耐水、耐光和耐化学性能，特别优异的电绝缘性和低吸湿性；但强度低，脆性大，耐热性低并易于燃烧，长期使用温度只有70℃左右。适于制造牙刷柄、电器外壳、玩具等。

（5）聚酰胺塑料（PA）。聚酰胺塑料呈白色半透明状，无毒、无味、强度高，最大特点是耐磨性好，而且还可以自行润滑，耐油性也好，但耐酸性和耐光性较差。除用于纺织、机械外，大量用于各类刷子、球网、拉链等。

（6）有机玻璃（PMMA）。有机玻璃学名为聚甲基丙烯酸甲酯，最大的特点是既透明又结实，透光率可达92%，比普通玻璃还高，质轻、强度好、脆性小、耐候性好，外观极为美观。加入荧光剂可制成荧光塑料，加入珠光剂可制成珠光塑料，但表面硬度低，耐磨性、耐热性差，使用时超过 90℃即软化变形。适于制造纽扣、文具、眼镜、标牌等。

(7) 酚醛塑料（PF）。酚醛塑料有较好的耐热、耐寒性，不易燃烧，表面硬度高，电绝缘性好，耐热可达 180℃；耐腐蚀性也好，不易老化，对各种油类和溶剂具有较强的抵抗力；但色泽比较深暗、脆性较大，吸水性也较大。适于制造纽扣、锅壳把手、电器零件等。

(8) 脲醛塑料（UF）。脲醛塑料色泽鲜艳，表面硬度高，耐热、耐寒、耐磨性、电绝缘性好，耐油且不受弱碱和有机溶剂的影响，但不耐酸。其耐热性、耐水性和化学稳定性比酚醛塑料差，适于制造纽扣、电器开关插座、贴面板等。

(9) 蜜胺塑料（MF）。密胺塑料无毒、无味、耐酸碱，表面硬度和耐冲击强度都比较高，制品不易破碎，吸水性低，耐热性好，能长期在 120℃左右使用，沾上污渍后易清洗，但破损后难以修补。用于制造各种食具、电器的绝缘零件等。

(10) 硝酸纤维素塑料（CN）。硝酸纤维素塑料本身无色透明，着色性能好，最大特点是质轻，弹性特别好，最大缺点是易燃。适于制造乒乓球、文具、眼镜架等。

（三）塑料的外观质量要求及鉴别

1. 塑料的外观质量要求

塑料品种很多，结构与造型各异，一般要求外形完整且无缺陷，表面光洁平滑，无凹凸现象，无皱纹、裂痕、小孔麻点等，有色制品要求光泽均一，不可混有杂色或深浅不均。透明制品必须去杂彻底，有一定的透明度和光泽度，无水泡、裂纹；吹塑成型的各类容器制品要求厚薄均匀；塑料薄膜制品则需注意砂眼杂质；装配类塑料品尺寸规格必须符合要求等。

2. 塑料制品的外观鉴别

从各种塑料的外观特征如色泽、透明度、光滑性、手感、表面硬度、敲击声及将其放入沸水中等来区分和判断塑料种类。各种塑料的外观特征如下。

(1) 聚酰胺。表面光滑坚韧，色泽淡黄，敲击时无清脆声。

(2) 酚醛。表面坚硬，轻脆易碎，断面结构松散，多为黑色、棕色的不透明体，敲击时发出木板的沉闷声，俗称电木。

(3) 脲醛。表面坚硬，轻脆易碎，断面结构紧密，大多为浅色半透明体，并有玉石之感，俗称电玉。

(4) 蜜胺。外观手感似瓷器，表面坚硬光滑，断面结构紧密，沸水中不软化。

(5) 硝酸纤维素。富有弹性，用柔软物摩擦表面能产生樟脑气味。

3. 塑料的燃烧鉴别

因为不同塑料燃烧时，会产生不同的化学反应，表现出不同的反应状态，因此我们可以根据不同塑料的燃烧特性进行塑料种类的鉴别。此法具有简单迅速的特点，但需选取小块试样。各种常见塑料的燃烧特征如表 9-3 所示。

用燃烧法进行塑料检验时，必须采用无烟火焰。检验时用镊子夹小块塑料，放在火焰中燃烧，然后离开火源，仔细观察塑料在燃烧过程中的各种状态和气味，进行检验。

三、皮革类商品

皮革是指毛皮和革的总称，一般把革制品称为皮革制品，把毛皮制品称为裘皮制品。皮革是指动物皮经过一系列物理的、化学的加工处理后所获得的变性物质。随着科学技术的发展，人造革、合成革制品已成为皮革制品的一个重要组成部分。

表 9-3　塑料的燃烧特征

塑料名称	燃烧难易	离火后是否自熄	火焰的特点	塑料的变化状态	气味
聚氯乙烯	难	离火即灭	黄色、下端绿色，有白烟	软化	刺激性酸味
聚乙烯	易	继续燃烧	上端黄色，下段蓝色	熔融、滴落	与燃烧蜡烛的气味相似
聚丙烯	易	继续燃烧	上端黄色、底部蓝色，有少量黑烟	熔融、滴落膨胀	石油味
聚苯乙烯	易	继续燃烧	橙黄色、浓黑烟	融化、起泡	特殊臭味
有机玻璃	易	继续燃烧	浅蓝色、顶端白色	融化、起泡	有水果香味
尼龙	缓慢燃烧	慢慢熄灭	蓝色、顶端黄色	熔融、滴落	特殊羊毛、指甲烧焦味
硝酸纤维素	极易	继续燃烧	黄色	迅速完全燃烧	无味
电木	难	熄灭	黄色火焰	颜色变深有裂纹	木材和酚味
电玉	较难	熄灭	黄色、顶端蓝色	膨胀、有裂纹，燃烧处变白	特殊的甲醛刺激气味

(一) 天然皮革的种类及特点

1. 制革原料皮

原料皮来源于动物界，以猪皮、牛皮、羊皮为主，有少数马、驴、骡、鹿、驼皮等，其他皮较少，其来源如图 9-3 所示。

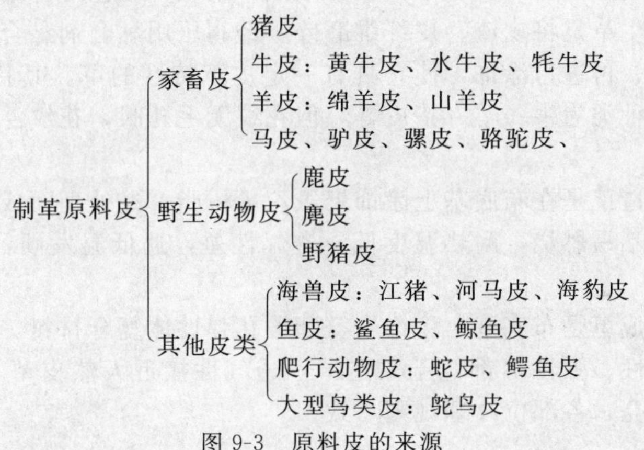

图 9-3　原料皮的来源

2. 皮革的种类

皮革的种类很多，按原皮种类可分为牛皮革、猪皮革、羊皮革、马皮革、麂皮革等；按整饰加工可分为正面革、绒面革、修面革、多脂革等；按皮革用途分为鞋面革、服装革、箱包革、沙发革、皮带革，以及工业革、装具革等。每类中又可细分为小类，如鞋用革又分为鞋面革、鞋底革、内底革、沿条革等。

3. 皮革的性能特点

皮革与纺织品以及橡胶、塑料比，有以下优点。

(1) 具有良好的耐热性和耐寒性。皮革制品一般在热水中的收缩温度都在 60℃以上，有些革甚至在沸水中也不收缩。通常热至 120～160℃时也不变形；在冰雪严寒的冬天，甚至在－50～－60℃时，仍保持一定的柔软性和坚固性。

(2) 具有较高的机械强度。其耐磨强度、抗张强度、拉伸强度和耐折度等在一定的程度上都比橡胶、塑料好；其延伸性和变形性都好于橡胶、塑料。

(3) 由于革属于多孔性的变性物质，因此具有保温性、透气性、透湿性和卫生性。

(4) 革具有很好的着色能力，因此它具有鲜艳的颜色和很好的光泽。

皮革的主要缺点是耐水性差，因为皮革里填充着可溶性物质，当这些可溶性物质遇到水，就会被水溶出来，这样皮革就变得疏松而不耐磨，也容易破裂。此外，皮革的耐酸碱能力较差。又由于皮革的原料主要来源于动物皮，价格也较贵。

（二）皮革的外观特征

（1）猪皮革。表面毛孔圆而粗大，毛孔以倾斜方向伸入革内，而且每三个毛孔排列成一组，呈品字形，每组相隔较远，革面比较粗糙，成革机械强度较高。

（2）黄牛皮。表面毛孔细小而呈圆形，分布均匀而紧密，但排列不规则，好像满天星斗，革面丰满细致，手感坚实而富有弹性，毛孔也较直地伸向里面。

（3）水牛皮。表面毛孔比黄牛皮粗大而稀少，革面较松弛，成革粒面比黄牛皮粗糙，但成革机械强度大。

（4）山羊皮。表面毛孔清楚，呈扁平圆形，革面细致，纤维紧密，粒纹是在半圆形的弧上排列二至四个针毛，周围有大量的细绒毛孔，形成有形粒纹，成革坚实，强度较大。

（5）绵羊皮革。革面较松，毛孔细小，呈扁圆形，由几个毛孔构成一组，排成长列，似鱼鳞形或锯齿形，分布均匀，手感柔软，但坚牢度不如山羊皮革。

（6）马皮革。表面毛孔不明显，仔细观看时能发现椭圆形，比牛皮革毛孔略大，斜伸向成革内，有规律地排列成山脉形状，革面较为细致、柔软，但色泽昏暗，不如牛皮光亮。

（7）再生革。再生革是将皮渣、皮纤维磨碎，经高压用黏合剂黏合，形成片状，然后经片机片到需要的厚度，再进行涂饰，使它具有一定皮革特性的革。其特征为，粒面经修饰，然后压上花纹，花纹种类为牛、羊、猪皮等，但花纹无毛孔眼，花纹浮在皮表层上，表面光泽亮，塑料感强。

（8）人造革。人造革是在布底基上涂饰聚氯乙烯树脂，经处理而成的革。其特征为，质地柔软，富有弹性，不易燃烧，耐热温度低，透气性差，遇低温发硬，塑料感强，光泽亮，冬天摸有冷凉感。

（9）合成革。合成革是布底基上涂饰聚氨酯微孔弹性体复合材料。其特征为，表面硬度高，机械强度、耐磨性、弹性等都优于人造革，透气性接近天然皮革，低温下质地同样柔软，塑料感强，光泽亮，各部位纹理规则一致。

（三）常用皮革的外观质量要求

（1）鞋面革。要求有一定的延伸性和可塑性，革身柔软、丰满、有弹性；穿用时，斜面要受反复的拉伸、曲折作用，要求有耐拉伸、耐曲折、耐碰擦的性能，不易断裂；穿用时舒适，要求有优良的耐水性、透气性和透水气性。

（2）鞋底革。外底革要求耐磨性能特别好，抗压缩和耐弯曲变形能力强，身骨好，吸水性小，受潮干燥后变形小，革面平整光滑细致，不裂面，无管皱龟纹，颜色均匀一致；软底革则要求厚度均匀一致，不应有发脆、僵硬、延伸过大、不牢等缺点；内底革要求耐汗性和耐温热稳定性好。

（3）鞋里革。要求平整细致，质地薄而柔软，略有光亮，不能喷染溶于水的色料。

（4）服装革与手套革。服装革质地应丰满柔软，具有良好的透气性，革身厚度均匀一致，革面应细致美观，染色均匀牢固，无脱浆、裂浆、散光现象，并能耐熨烫而不变色。手套革与服装革相似，质地更应柔软丰满而有弹性，厚薄均匀，不得有色花、刀伤，染色牢固。

（5）箱包革。要求色泽均匀，革面平整，具有适当的坚韧性和耐磨性。

（6）沙发革。要求革身丰满柔软，弹性好，耐干湿，摩擦性好，具有良好的吸汗性能。

涂饰层黏着牢固，不掉浆，不发黏，色泽鲜艳，光泽好，经久耐用，不易老化。

【案例点击】▶▶

皮鞋的鉴别和保养

皮鞋是用猪皮、牛皮、羊皮、马皮或合成革等主要材料做鞋帮，以皮革、橡胶、塑料等材料做鞋底，鞋底与鞋帮采用模压、硫化、胶粘、线缝和注压等工艺加工制成的鞋类。皮鞋在鞋类产品中属于比较高档的商品，因此其质量要求也较高。一般说来，皮鞋的质量应符合穿着舒适、外表美观、坚固耐久三方面的要求，各级皮鞋都有其相应的质量标准。

对于鞋帮的主要质量要求是：前帮不能有明显的伤痕，包头应细致光亮，颜色一致；后帮的非显露部位可允许有轻微伤残，但不能有裂面、掉浆脱色等缺陷；跟型要有似鹅蛋形的弯势，后帮高低适当，不卡痛踝骨；鞋里应无皱褶、明伤、油污；鞋跟的距离相等，左右均匀对称，无破裂不平现象；主跟和内包头需要下部坚硬，上部柔软而有弹性。

对于鞋底的主要要求是：膛底无露线或露钉尖等现象；沿条平整，宽均匀；大底无裂面或其他明伤，槽口整齐，无破裂露线等缺点；鞋跟平整，高度一致；大底、沿条、鞋跟的厚度都必须符合规定。此外，缝线均匀整齐，针码符合标准，每双鞋的左右两只应具有相同的质量。

除了以上对皮鞋的主要结构要求之外，在选购皮鞋时还应注意皮鞋的造型是否优美。皮鞋的跟形和皮鞋的整体外观造型要好看。随着国内外流行式样的变化，皮鞋不断推陈出新，选购时应挑选线条舒展、造型具有立体感、式样新颖、色彩雅致的鞋。皮鞋的色泽多样，挑选时要注意与搭配的服饰整体协调。如毛料服装可和牛皮鞋搭配。

由于皮革特有的化学性质、物理性质和机械性质，在保养皮鞋时应注意以下几点。

• 防潮湿。皮革含水量为16%～18%，在正常温度条件下能保持平衡。当湿度增高时，皮革将吸收水分，水分过大就容易发霉。不仅表面会产生难以消除的霉斑，革质强度也会降低。因此，保养皮鞋首先注重防潮，存放和陈列的地方要干燥通风，离地面和砖墙远些。

• 防热。皮革除含有一定量的水分外，还需含有一定量的油脂，以保持其柔软和光泽。若保管环境温度过高，皮革水分蒸发，革面纤维干枯发脆，可能出现裂面和变形的现象；若积热不散，又将引起油脂的分解变质，降低皮革的强度和韧性，同时也易引起橡胶和塑料配件的老化。所以，养护皮鞋不应使之受日光照射；不应靠近炉火、暖气管、电热器具等。

• 防酸碱。皮革接触到带有酸碱性的物质，会由于腐蚀作用而使皮面产生裂纹、折断、降低韧性和弹性，因此不能和肥皂、碱面、化工原料以及一些副食品放在一起。

• 防虫蛀和鼠咬。皮革本身含有动物蛋白质纤维和油脂成分，很容易被虫蛀或鼠咬，保养皮鞋必须注意防虫防鼠。

• 防尘。尘埃落附在鞋面上能吸去表面层油脂，使革面变得粗糙和僵硬。当油脂含量降低后，皮革表面更易吸潮发霉，保养时必须注意保持皮鞋的洁净。

• 防挤压。皮鞋不可挤压，以免变形走样。不能受硬物摩擦，堆码时也不能过高，防止重压变形。

总之，皮鞋应妥善存放，对存放条件的要求是：阴凉、干燥和密封，存放空间温度以不超过30℃为宜，相对湿度保持在50%～80%之间。为了防止发霉，可在皮鞋表面喷刷防霉剂；为防止生虫，应加放樟脑丸等。

问题分析：对照案例中的皮鞋保养方法，分析其原理。

【任务设计】

日用工业品类商品特性分析与质量鉴别

1. 任务目标

(1) 以具体商品为例，通过实验，了解各种日用工业品的种类、特点、鉴别方法；

(2) 培养学生根据商品质量特性，对商品进行鉴别的能力。

2. 案例引入

某商店新进一批塑料制品，请帮助判断各种塑料制品的种类、质量优劣、并说明判断依据。

3. 实施步骤

(1) 指导教师首先向学生讲解日用工业品类的基本知识；

(2) 将学生分为6～7组，每组7～8人；

(3) 准备常用的热塑性塑料制品（如：塑料鞋、塑料袋、塑料杯等）若干，常用的热固性塑料制品（如：塑料碗、电器开关、纽扣等）若干；

(3) 组织各组学生进行塑料种类鉴别；

(4) 组织各组学生进行塑料质量鉴别；

(5) 选定若干名学生在全班进行交流，以锻炼学生驾驭语言的能力。

4. 检查评价（见表9-4）

表9-4 日用工业品类商品特性分析与质量鉴别结果评价标准表

被考评人					
考评地点					
考评内容	日用工业品类商品特性分析与质量鉴别				
考评标准	内容	分值	自我评价	他人评价	教师评价
	塑料种类鉴别、特性分析准确	40			
	塑料质量鉴别准确	40			
	团队协作良好，语言表达能力强	20			
合计		90			
总分					

【思考题】

1. 日用工业品商品都有哪些基本的质量要求？

2. 什么是日用工业品商品的耐用性？如何看待一次性商品的耐用性？

3. 什么是日用工业品商品的安全卫生性？举例说明日用工业品商品都有哪些具体的安全卫生要求？

4. 大分子链的形式及其性质有哪些不同？

5. 大分子链的构象对商品的性质有何影响？

6. 高分子物结晶和取向与产品性质有什么关系？

7. 什么是日用工业品商品的化学稳定性？其影响因素有哪些？

8. 何谓商品的透气性、透湿性和透水性？其影响因素有哪些？

9. 什么是商品弹性形变和塑性形变？弹性形变有哪些种类？

10. 试述商品强度及其种类。

第十章 服装商品

［知识目标］

1. 掌握纺织纤维的分类及其主要特点；
2. 掌握纺织品的质量指标；
3. 了解服装的质量要求及检验；
4. 了解服装的概念、基本功能、分类。

［能力目标］

1. 具有纺织纤维的感官鉴别的能力；
2. 具有服装设计和服装穿着基本常识的能力。

［必备知识］

随着人们生活水平的提高，服装商品在人们生活中扮演着越来越重要的角色，服装商品的功能也在不断扩大，除了传统的实用功能外，美化和标志功能逐渐加强。然而作为服装基本原料之一的纺织纤维种类繁多且性能千差万别，同时服装商品种类繁多。正确选购适合自身需求质量过硬的服装商品，并能根据商品材质合理保养，不但能突出消费者的气质、品位，还可以延长服装的寿命。

第一节　纺织纤维概述

纺织纤维是最基本的服装原料之一，不同的纺织纤维特性千差万别，所制作的服装特点各不相同。对消费者来讲，正确认识和了解纺织纤维对选购和保养服装来讲颇具意义。

一、纺织纤维的定义

纤维是天然或人工合成的细长柔韧物体，其直径一般细到几微米到几十微米，长度则比直径大千百倍，如棉花、肌肉、毛发等。纤维的种类很多，但并不是所有的纤维都可以用来纺纱织布。我们通常把那些可以用来制造纺织品的纤维称为纺织纤维。如毛、丝、麻等。

用作服装原料的纺织纤维要符合纺织加工和服用的要求，必须具备以下几个特点。

（1）具有一定的长度、细度。纺织纤维的长度必须在数十毫米以上，一般不能短于10mm，纤维短、浮游纤维多，不利于成纱质量。纺织纤维的细度则要求在一定的粗细范围内。

（2）具有一定的强度和可挠性。强度通常指拉断一根纤维所需要的力，代表着纤维的耐用性，一般可用断裂强度表示。可挠性表示纤维抵抗弯曲变形的能力，可反映纤维的弹性和延伸性，是纤维最重要的性质之一。弹性是纤维变形后的回复性；延伸性即加力使纤维被拉断时，伸长的长度与原来长度的百分比。

（3）具有一定的可塑性。可塑性指在湿、热及压力下，纤维可以被塑造成固定形状的性能。

（4）具有一定的化学稳定性。纺织纤维的化学稳定性是指其应对热稳定，在水或其他普通溶剂中不溶解或很难溶解，对酸、碱、氧化剂等化学物质有一定的耐受和抵抗能力。

（5）具有良好的吸湿性、保暖性、染色性能。吸湿性指纺织纤维从空气中吸收水分或向空气中散发水分的能力，这是对人体舒适感的要求。保暖性是阻止人体热量向外界流失的性能。染色性能指利用染料和纺织纤维之间发生化学物理作用，使染料附着于织物上，从而形成各种不同的色泽，且具有一定的牢度。

二、纺织纤维的种类及性能

纺织纤维是构成面料的基本材料，按照其来源和组成一般可分为天然纤维和化学纤维两大类。

（一）天然纤维

天然纤维是从自然界的动物、植物或矿物中直接取得的纺织纤维。常规的天然纤维有棉、麻、丝、毛等。随着现代科学技术的发展，又出现了很多新的优质天然纤维，如菠萝叶纤维与现在普遍使用的竹纤维。天然纤维普遍具有较好的热稳定性，其制成品透气、吸湿、保暖、舒爽，而且天然纤维自然的风格与相应的加工工艺相结合，能最大限度地满足人们对服饰美的追求。可见天然纤维的综合性能最符合人体卫生要求，因此天然纤维被认为是最理想的服装材料。

1. 天然纤维的种类。

天然纤维一般可以分为植物纤维、动物纤维和矿物纤维三种。

（1）植物纤维。植物纤维又称天然纤维素纤维，是从植物的种子、果实、茎、叶等处取得的纤维，其主要成分为纤维素。植物纤维包括种子纤维（如棉、木棉）、韧皮纤维（如苎麻、亚麻、黄麻、槿麻、罗布麻）、叶纤维（如剑麻、蕉麻）以及果实纤维（如椰子纤维）等。

（2）动物纤维。动物纤维又称天然蛋白质纤维，是从动物的毛发或分泌物等中取得的纤维，其主要组成成分为蛋白质。动物纤维包括毛皮纤维（如羊毛、兔毛、驼毛、牦牛绒、山羊绒）和丝纤维（如桑蚕丝、柞蚕丝、蓖麻蚕丝、木薯蚕丝）。蚕丝是天然纤维中唯一的长纤维，其他天然纤维均是短纤维。

（3）矿物纤维。矿物纤维又称天然无机纤维，是从纤维状结构的矿物岩石中提取的纤维。矿物纤维主要指各类石棉。

2. 主要天然纤维的性能与特点。

大量用于纺织品的天然纤维主要是棉、毛、麻、丝四种。

（1）棉纤维。棉纤维属于种子纤维，主要生在美国、埃及、苏丹、秘鲁和中亚各国，我国除新疆大面积种植外，广东、河南等地区也有种植。在所有天然纤维中，棉纤维产量最多，用途也很广，除大量用于衣服、床单等生活用品之外，还可用于工业如作帆布，传送带，也可用作保温用的填充材料。

按棉花品种的不同，棉纤维可以分为长绒棉、细绒棉和粗绒棉三种。长绒棉细且长，细度约 15～16 微米，长度在 33 毫米以上，色泽乳白或淡棕色，富有丝光，品质优良，常用于纺织高档轻薄和特种棉纺织品。长绒棉的产量约占棉纤维总产量的 10%左右。细绒棉细度约 18～20μm，长度约 25～31mm，色泽洁白或乳白，有丝光。细绒棉的产量在棉纤维中占 85%以上，是产量和用量最大的品种。我国种植的棉花大多属于细绒棉。粗绒棉品质低劣，现在市场上很难见到。

棉纤维最大的特点是柔软舒适、亲和皮肤，对皮肤无刺激。棉纤维耐热性好，100℃以下不受损坏，150℃时会分解，320℃时才会起火燃烧。棉纤维具有较强的吸湿性，可以吸附人体汗液，使体温迅速恢复正常，真正达到透气效果。因为棉纤维吸湿性强，所以其具有较好的染色性能，一般染料均可对棉纤维染色，且吸色性及色牢度也比较好。棉纤维是电的不良导体，一般不易产生静电，不起球。棉纤维在天然纤维中耐日晒性能较好，但不如亚麻和羊毛。棉纤维耐碱性好，遇碱一般不会发生破坏，因此在纺织工业上常常利用这一特性对棉纤维进行“丝光工程”处理，使其光泽度和染色性提高；但浓碱对棉纤维有破坏作用。然而棉纤维不耐酸，常温下 65%浓硫酸即可将棉纤维完全溶解。棉纤维强度在天然纤维中是最低的，其弹性差，其服饰制成品易起皱。此外，棉纤维的耐生物性差，易发霉，但不易被虫蛀。

(2) 毛纤维。毛纤维一般指绵羊毛纤维，属于动物纤维。我国是世界主要产毛国之一，俄罗斯、澳大利亚、新西兰、阿根廷等国也是世界较为著名的产毛国。尽管羊毛纤维的产量比棉纤维少得多，但它却是优良的纺织原料，其制成品大多档次较高。羊毛纤维是毡制品和地毯的上好原料。

毛纤维从截面形态结构上看，可以分为无髓毛、两型毛和有髓毛三种类型。无髓毛又叫真毛、绒毛或细毛，其纤维较细，外层鳞片多，卷曲多，颜色洁白，呈银丝光，均匀、柔软，品质优良，纺织价值最高；两型毛又叫半细毛，其纤维一端似无髓毛形态，另一端却似有髓毛形态，或者两者交替出现，纤维粗细差异较大，纺织价值低于无髓毛而高于有髓毛。有髓毛，又称发毛和粗毛，其纤维一般较粗长、鳞片少、无卷曲、无光泽，呈不透明白色，纺织性能差，只能制作粗纺呢绒或制毡用。羊毛纤维的粗细因羊的品种、产地而不同，世界闻名的细羊毛是澳大利亚美利奴羊所产之毛。同产地、同品种的羊所产羊毛因其结构不同也有区别。羊毛纤维最细的只有 7 微米，粗的可达 240 微米。一般羊毛越细，细度越均匀，弹性、光泽、手感越好，强度也越高，价值也就越高。但是从羊身上直接剪下的原毛是不能直接用来纺织的，必须经过选毛、开毛、洗毛、炭化等初步加工，才能获得较为纯净的羊毛纤维。

羊毛纤维的吸湿性在天然纤维中是最高的，一般大气条件下，其回潮率为 15%～17%，手感不觉潮湿。羊毛纤维的拉伸强度是常用天然纤维中最低的，其断裂长度只有 9～18km。一般羊毛细度较细，髓质层越少，其强度越高。但是羊毛纤维拉伸后的伸长能力却是最大的，其断裂伸长率干态可达 25%～35%，湿态可达 25%～50%，去除外力后，伸长的弹性恢复能力是常用天然纤维中最好的。所以尽管羊毛纤维的相对强度低，但良好的弹性使羊毛织物，不易产生折皱。羊毛纤维在天然纤维中耐日光性最好，染色性能较植物纤维强，耐热性和耐低温性良好，具有较好的可塑性。羊毛纤维是热的不良导体，具有较好的保暖性能。羊毛纤维耐酸不耐碱，较稀的酸和浓酸短时间对羊毛的损伤不大，所以常用酸去除原毛中的杂质，有机酸是羊毛染色中的重要促染剂。羊毛受到碱的破坏后，会使纤维的强度下降，颜色变黄或溶解。羊毛纤维柔软，具有非常好的手感且坚固耐用。但是，羊毛纤维耐微生物性能差，易虫蛀，保管时必须小心。

毛纤维中的其他动物纤维主要有兔毛、马海毛、山羊绒、牦牛绒、骆驼绒等。其中兔毛洁白、细柔、保暖性好，但较脆弱，抱合力差，其制品虽柔软蓬松美观别致，但易脱毛。马海毛指的是安哥拉山羊毛，主要产于美国、土耳其和南非等地。马海毛纤维很长，光泽与白度比羊毛好，其制品有很好的弹性、手感和亮度，质轻而蓬松柔暖。山羊绒是山羊身上的短绒毛，是珍贵、高档的纺织原料，有“软黄金”之称。山羊绒纤维纤细均匀，柔软而富有弹性，光泽柔和，重量轻、保暖性好，其制品外观华丽高雅、手感柔软、穿着舒适。我国是世界第一大山羊绒生产国。牦牛绒是一种可与山羊绒媲美的高档纺织原料，其颜色多为黑褐色和黑色，保暖性强。牦牛绒主要产于我国西藏地区。骆驼绒有良好的保暖性，其弹性较羊绒、兔毛好，强度高，光泽好，但缩绒性差，常用于生产粗纺呢绒、毛毯和针织绒等。

(3) 麻纤维。麻纤维指的是从一些植物韧皮部、叶子或叶鞘取得的单纤维或工艺纤维，属于植物纤维。纺织上使用较多的苎麻是中国特产，亚麻主要产地是俄罗斯和我国黑龙江地区。麻纤维大多数用于制作绳索、渔网、麻袋、地毯等，如剑麻、黄麻。少数纤维可作为纺织纤维，用于做衣服，装饰织物等。

麻纤维的主要成分是纤维素，还含有果胶质、木质素等共生物。纤维素含量越多，麻纤维品质越好；果胶质含量越多，麻纤维越粗糙发硬，易折断；木质素含量越多，麻纤维在日光照射或受潮时越易变色。

麻纤维在天然纤维中强度最大，苎麻居首，亚麻次之。麻纤维的吸湿性比棉纤维还要强，散湿速度快，较棉纤维快25%左右，穿着麻织品凉爽舒适。麻纤维是电的不良导体，有很好的电绝缘性。麻纤维相互之间的低抱合度使其易起毛、不耐磨，影响了麻织品的耐穿性。麻纤维染色性较差，不易漂白，其纺织品的色泽一般都淡雅、朴素。麻纤维和棉纤维相似，耐酸不耐碱，若经碱处理则可增加柔软和洁白度。

纺织上使用较多的麻纤维是苎麻和亚麻。苎麻又叫“中国草”，是中国特产。苎麻纤维的强度在天然纤维中是最高的，长度是麻类中最长的，最长可达250mm。苎麻纤维刚性大，其织物硬挺滑爽，但弹性差，伸长小，易起皱。苎麻织物吸湿快、散湿快、透气凉爽，是夏季穿衣的理想选择。亚麻强度与苎麻接近，虽比苎麻柔软，但比棉纤维硬挺，其织物挺直，但弹性差，皱后不易回复。亚麻织物的吸湿、散湿速度仅次于苎麻，因此也常作为夏季服装的理想选择。

(4) 蚕丝纤维。蚕丝是一种化学成分复杂、与众不同的动物长纤维，尽管其产量不高，但它是纺织高档原料之一。我国是世界上最早种桑、养蚕、缫丝、织绸的国家，迄今已有6000多年历史。

蚕丝一般可以分为桑蚕丝和柞蚕丝两种。桑蚕丝（俗称真丝）是以在室内饲养、以桑树叶为饲料的家蚕茧缫成的，颜色大多为白色，有象牙光泽，手感柔软、滑爽而富有弹性。柞蚕丝又叫野蚕丝，是以野外放养的柞蚕茧缫成的，比桑蚕丝粗，没有桑蚕丝白。柞蚕丝一般用于织造中厚织品和各种装饰绸，是丝织品中风格粗犷狂放的一类织物。

蚕丝品性优良、外观优雅，被称为纤维“皇后”。蚕丝的主要特点是细而长，因为太细，通常需要将数根蚕丝合并处理后，再织造。其次，蚕丝具有较好的吸湿性，在20℃、相对湿度为65%的标准条件下，家蚕丝的吸湿率达到10%左右，在纺织纤维中属于比较高的，而柞蚕丝又比家蚕丝高些。所以穿着真丝服装使人体具有滑爽、舒适、凉快的感觉，同时也可以防止湿疹、皮肤瘙痒等皮肤病的产生。蚕丝光泽柔和润亮，抗静电的特性是其他纤维所不能比的。蚕丝耐热性较强，能承受100℃的高温，130℃开始泛黄发硬，其分解点在150℃左右。但是蚕丝的耐光性能差，日照容易泛黄。此外，蚕丝纤维是一种弱酸性物质，抗酸碱能力较弱，酸碱都会促进蚕丝纤维的水解。

（二）化学纤维

尽管人类利用天然纤维的历史悠久，其制成品也更为适合人体穿着，但因天然资源的有限性和制造成本价格偏高等原因，人们开始利用价格更便宜、来源更丰富的原料来纺纱织布，它们便是化学纤维。

化学纤维是用天然的或人工合成的高分子化合物为原料，经过化学合成或机械加工制造出来的具有纺织性能的纤维。化学纤维具有强度高、耐磨、密度小、弹性好、不发霉、不怕虫蛀、易洗快干等优点，但其缺点是染色性较差、静电大、耐光和耐候性差、吸水性差。随着化工行业的发展而兴起，化学纤维已经成为纺织纤维的主体，尽管化学纤维在某些单方面品性上接近甚至优于天然纤维，但其综合性能不如天然纤维。

1. 化学纤维的种类

根据高分子化合物来源的不同，化学纤维一般可以分为人造纤维与合成纤维两大类。

（1）人造纤维。是以天然高分子化合物（如天然纤维素、蛋白质、无机物）为原料，经过制浆喷丝制成的纤维。人造纤维是最早出现的化学纤维，也是化学纤维中生产最多的品种。人造纤维的化学成分接近天然纤维，其性能也近似天然纤维。人造纤维包括人造纤维素纤维（如黏胶纤维、天丝纤维、铜氨纤维和醋酸纤维）、人造蛋白质纤维（如大豆纤维、花生纤维、牛奶纤维和酪素纤维等）、人造无机纤维（如玻璃纤维、金属纤维、陶瓷纤维和碳纤维等）和特种有机化合物纤维（如甲壳素纤维、海藻胶纤维等）。

（2）合成纤维。合成纤维是以石油、天然气、石灰石等高分子化合物为原料，提取出低分子化合物，再合成为仿丝、仿毛、仿棉的高分子纤维。合成纤维的特点是弹性好、强度高、耐磨、不易虫蛀，不易霉、但吸湿性差，染色一般比较困难。合成纤维可以根据需要切割成不同长度或直接使用长丝。其统一的燃烧特点是熔融成滴。常见的合成纤维主要包括聚酯纤维（如涤纶）、聚酰胺纤维（如锦纶）、聚烯烃类纤维（如腈纶、丙纶）、含氟纤维（氟纶）、聚氨酯纤维（氨纶）等。

2. 主要人造纤维的性能与特点

（1）黏胶纤维。黏胶纤维属于人造纤维素纤维，可以用其制造长丝和短纤。长丝可用于丝绸类织造上，俗称人造丝；短纤可用于棉、毛类织造上，分别被称为人造棉、人造毛。黏胶纤维的性质接近天然纤维，具有棉、麻的主要特性。在化学纤维中黏胶纤维的吸湿性最强，比棉花要高，仅次于羊毛，但缩水率较大。但是黏胶纤维的强度低于棉麻，湿态时强度更小，它是各种常见纤维中强度最差的一种。黏胶纤维比棉纤维更容易上色，且容易获得鲜艳的颜色，其适用染料同棉花。黏胶纤维透气性好、原料来源广、成本低。但是黏胶纤维的弹性较差，形态稳定性差，织物不挺括，易起皱变形。

（2）醋酸纤维。醋酸纤维是仅次于黏胶纤维的第二大纤维素纤维，可以用于制造纺织品、烟用滤嘴、片基、塑料制品等。醋酸长丝在化学纤维中最酷似真丝，光泽优雅、染色鲜艳、染色牢度强，手感柔软滑爽、质地轻，回潮率低、弹性好、不易起皱，具有良好的悬垂性、热塑性，但吸湿性差、易洗快干。醋酸纤维性能优良，用途广泛，产品附加值高，生产过程无污染，原料可以再生，适合可持续发展。

（3）大豆纤维。大豆纤维是以榨掉油脂的大豆豆粕做原料，提取植物球蛋白经合成后制成的新型再生植物蛋白纤维。大豆纤维是一种新型人造纤维，与其他已有纤维相比，大豆纤维纺织品更轻便、更舒适、吸汗能力更强，它具有羊绒般的手感、蚕丝的光泽性、棉花的吸湿透气能力以及羊毛的保暖性。大豆纤维几乎可以制作所有性能的服装，不论是内穿还是外穿。大豆纤维与其他纺织原料混合，可获得意想不到的效果。譬如大豆纤维与棉花混合，可增加滑爽感、悬垂度；与羊毛和麻混合，能减少刺痒感；与羊绒混合，可增加保暖性，并降低成本；与丝绸混合，可防皱，不沾身；与不同的化纤混合，可织出不同风格的面料。而且大豆纤维的原料丰富且具有可再生性，不会对资源造成掠夺性开发；其生产过程对环境、空气、人体、土壤、水质等无污染。因此大豆蛋白纤维被专家誉为“21世纪健康舒适型纤维”，并于2003年在奥地利举行的第42届国际人造纤维会议上被确认为“世界第八大人造纤维”。

3. 主要合成纤维的性能与特点

（1）涤纶。涤纶即聚酯纤维，是所有合成纤维中产量最大的纤维。涤纶综合性能优越，刚性较好且强度高，做成的衣物挺括不皱，保型性极佳。涤纶织物耐磨、易洗快干。涤纶的耐热性能良好，不缩水。但是涤纶吸湿性低，所以生产过程中，常将涤纶与棉、毛等混纺，以提高织品的吸湿能力。

（2）锦纶。锦纶即聚酰胺纤维，又称尼龙。它是世界上最早的合成纤维品种，由于性能优良，原料资源丰富，一直被广泛使用。锦纶的突出优点是强力、耐磨性特别好，其耐磨性是棉纤维的10倍，是干态黏胶纤维的10倍，是羊毛的20倍，是湿态纤维的140倍，居所有纤维之首。因此，锦纶耐用性极佳。锦纶有良好的耐蛀、耐腐蚀性，其弹性及弹性恢复性也比较好，而且锦纶比较轻，适合制作登山服、冬季服装等。但是，锦纶的耐热、耐光性不够好，吸湿性差，通风透气性也不好，易产生静电。

（3）腈纶。腈纶，即聚丙烯腈纤维，它与锦纶、涤纶并称三大合成纤维。在所有合成纤维中，腈纶的保暖性是最好的，所以被称为合成羊毛，常用做毛衫材料。腈纶的主要优点是耐光、耐热性好，染色性也比较好。腈纶蓬松、柔软、弹性好、有皮毛感，但其强度大大高于羊毛。此外，腈纶的吸湿性低，易产生静电；其耐磨性也差，所以易起毛、起球。

（4）丙纶。丙纶，即聚丙烯纤维，是目前纺织纤维中密度最轻的一种材料，相对密度仅为0.91，放在水里可漂浮起来。丙纶的强度较高，仅次于锦纶，湿强度和干强度基本相同。丙纶耐磨性好，不起球；化学稳定性能稳定，耐酸又耐碱；弹性优良，有一定抗皱性。丙纶的耐光性和热稳定性比较差，不耐日晒，不耐熨烫，易于老化，为此常在丙纶中加入抗老化剂。尽管丙纶的电绝缘性良好，但加工时易产生静电。丙纶的另一大特点是吸湿性很小，几乎不吸湿，一般大气条件下的回潮率接近于零。但它有芯吸作用，能通过织物中的毛细管传递水蒸气，吸湿排汗作用明显。另外，丙纶的染色性也较差。

（5）氨纶。氨纶，即聚氨酯纤维。氨纶是弹性最高的一种纤维材料，高伸长，与橡胶相仿，又称为弹性纤维。由于氨纶弹性极佳，所以常被大量用于泳衣、内衣等服装的松紧部位。氨纶耐热、耐光性好，化学性能稳定，比重小，染色性也较好。但是氨纶的吸湿性比较差，不易着色、强力也低，所以一般很少裸丝使用。

（6）维纶。维纶，即聚乙烯醇纤维。没有染色的维纶洁白如雪，柔软如棉，有“合成棉花”之称。维纶是合成纤维中吸湿性最好的，服用性能接近于天然纤维中的棉花，织物风格亦与棉相近。但因其抗皱性差、染色性亦不好，所以在服装用料方面进展不大，主要生产工业用纺织品。

三、纺织纤维的鉴别方法

纺织纤维鉴别方法很多，为了使大家对其有更好的认识，下面简单介绍几种比较常用且简单的鉴别方法。

（一）感官鉴别法

感官鉴别法是通过人的感觉器官，主要是眼、手来对纤维或纺织品进行鉴别。眼看就是鉴别纤维或织品的外观、光泽、长度、粗细及弯曲等形状。手摸即用手测试纤维或织品的柔软、弹性、厚薄、平滑或粗糙、凉爽或温暖等性能特点。常见的纺织纤维的外观、手感情况如下：①棉花。棉纤维天然捻曲，纤维短且细，手感柔软，弹性较差；织品布面光泽柔和自然，手感有些发涩，用手紧攥布料并迅速放开后有明显皱痕，有的棉布尚存在棉结杂质。②羊毛。羊毛纤维比棉纤维长，弹性好，通常呈卷曲（毛波）状态，不易折皱，光泽柔和，手感温暖。粗纺呢绒呢面的绒毛细密丰满，质地紧密厚实，手感柔润不粗糙；精纺呢绒呢面平整，织纹清晰，光泽自然柔和，鲜艳，有油润感，手感柔软，用手紧攥布料并迅速放开后能较快恢复原状，不留折痕。③蚕丝。蚕丝纤维细长，光泽柔和悦目，手感光滑、柔软，有凉爽感。蚕丝绸面色泽鲜艳均匀，外观轻柔飘逸，手感柔软细腻弹性好，用手攥紧后迅速放开有少量的折痕、手触有凉感和拉手感觉。④麻纤维。麻纤维比棉纤维长而粗，强力大，缺乏光泽和弹性，手感粗硬，有凉爽感。⑤合成纤维。合成纤维一般强力大、弹性好，手感滑润但不够柔软。合成纤维织品表面平整光洁，强度高、弹性好、手感滑爽，但尚欠柔软，湿态强度较高。涤纶织物光泽均匀、手感挺爽，用手攥紧并迅速放松后无皱痕；锦纶织物有蜡状手感，用手攥紧衣料并迅速放松后虽有皱痕但能缓慢恢复原状；腈纶织物色泽较鲜艳，但不如纯毛呢绒自然柔和，毛型感较强，手感较柔软，触摸膨松、有温暖感，悬垂性稍差。

（二）燃烧鉴别法

燃烧鉴别法是通过纤维在燃烧时的不同特征对其进行鉴别的方法。各种纤维的化学组成不同，对热和燃烧的反应特征也不同，主要表现在临近火焰、在火焰中、离开火焰后、气味和灰烬特征等五个方面。常见纤维的燃烧情况如表 10-1 所示。

表 10-1 常见纤维的燃烧特征

纤维品种	接近火焰	在火焰中	离开火焰	燃烧气味	灰 烬
棉麻	不熔不缩	迅速燃烧，产生黄色火焰，有蓝烟	继续燃烧，不熔融	烧纸味	深灰色细软粉末
羊毛	收缩	缓缓燃烧，冒蓝灰色烟且起泡	继续燃烧	烧毛发的臭味	有光泽的不定型黑色块状，手指一压即碎
蚕丝	收缩	缓缓燃烧收缩成一团，放出火焰	缓缓燃烧有时自动熄灭	烧毛发的臭味	黑褐色小球，手指一压即碎
涤纶	收缩熔融	有亮黄色火焰，无烟	时常自动熄灭	特殊芳香味	坚韧的浅褐色硬球，不易研碎
锦纶	收缩熔融	缓缓燃烧，有白烟无火焰	时常自动熄灭	氨臭味	坚韧的浅褐色硬球，不易研碎
腈纶	收缩微融发焦	熔融燃烧，有发光小火花	继续燃烧	辛辣味	黑色小硬球
丙纶	缓慢收缩	熔融燃烧	继续燃烧	轻微的沥青味	硬黄褐色球
维纶	收缩熔融	缓缓燃烧，纤维顶端有火焰	继续燃烧	臭味	黄褐色不定型硬块凝在纤维顶端，手指强压可碎

其他鉴别纤维的方法还有显微镜观察法和试剂溶解法等，但这些方法在日常生活中并不常用，所以本节不再一一介绍。

但是需要大家注意的是，纯纺织品的纤维用一两种方法基本上可以鉴别出来，混纺织品纤维的鉴别难度则比较大，往往需要几种方法配合使用，然后对其结果进行综合分析、研究，才有可能做出正确的鉴别。

第二节 服装材料

一、服装面料

（一）纺织品面料

1. 棉织物

在棉纺设备上加工生产的纺织品均可以列为棉布类。它包括纯棉、棉与化纤混纺织物、棉型纯化纤织物。棉织物的种类随着纺织印染加工的不断发展而日益增多，由于组织不同，经纬纱支数、经纬密度以及所用原料的不同，故棉织物的花色品种十分丰富。

（1）平布。一般指平纹组织的棉织物。平布特点是经纬纱支相同或相近，经纬纱密度相同或相近。供服装用的平布有漂白、染色和印花等品种。纱支在 33 特（Tex）的称粗平布，29 特以下的为中平布或称市布，19.5 特以下的称细平布。粗平布一般染成什色或漂白，经预缩处理或表面做磨毛处理后，广泛用做宽松夹克或裤子；中平布作为男女春秋季便装裤子，在欧美很受欢迎。14.5 特以下的高支纱织制的平布，称为细纺，是良好的男女衬衫面料。7.3 特棉纱制成的棉纱织制和细纺柔软滑爽，有丝绸感，属高档面料。涤棉细纺面料使用广泛。

（2）府绸。府绸属高密度平纹织物，特点是经纬密度比为 2∶1，以形成菱形颗粒。优质府绸都是精梳纱织制，布面光洁均匀，颗粒饱满清晰，光泽莹润柔和，手感柔软滑润，有丝绸的风格。府绸品种很多，纯棉、涤棉的；漂白、什色、印花、色织的；纱与半线、线等。府绸用途广，多用以制作衬衫和各种外衣。其中粗支纱织造的府绸主要作为制作夹克、风衣和羽绒衫的面料。

（3）卡其布。卡其布有纱卡和线卡之分。纱卡一般是 3/1 斜纹组织，正面有斜纹纹路，斜向是“↖”左斜，其反面似本纹，故称单面卡。由于纱卡浮线较长，故而摩擦性较斜纹布差，但密度加大后也可增加强力，使其坚牢。线卡的组织和纱卡不同，可分为 2/2 “↗”织法和 3/1 “↗”织法的，也可按经纬用料的不同分为半线或全线卡其。线卡密度大，斜纹明显，布身坚硬厚实。

（4）劳动布。劳动布又称牛仔布或坚固呢，为服装领域中的大类面料，适用面广，实用性强，已成为常规大宗面料。传统品种系由靛蓝染色的藏蓝色纱为经，纬纱为本色纱。布正面经浮点多，故正面呈藏蓝色，反面纬浮点多，呈本色。如今是各种花色均有。牛仔布适宜做各种休闲装。在国外，习惯将牛仔布按重量分为轻、中、重磅各档，按不同要求分别选用。

（5）灯芯绒。灯芯绒的表面呈现耸立的绒毛，排列成条状，因形似灯芯草而得名。布面绒毛圆润丰满，手感厚实，保暖性能好，绒条纹路清晰，绒面整齐，绒毛耐磨，不易脱落，耐水洗，但缩水率较大。灯芯绒花色品种很多，既适合于制作秋冬季外衣，又常用做各种装饰用布。

2. 麻织物

麻织物主要以苎麻、亚麻为原料，或由它们与其他纤维混纺的混纺纱为原料纺织而成。此外，也有全部用化学纤维纺制的仿麻织物。

（1）苎麻布。苎麻布是以苎麻为原料的麻织物。主要是平纹组织，有的也采用由平纹变化而来的重平组织。其布身细洁、紧密，布面光洁，纱支匀净、强力、刚性好，手感爽挺，吸湿散湿快，散热性好，穿着凉爽舒适，出汗不粘身，抗虫蛀性强，是夏季理想衣料。不过，如纤维的前处理不好，初穿时略有刺痒感。

(2) 亚麻布。亚麻布是以天然亚麻纤维为原料的织物。通常以平纹组织为主，亦有平纹变化组织。其特点是伸缩少，散热快，吸湿好，穿着凉爽舒适，是夏季理想衣料。与苎麻织物相比，无刺痒感。

(3) 涤麻布。涤麻布是以涤纶纤维和苎麻纤维为原料而制成细支纱的薄型混纺织物。涤麻布以平纹组织为主，经向密度大，纬向密度小，织物结构较稀疏，轻薄透气，兼有苎麻和涤纶的优缺点，也是夏季理想衣料之一。

3. 毛织物

在毛纺设备上加工生产的纺织品均可以列为毛织物，又可称为呢绒，包括纯毛、混纺、纯化纤仿毛呢绒。呢绒按纺织工艺及织品外观可分为精纺呢绒、粗纺呢绒、长毛绒、驼绒等。

(1) 精纺呢绒。指用精纺毛纱织制的呢绒。其特点是纱支细，表面光洁，织纹清晰，手感柔软，丰满挺括，富有弹性。常见品种有3种。①凡立丁、派力司。属夏季衣着用料，都是平纹组织。两者的区别在于，派力司采用混色毛纱织制，布面有白色的、隐约可见的雨丝状条纹，经纬密度稍大，手感挺括，滑爽，有弹性。凡立丁系素色匹染，呢面光洁平整，手感柔软，有弹性。②哔叽、啥味呢。两者在组织上都采用2/2斜纹组织织造。区别为哔叽为匹染素色织物，呢面光洁、平整；啥味呢采用混色纱织造，经轻缩绒整理，呢面有细微绒毛，织纹隐约可见，色泽以黑白混色为主，适于制作春、秋、冬季服装。③华达呢。有单面、双面、缎背之分。华达呢呢面光泽平整，正面纹路清晰，为素色。

(2) 粗纺呢绒。指以粗梳毛纱织造，经缩绒处理，织纹隐蔽、质地厚实的呢绒。主要品种如下。①制服呢、麦尔登、海军呢。3者均为缩绒整理的粗纺呢面毛织物，色泽以藏青色、黑色为主。3者区别在于原料质量、织物紧度。麦尔登采用的原料质量最好，纱支细，紧度大，呢面细结平整，是高品质的粗纺呢绒。制服呢用料质量最次，原料中有两型毛、粗毛，呢面较粗，底纹有显露。海军呢质量介于两者之间。②大衣呢。大衣呢品种很多，按结构和外观有平厚大衣呢，立绒、顺毛、拷花大衣呢，花式大衣呢等。由于羊绒的使用，各种大衣呢近年来均倾向于轻、柔。

4. 丝织物

丝织物指采用长丝织造的各种织物，统称绸类。按原料有真丝绸、合纤绸、人丝绸、柞丝绸、交织绸、被面等大类。按传统名称、外观特征及组织结构可分为纱、罗、绫、绢、纺、绡、绉、锦、缎、绨、葛、呢、绒、绸14个品类。常用做服装面料的丝织物如下。

(1) 纺类。应用平纹组织，生坯织成后，经炼染印花后制得的轻薄的花、素、条、格等织物。经纬一般不加捻。有无光纺、电力纺、富春纺、尼丝纺等。其中富春纺为棉与人造丝交织品。尼丝纺为纯涤纶长丝织品。

(2) 绉类。织造时运用各种工艺及组织的变化，使织品经向或纬向出现定向收缩，使绸面呈现均匀缩绉。常见的品种有双绉、碧绉、涤纶纺真丝绉等。最常见的是双绉。双绉是以平纹组织织成的薄型绉底绸。经用20/22旦生丝两到三根合并，纬用20/22旦生丝三到四根合并且加强捻，按两根左捻、两根右捻，不同捻向有规律相间排列交织而成。双绉绸面有均匀细致的凹凸、菱形状皱纹。

(3) 缎类。织物底纹全部采用或大部分采用缎纹组织的花、素织物统称缎。紧密厚实，却又柔软光滑，织造时纬丝一般不加捻。代表品种有花或素软缎、古香缎，织锦缎。其中织锦缎是色丝提花织物，根据丝色不同，有五彩、七彩等不同品种，富丽华贵，多制作被面。古香缎的装饰极富民族风情，古色古香，装饰性强，多为普通服饰之用，也为民族特需品。

花、素软缎是缝制各种高档妇女服装如旗袍的常用面料，典雅、华贵之风兼而有之。

常见的丝织品还有绢类、绸类、罗类和绒类等，也有呢绒类。

（二）其他面料

裘皮和皮革是除纺织品面料外缝制服装的另一大类原料。它们的用量虽不如纺织品，但其独特的风格和性能是其他材料无法代替的。皮革的种类及主要性能已在前述做了介绍，在此对裘皮的种类及性能做大致说明。

（1）天然裘皮　天然裘皮是从动物体上剥下的经过鞣制处理的毛皮。天然裘皮因其具有质量轻、手感柔软、吸湿透气、坚实耐用和保暖性极佳等优点，成为理想的冬季防寒服装材料。它既可做面料，又可做里料和絮料。另外，各种动物的皮张，都具有美丽自然的花纹和高贵华丽的色泽。出于环保，现用天然裘皮多取自人工养殖的野生动物。

（2）人造毛皮　人造毛皮是用纺织工艺加工而成的一种在外观性能上与天然裘皮相似的一类裘皮替代品。随着环保意识的增强，穿用人造裘皮也已成了一种时尚。何况人造皮毛仿制工艺也越来越先进，已近乎于以假乱真的境地。人造皮毛具有原料来源丰富、易加工、成本低、品种多、易保管等一系列优点，故其消费群体渐趋扩大。人造毛皮按毛绒原料构成和制成方法的不同又分为不同种类，其质量主要由毛绒的整齐、均匀、色泽、花纹、弹性等因素决定。

二、服装辅料

服装辅料是与面料相依存的配用材料，起衬托、填充、装饰等作用。运用得当不仅可以提高服装质量，并能使服装增添美感，起画龙点睛的作用。一件质量上乘的高档服装不仅对面料有较高要求，还要求辅料质量能与之相配。

1. 衬料与垫料

服装衬料与垫料是附在服装面料与里料之间起加固、造型、支撑和保暖作用的衬料。衬料和垫料的合理选择是做好服装的关键之一，因此二者被称为服装的“骨骼”。

服装的衬、垫料应用位置和种类根据面料和服装的款式而定，主要有领、胸、袖口、下摆、扣位、开叉和特殊设计所需的部位。

近年来由于新纤维、新材料的广泛应用和纺织品成形方法和成形技术的进步，特别是组合型纺织复合材料的出现，使衬料的功能和品种有了很大的发展。常见的有棉布衬、麻布衬、动物毛衬、树脂衬、黏合衬、领底衬、腰衬、吊衬等。

服装的垫料主要有垫肩和胸垫两大类。垫肩是衬在上衣肩部的类三角形垫物，作用是使肩部加高加厚，人体穿着后，肩部平整，可以达到挺括美观的目的，主要品种有棉絮垫肩和化纤垫肩。胸垫是衬在上衣胸部的垫物，起造型及保暖作用。

高档西服的垫料多用马尾衬加填充物制成，中低档服装也可用泡沫塑料压制的衬垫。

2. 服装里料

服装里料是部分或全部覆盖服装里面的材料，俗称夹里。当前除夏季服装外，一般服装均使用里料。使用里料的目的在于：使面料具挺括感及保护服装面料；增加服装滑爽度，使之便于穿脱；遮盖服装内面，增加服装美感，提高服饰档次；增强中厚服装保暖性，覆盖服装填料；对一些轻薄型、镂空型面料，起衬托花型的作用等。

适合做里料的纺织品很多。如天然纤维中的各种棉布、纯棉羽纱，一些素色绸缎类，化学纤维中的各种轻薄型长丝织物，各种较厚重的混纺、交织织品等。

使用最普遍的为羽纱、美丽绸、各种涤纶绸、锦纶绸等。

选择里料的时候应注意：里料的色牢度要好，以免洗涤时褪色；里料的透气性、吸湿性要好，要有一定的保暖性；里料要光滑，易于穿脱；里料的缩水率应与面料大体相当；应根据面料的档次，选择相应档次的里料。

3. 服装填料

服装填料指服装面料与里料之间的填充材料，主要用于冬季服装的防寒保暖，也有防辐射、降温、卫生保健等功能。用于保暖的填料有棉絮、丝绵、化纤絮、羽绒、驼绒等絮填料；毛皮、人造毛皮等材料填料；用于发挥一些特殊功能的防护型新型填料，如防辐射填料、降温填料、导温填料、杀菌除臭填料等。

近年来，冬季服装趋向轻便、薄爽，各种质轻、保暖、易定型的化纤喷胶棉大量使用，这些填料与面料合为一体，用其加工服装，不但工艺简便快捷，而且成型后的服装体积小，外形美观、俏丽。

4. 其他辅料

其他辅料有纽扣、拉链、挂钩、环、尼龙搭扣、绳带等各种服装紧固材料有花边、珠边等各种装饰材料；有尺码带、商标、吊牌等标志材料。这些辅料虽在服装整体中所占比例不大，但就其功能来说样样不可或缺。如果这些小字号的辅料在选择使用上与服装整体不协调，会因小失大，功亏一篑。

第三节　服装的质量要求及检验

一、纺织品商品质量的基本要求

纺织品是人们日常穿着的生活必需品，并对生活起着美化装饰作用。对纺织品的质量要求也是根据其用途来确定的。纺织品的主要用途是制作服饰，满足人们穿戴的需求，因此，对纺织品质量的基本要求是服用性、耐用性、卫生安全性及审美性等。

1. 服用性

服用性指纺织品适合穿着的各种性能，如纺织品的起毛性、起球性、缩水性、刚挺度、悬垂性和舒适性等。要求纺织品不易起毛、起球，缩水率小，不然会造成纺织品变形和影响外观，同时要求纺织品具有较好的刚挺度、悬垂性和舒适性。刚挺度指纺织品抵抗变形的能力，它能影响纺织品的手感风格和服装的挺括性；悬垂性指从中心提起纺织品后，纺织品本身自然悬垂，产生匀称美观折裥的特性，悬垂性好的纺织品制成的服装很贴体，并能产生美观悦目的线条；舒适性指人体着装后，纺织品具有满足人体要求并排除任何不舒适因素的性能。

纺织品的舒适性表现在触觉舒适性、热湿舒适性和运动舒适性三方面。触觉舒适性主要反映在纺织品和皮肤接触时的粗糙感、瘙痒感、温暖感或阴凉感等触觉感受上。试验研究表明，化纤纺丝过程中纤维黏结的硬头丝或珠子丝等疵点在内衣上将会产生显著的瘙痒感。热湿舒适性指由于人体自身调节热平衡的能力有限，故需要通过穿着适当的服装来进行调节，使衣服内层空间形成舒适的小气候。服装的热舒适性是由服装面料的保温性、透气性、透湿性以及服装的式样与组合等因素决定的，而湿舒适性则是由服装面料的吸湿性、透气性等因素决定的。运动舒适性指由于人体运动的多方面、多角度和大弯曲性，要求纺织品有一定的延伸性，能自由地依顺人体活动。不同种类的纺织品要求延伸性不同，例如，西装的延伸性要求为15％～25％，内衣、运动装等的延伸性要求更高。

2. 耐用性

耐用性指纺织品在穿用和洗涤过程中的抗外界各种破坏因素作用的能力，直接影响到纺织品的使用寿命。耐用性包括断裂强度、断裂伸长率、撕裂强度、耐磨强度、耐疲劳强度、耐日光性、耐热性、染色牢度和耐霉蛀性等。

3. 卫生安全性

纺织品的卫生安全性指纺织品保证人体健康和人身安全而应具备的性质，主要包括纺织品的卫生无害性、抗静电性等。卫生无害性不仅要求纺织纤维对人体无害，还要求纺织品在加工和染色过程中使用的染料、防缩剂、防皱剂、柔软剂、增白剂等化学物质对人体无害。如果这些化学物质残留在纺织品表面，就可能造成对皮肤的刺激。吸湿性差的涤纶、腈纶、氯纶、丙纶等合成纤维容易形成静电。降低静电的方法，一是在纺织品中混入导电纤维，二是将静电剂加入合成纤维内部或固着在纤维表面。

4. 审美性

审美性要求纺织品和服装能满足消费者审美需要，达到精神与物质的统一、技术与艺术的结合。随着时代的发展，审美性已成为消费者购买衣着商品的首选特性。审美性是一种整体美，主要包括内在美和外在美。内在美指纺织品蕴涵的文化内涵；外在美指纺织品呈现的外观、风格、色泽、装饰、图案等所体现的技术艺术性，其中外观包括平整、光滑、纹路以及无疵点等。

二、服装的质量要求及检验

从广义上来说，服装的质量包括了服装的产品质量、服装产品赖以形成的工作质量以及服务质量。从影响服装产品的基本因素来看，有人（生产全过程的参与者）、设备、材料、方法、检验与环境 6 个方面。因此，服装的质量评价，是个很宽泛的概念。在此，我们所集中关注的是材料、方法与检验 3 个方面，而材料的质量特性等内容，前面已做充分展开，不再赘述。讨论范围进一步集中到方法与检验两个方面。

（一）服装的各项质量标准

1. 服装号型标准

号型标准是为适应服装工业化生产的要求和消费者需要而制定的服装尺寸统一标准。我国现通用的服装号型系列，依据的是 1992 年 4 月 1 日实施的 GB 1335—91《服装号型系列标准》(以下简称《标准》)。《标准》是在对全国各类消费者体形进行大量抽样调查基础上，将我国消费者的体形规律进行科学分析而制定的。标准内容主要有服装号型定义、号型标志、号型系列和号型应用。号型标准分男子、女子、儿童三部分。

(1) 号型定义。号指人体的身高，以厘米为单位，是设计和选购服装长短的依据；型指人体的胸围或腰围，以厘米为单位表示，是设计和选购服装胖瘦的依据。

依据人体胸围与腰围的差数，《标准》将体形分为四类（见表 10-2)。

表 10-2 体形分类代号

体形分类代号		Y	A	B	C
胸围腰围落差	男	22～17	16～12	10～7	6～2
	女	24～19	18～14	13～9	8～4

(2) 号型标志。《标准》规定，服装上必须标明号型。表示方法是号与型之间用斜线分开，后附体型分类代号，如 170/88A。

(3) 号型系列。服装号型系列以各体型中间体为中心，向两边递增或递减组成。《标准》规定，身高以5cm分档组成号系列，胸围和腰围可分别选择以4cm、3cm、2cm分档组成号型系列，由身高和胸围、腰围搭配分别组成5.4、5.3、5.2号型系列，以适应不同地区人们穿着习惯的需要。服装的尺寸规格亦以号型系列为基础，根据服装的用途、款式需要，加放量设计。

(4) 号型应用。由于每个人的身体尺寸与服装号型划分的档次不完全吻合，这就存在靠档问题。消费者对服装号型的选择应向接近自己总体高、净体胸围和腰围的服装号型靠档。例如，总体高163～167cm的人就向165号靠档，168～172cm的人就向170号靠档，胸围86～89cm可向88号靠档；再由胸围、腰围之差确定体型，消费者即可买到适体的服装。

(5) 针织服装的规格。针织服装除有男、女、儿童之分外，还有内衣、外衣之分。针织外衣规格一般参照服装号型规定。针织内衣、羊毛衫、运动衫一般以胸围、臀围作为规格依据。我国采用公制规格以圆筒形计算，每档相差5cm。例如，50cm、55cm、60cm的为儿童规格，65cm、70cm、75cm为少年规格，80cm以上为成人规格。

2. 服装的技术标准

对服装产品的质量要求除了色彩流行、款式新颖、符合时尚外，还要求其具有适宜性、可靠性、经济性、安全性。对于不同品种、不同材料、不同档次的成衣，制定的质量要求和指标就是成衣的技术标准或质量标准。服装的技术标准既是生产者与销售商订货、交货的依据，又是服装厂生产、检验该产品的依据。服装技术标准包括以下6个方面的内容。

(1) 号型规格系列。必须按照《标准》规定设计号型，主要部位规格不能超过标准中允许的公差范围。

(2) 辅料规定。使用衬布要与面料的性能相适宜，有收缩性的衬布必须预先进行缩水处理。缝线要与面料的颜色、缩水率等相适应。纽扣的色泽质地要与面料相称。

(3) 技术要求。这是标准的重点。一般也包括6个方面：对条、对格；倒顺毛使用的规定；表面拼接范围；色差情况；外观疵点情况；缝制规定，整烫外观。这些要求是服装质量评价中最重要的因素。

(4) 等级划分。等级划分是衡量产品质量优劣的一把尺子。成品等级以件为单位，分为合格品、不合格品。产品必须要符合所有技术要求指标。

(5) 检验规定。这一条包括检验工具、规格测定、缝制测定、外观测定、等级标志、抽验规定6个方面的内容，是检验时的具体步骤和检验方法。

(6) 包装标志。成品必须有号型标志；必须有商标、产地等标志；包装要整齐、牢固，数量准确，注明各项内容；外包装符合合同规定。未列入标准的可另行规定。

3. 服装的使用说明标准

服装的使用说明标准的采用，主要是为了保护消费者的利益。

(1) 服装使用说明的主要内容。商标和制造单位；服装号型规格；采用原料成分，必要时还应标明特殊辅料的成分；产品的特殊使用性能，如阻燃性、防蛀、防火、防缩等；洗涤条件，包括说明能否水洗、水洗的方法及水温；洗涤剂的选择及脱水的方法；是否干洗和干洗剂的选择；熨烫方法和温度；穿用或使用时的注意事项；储藏条件、方法等。

(2) 使用说明的基本图形及含义。GB 8685《纺织品和服装使用说明的图形符号》对此有明确规定如表10-3所示。

表 10-3 纺织品和服装使用说明的图形符号

名称	图形符号与说明				
水洗	不可水洗	可水洗	最高水温：95℃（常规）	最高水温：95℃（小心）	
氯漂	不可氯漂	可以氯漂			
熨烫	不可熨烫	可以熨烫	蒸汽熨烫	熨斗底板最高温度：150℃	垫布熨烫
干洗	不可干洗	可以干洗			
水洗后干燥	悬挂晾干	滴干	平摊干燥	阴干	不可拧干

表 10-3 中的图形符号可根据不同对象选择使用。当基本图形满足不了要求时，可以用简练的文字辅助说明。服装的使用说明标准还对使用说明的表达传递方式、在商品上的附着位置、尺寸大小等做了明确规定。

4. 服装的质量标志

有商标、使用说明标志、质量认证标志、吊牌等。

（1）商标。商标是标明商品“身份”的法定标志，无论国内还是国际，无商标的服装商品一律不准上市。商标可表示商品出处，向消费者传递有关服装商品质量保证方面的信息，既可保护企业信誉，又能维护消费者利益。如今服装商品极其繁多，同用途、相近外观的服装，给消费者选购带来一定的困难，这就需要用人们信得过的商标作为选择依据。

（2）使用说明标志。使用说明标志，即在成品服装或服装包装上以不同方式标注的使用说明及图形符号。使用说明标志是商品质量标志的重要组成部分。标志的制定是针对具有一般常识但缺乏专业知识的消费者，同时也考虑到社会服务部门，如洗染店等。作为质量标志，使用说明标志必须与产品质量实际相符。使用说明标志在欧、美、日等国也是法定标志，没有使用说明标志的服装不准上市。

（3）质量认证标志。质量认证不是所有服装生产厂家都履行或都有能力通过的，因此质量认证标志是推荐性质量标志，非强制使用。纯羊毛标志即属认证标志，通过认证的毛纺织品及服装可以使用此标志。这是由国际羊毛局为保持天然优质羊毛纤维身价，于 1964 年推出的标志，由 3 个绒线团构成（见图 10-1）。

（4）吊牌。吊牌是对商品进一步说明的标志。如商标和使用说明标志难以表达的产品特性说明、合格水平、规格、使用方法、条码等。吊牌可以帮助消费者获得更多的有关商品质

图 10-1 纯羊毛标志

量特性的信息。吊牌的使用，也是一种促销手段。

（二）服装质量的检验

这里所说的服装质量检验，是指产品进入市场销售之前，生产企业或订货方根据质量标准或订货合同对服装的质量评价。这样的工作需严格按照服装技术标准在特定的环境条件与设备上、按规定的方法与程序完成，从抽样开始，直至评出质量等级。其基本程序及核心内容分述如下。

1. 检验顺序

在很短时间内，要对服装的质量做出准确评价，就必须遵循科学合理的检验顺序：先上后下，先左后右（或先右后左），从前到后，从面到里。基本操作要求是不漏检，动作不重复、多余，达到既好又快的工作效果。

2. 检验项目

主要有规格检验、疵点检验、色差检验、缝制质量检验和外观质量检验。

（1）规格检验。用卷尺测量成衣各部位的尺寸，对照质量标准来判定是否符合要求。通常测量的方法和部位有：领大，领子摊平横量，立领量上口，其他领量下口；衣长，由前身左侧肩缝最高点垂直量至底边；胸围，扣好纽扣或拉好拉链，将衣服前后身摊平，沿袖窿底缝横量；袖长，从袖最高点量至袖口边中间；总肩宽，由肩袖缝交叉处横量；裤（裙）长，从腰上口测侧缝摊平垂直量到脚口或下摆边；腰围，扣上裤扣，以门襟为中心握持两侧，用软尺测量裤腰的中线尺寸；臀围，从侧缝袋下口处前后身分别横量。

（2）疵点检验。服装成品的疵点可以分为 3 大类：原料疵点、尺寸偏差及其他；疵点按其对服装质量的影响大小可再分为 3 大类，即次要疵点、主要疵点和重要疵点。次要疵点可被接受，它们对服装可用性及销售价格等影响不大。主要疵点的存在会影响服装的可用性及售价，必须进行修补或当做次品出售。重要疵点的修补非常困难，甚至不能修补，只能做次品处置。

（3）色差检验。色差规定是对原料的要求，即对衣服面料的要求。根据有关国家标准对色差的规定，服装的卜衣领袋面料、裤侧缝是主要部位，色差高于四级，其他表面部位四级。服装产品的色差检验，其工具是借用“染色牢度褪色样卡”。该样卡是原纺织工业部制定的国家标准之一。样卡用 5 对灰色标样组成，分为 5 个等级：5 代表褪色牢度最好，色差等于零，4 级至 1 级代表褪色相对递增的程度，1 级表示最严重。

（4）缝制质量检验。在针距密度中规定明线（包括不见明线的暗线）的针距，每 3cm 14～18 针。面料的品种很多，为保证产品的外观和牢固，不同的面料应选不同的针距。例如，硬质面料的针距一般可以稀一点，质地松软的面料一般针距可以密一点。线路顺直是指各缝制部位的线路不准随便弯曲，要符合服装造型的需要；线路要整齐，不重叠，无跳针、抛线，针迹清晰好看，缝制的起止回针要牢固，搭头线的长度要适宜，无漏针、脱线现象，缝线松紧要与面料厚薄、质地相适应。缝制质量中的对称部位要求基本一致。对成衣缝制质量的检查除看针迹外，还应看拼接和夹里。拼接主要看裤腰、下裆拼角处拼接是否合理，再看内部如挂面、领里等拼接是否符合要求。对有夹里的衣服应检查夹里的长短和肥瘦，以及里、面是否平伏。

（5）外观质量检验。这一检验项目主要完成从整体上对服装的造型要求做出评判。检验与判断时主要看产品整洁、平伏，折叠端正，左右对称，各部位熨烫平整，无漏烫，无死褶，产品无线头、无纱毛，各部位符合标准要求。线与面料相适应，包括色泽、质地、牢度、缩水率等方面，两者应大致相同，以能保证服装的内在质量与外观质量为准。纽扣的色泽应与面料色泽相称。

由于服装种类广泛，进行不同类型的服装外观质量鉴别评价时，应按各自具体要求进行。

第四节　服装的功能与种类

一、服装的功能

服装是人类最基本的生活必需品之一，它最基本的功能是实用功能。随着社会和人类文明的不断进步，服装概念的内涵不断丰富，除了实用功能外，又出现了美化功能、标志功能，即服装的社会、文化生活的功能得到丰富和强化。

1. 实用功能

服装的最基本功能为实用功能。服装的实用功能主要包括防寒保暖、防暑隔热、适应气候变化和耐用等基本功能。服装能帮助人体保持正常生理状态，减少外界的伤害，保护人体的安全。当外界温度过低时，人就会出现血液循环变慢、受凉感冒等不适现象；当外界温度过高时，人可能出现皮肤红肿、发疼等现象，例如夏日海边玩耍时常出现这种情况，所以人们会根据季节和温度的变化来选则不同的服装。服装的实用功能还体现在保持皮肤清洁、维护身体健康方面：一方面，服装在人体与环境中形成了一道屏障，有效阻隔了生活环境中不洁物质及各种有害微生物与人体的接触；另一方面，服装也能将人体内分泌到皮肤表面的排泄物如汗液吸走，从而使人体感觉舒爽。同时服装在穿着时要能满足人们活动的要求，要能经受外来物理，化学和微生物等的作用，满足耐用方面的功能。

2. 美化功能

服装的美化功能即服装可以帮助人们表达民族传统、文化修养、审美观念和兴趣爱好等。俗话说“人要衣装，佛要金装”，这句俗语充分表达了人们对服装美化功能的认识。随着生活水平的提高和社会的进步，服装的美化功能越来越受到人们的重视。但是需要注意的是，完整的服装美不仅仅表现在服装材料、款式、色彩等材质上，更重要的是着装者的状态美和服装材质美的完美结合，是服装的材料、款式、色彩等与穿着者个人条件、穿着环境的协调一致。例如，O形腿穿短裙则会突出缺点，宽松的长裤往往能掩饰这一缺点。

3. 标志功能

近些年来，服装的标志功能逐步被人们所重视。服装的标志功能是指通过服装的外观形态来区别着装者的身份、地位、所属职业、行业、社会角色等的功能。最典型的能体现服装标志功能的是职业装（如制服、工装和防护服），职业装具有典型的行业特点和职业特性。如警服、医院的白大褂等。

二、服装的分类

服装的种类很多，分别可以从着装人的年龄、穿着场合、服装的造型结构、穿着组合等不同角度进行分类，分类方法不同，人们对服装的称谓也不同。

1. 按着装人的年龄可分为成人服装、青年服装、儿童服装

（1）成人服装。成人服装可分为中老年服装、男装和女装。中老年服装色彩稳重、深沉，线条变化简单，饰物较少，用料天然、高档，从整体上看自然舒适，得体、庄重。男装一般以西装、衬衫、T恤及其他休闲装为主。一般男装款式色彩变化少，用料与做工精致，以显男人的品位和内涵。女装应有尽有，裙装、裤装、休闲装、套装比比皆是。与男装相比，女装款式、色彩、用料丰富且千变万化，流行趋势明显，且各种功能服装界线模糊，主要体现女人的温柔与妩媚、张扬与含蓄。

（2）青年服装。青年人追求个性、特立独行，是消费潮流的创造者，又是潮流的追随者，这个消费群体比较特殊，对服装流行趋势特别敏感。因此青年服装在款式、色彩及用料上均以追求新、奇、异，其市场前景广阔。

（3）儿童服装。儿童服装款式、色彩鲜明活泼，用料以纯天然为主，主要是根据少年、儿童活泼好动、皮肤娇嫩等特点而设计的。儿童服装一般可以分为婴儿服、幼儿服、中童、大童服等。

2. 按穿着场合可分为生活服、礼服、运动服、职业服等

（1）生活服。生活服一般分为家居服和外出服。家居服包括家常服装、睡衣、内衣、浴衣等，主要指在家庭环境中穿着的服装。家居服随意舒适、方便温馨。外出服是指闲暇户外活动时穿着的各式服装，往往体现着穿衣人的品位与修养。外出服能自由搭配，形成不同风格。在日常生活中，除了各种礼仪活动和特殊工作的要求，人们通常习惯穿这类服装，这也是现今的一种流行趋势。

（2）礼服。礼服指各种正式礼仪活动所穿的服装。

男子礼服分为第一礼服、正式礼服、日常礼服。第一礼服属最高级别，分为夜晚穿的燕尾服和白天穿的大礼服；正式礼服式样为枪驳领或青果领，有缎面覆盖，门襟一粒纽扣，圆下摆，口袋为缎面双开线无袋盖形式，后摆不开衩、裤子与上衣同料，衬衫为白色双翼领礼服衬衫，配黑领结，春、秋、冬季常用黑色或深冷色调，夏季上衣用白色；日常礼服是形式变化较多的一类礼服，黑色为常见颜色，通常采用双排四扣枪驳领式。如今第一礼服现已基本不再出现，过去必须穿第一礼服场合现已改穿正式礼服；在礼仪性较明显的场合，如果对服装没有做特别要求时，一般都可以穿日常礼服。在我国，中式开禁衫、中山装重新登上舞台，成为礼服之一。

女子礼服分为晨礼服和晚礼服。晨礼服庄重、典雅，一般是高雅的套装或裙，配以考究的首饰、鞋、帽、手袋等；晚礼服雍容华贵、袒露、标新立异，适合夜间社交场合穿着。中式旗袍在性质不同的正式场合都可穿着，可谓独树一帜、不愧为中国国粹。

（3）运动服。运动服包括职业运动服和休闲运动服。职业运动服简练、舒适及美观，是运动员、裁判员在训练和比赛时穿着的服装，既能起到保护作用，又适合不同的运动特点。

休闲运动服通常指大众化、多样化的运动服，一般易洗免熨烫、色彩鲜艳、尺码宽大、吸湿爽身。

（4）职业服。职业服通常也称工作服，是各行各业工作者为适应工作需要而穿着的服装。职业服一般可分为职业防护服、职业标志服、职业时装等。

① 职业防护服。职业防护服是保证在特殊环境下的工作人员操作方便和生命安全的服

装，通常被称为劳动保护服。如宇航服、潜水衣、石棉服等。

② 职业标志服。职业标志服是具有明显职业标志作用的服装，一般可将其分为职业制服和团体服。

职业制服简称制服，是指国家公职人员按国家制度规定和有关惯例必须穿着的一定形式的服装的总称，如警服、军装、检察服、海关服装等。职业制服往往配以所属职业的专用标志、款式统一醒目、造型大方严肃。

团体服被广泛运用于餐饮、商业、学校、证券等行业。团体服装相对统一、特征鲜明，其目的往往是想引起职工的团体归属感。

③ 职业时装。职业时装是各阶层职业人士根据个人喜好等选择的在职业领域穿着的服装，一般没有统一固定款式，反映着装者的审美观与文化观。职业时装的特点是时尚、大方、庄重、得体与实用。

3. 按服装的造型结构可分为样式型服装、体形型服装和混合性服装

（1）样式型服装。样式型服装起源于热带地区，款式宽松、舒展、随意，不拘泥于人体的形态；裁剪与缝制工艺以简单的平面效果为主。

（2）体形型。体形型服装起源于寒带地区，裁剪、缝制严谨，注重服装的轮廓造型和主体效果，是较为符合人体形状及结构的服装。如西服类多为体形型。体形型服装一般分为上装和下装，上装与人体胸围、项颈、手臂的形态相适应，下装则符合腰、臀、腿的形状，以裤装、裙装为主。

（3）混合型。混合型服装是体形型和样式型相混合的服装形式，兼有两者的特点，剪裁采用简单的平面结构，但以人体为中心，基本的形态为长方形，如中国旗袍、日本和服等。

4. 按服装的穿着组合可分为整件装、套装、外套、背心、裙、裤

整件装是上装与下装两部分相连的服装，其整体形态感较强，如连衣裙。套装是上装与下装两部分相分离的服装，通常有两件套、三件套、四件套等。外套则是指穿在衣服最外层的大衣、风衣、雨衣、羽绒服等。背心指穿在上半身的无袖服装，通常有大、中、小及超短背心几种类型。裙的变化较多，可分为一步裙、A字裙、圆台裙、裙裤、超短裙、长裙等。裤可以分为长裤、中裤、短裤等几种类型，裤从腰部向下至臀部后分为裤腿，穿着行动极为方便。

第五节　服装造型与色彩

一、服装造型

服装造型是由服装的外部轮廓线和服装的内部分割线以及领、袖、口袋、纽扣和附加饰物等局部的组合关系的一种视觉形态。它和一切艺术品的造型一样，既要有实用性，又要有审美性。服装造型对人体既依附又可以改善和提高人体形象。从服装造型的构成上看，通过视觉符号点、线、面以及三者的关系，即在点线面的排列、积聚、分割和组合，形成服装造型。

1. 点、线、面要素

（1）点是构成服装造型的基本要素。在服装造型中，常常表现在服装的装饰功能上，如服装上衣的纽扣、胸针等，点的形态在服装造型上是多种多样的。

（2）线也是构成服装造型的重要要素。在服装造型中，线是面与面相交的地方，如交线、轮廓线、装饰线和分割线等，是线把衣服的领、袖、前片和后片等连接起来，也是线使服装造型表现出人体的曲线。

（3）面是服装造型的又一重要要素。人们把造型中点和线以外的二维空间均称之为面。

服装上运用的面有平面、曲面、有规则形状的面和不规则形状的面等。面的形状不同，视觉效果也就不同。

2. 主要的服装造型

从总体上讲，一种服装造型被创造出来，实际上就是一种服装款式。服装的款式随服装造型的不同而千变万化。

（1）旗袍。现代旗袍是从清代满族妇女所穿的长袍演化而来的。满族妇女所穿旗袍的款式是直筒式、腰部无曲线、袍长至脚背、圆品领、下摆和袖口较大、平袖口、两边开叉或不开叉。经过不断地改进，发展成现在的款式：直领、右开大襟、紧腰身、衣长至膝下、两侧开叉、袖有短袖与长袖。旗袍造型简洁，线条流畅明快，表现了东方女性的含蓄、典雅之美。

（2）中山装。中山装是在孙中山先生倡导下产生的服装，其结构端庄、外形大方，是一种典型的中华民族服装。中山装的结构和服装造型端庄、大方、严谨，有气派和风度，尺寸与身材相称。属于中山装系列的服装有礼服、便服、青年服和学生装等。

（3）西服。过去称洋装，最早出现于欧洲，清朝末年传入我国，现在西服流行于全世界，它是当代男士必备的国际性礼服。西服外形有棱有角、线条锐利整齐、尺寸严谨，使人显得苗条精悍。西服有两件套、三件套和单上装等多种组合，又有单排扣与双排扣、平驳头等不同款式。为活动方便，西服还设有背开衩、旁开衩等。

3. 服装造型与年龄、职业的关系

（1）服装造型与年龄的关系。它主要表现在年龄的不同，服装造型也不同。一般婴儿的服装造型应具有干净、宽松、舒适和保暖的特点；幼儿的服装造型应具有易穿脱、适合生长的余量、穿着安全、舒适的特点；学童的服装造型应具有结实耐穿、舒适合体、利于运动等特点；青年人的服装造型应具有简洁明快、活泼奔放、比例匀称、方便舒适等特点；中老年的服装造型应具有美观大方、穿着合体等特点。

（2）服装造型与职业的关系。它主要表现在职业和角色的不同，服装造型也不同。职业装的造型要具备实用性、象征性和审美性等特点。

二、服装色彩

（一）服装色彩的基本理论

色彩是服装构成的重要因素，色彩使我们的服饰世界五彩缤纷、情感洋溢、生机勃勃。服装的色彩往往成为观赏者的第一印象，展示穿着者的个性和审美。服装色彩在服装的整体效果中占有重要地位。

1. 色彩三要素

色彩三要素主要是指色相、纯度和明度。

色相也称为色别或色性，是指颜色所呈现出来的相貌以及彼此间的区别。简单地讲，就是色彩的种类和名称。如红、橙、黄、绿、青、蓝、紫，以及它们之间的差别。

纯度也称为灰度或鲜艳度，是指色彩的纯净度及饱和度即颜色的纯粹程度。以太阳光谱为标准，黑、白、灰为0级即最低纯度。因此，纯色一旦加入灰色或其他色，其纯度定会降低。纯色中红色最高，绿色最低。

明度也称为亮度或深浅度，是指色彩的明亮程度。以白色为10级即最亮，黑色为0级即最低明度。因此，纯色一旦加入白色，其明度提高：加入黑色，其明度降低。纯色中以黄色明度最高，蓝、紫色最低。

2. 色彩的名词术语

其主要有：基础色、流行色、对比色、相关色和无关色等。基础色可以和所有的颜色成功地调配。暖天气里的基础色是米黄色和白色，冷天气里的基础色是黑色和蓝色。

流行色，凡是基础色如红、黄、绿、蓝等，都可以调配出流行色。每个流行季节都有各种流行色。流行色是不断变化的，其流行期限一般为一年。

对比色，是用于对比和强调，它可以是任意颜色，而不是基础色。

相关色，是指在成分上有相同的颜色。如橘黄和紫有共同的红；紫和绿有共同的蓝等是相关色。

无关色，是指颜色间无共同色，被认为是补足色。

3. 色彩的季节论

自然界的冷暖色调随四季的变更而交替出现：春季以暖色为主，夏季以冷色为主，秋季又回复暖色，冬季则又以冷色为主。春天的色彩充满朝气，明朗活泼；夏天的色彩充满精气，炽热涤荡：秋天的色彩充满和谐，饱满丰厚：冬天的色彩充满深沉，稀薄透明。根据人与自然是相互平行的说法，按一年有四季来划分，由此产生四个色彩季节型：春季型、夏季型、秋季型、冬季型。

春季型以黄色为基调，比属于同一基本色的秋季型更淡浅明亮。

秋季型以红色为基调，比属于同一基本色的春季型更浓深。

夏季型以蓝色为基调，比属于同一基本色的冬季型更清浅柔和。

冬季型以蓝色为基调，比属于同一基本色的夏季型更明晰冷硬。

一年四季春夏秋冬的变化是服装色彩更新、变换的主要力量。普遍地讲，冬季服色深，夏季服色浅，春秋季服色明快、活泼、生机勃勃。

4. 色彩对人心理的影响

它是指色彩对人在心理和情感上产生的物理作用。其主要表现为：色彩可以使人产生温度感，如冷色调中的蓝、灰、绿等使人感到寒冷，而红、橙、黄等暖色，则令人感到热；色彩可以产生重量感，明度高的色彩显得轻巧，而明度低的色彩使人感到沉重；色彩也可以造成体量感，明度高的颜色和暖色具有膨胀感，显得体量大，而明度低的颜色和冷色则有收缩感，令人感到体量较小：色彩可以在人心理上产生远近感，暖色具有前进的紧迫感，冷色则让人感到散去和远离。

（二）服装色彩配比

服装色彩配比原则，主要有以下几种。

1. 调和风格

调和风格是指单纯色或共用同一色相要素的色彩或色相中相近似的色彩等组合配比而成的服装风格。简单地讲，就是整体服色被统一在一个基本色调中，给人单纯含蓄、和谐柔美的感觉。但若搭配不当易显得呆板模糊。

2. 对比风格

它是指色相中色距较大的色彩所组合而成的服装风格，给人热情明快、精神振奋的感觉。但若搭配不当，易显得简单幼稚、粗俗原始。

3. 无彩风格

它是指无彩色系，以黑、白、灰为主色调，适当加入其他色彩配比而成的服装风格，给人端庄大方及明确的现代感。

4. 金属风格

金属风格是指以光泽色系为主色调，适当加入其他色彩配比而成的服装风格，给人奢华雍容、引人注目的感觉。但若搭配不当，易显得幼稚庸俗。

服装色彩虽然以色彩学的基本原理为基础，然而它毕竟不是纯粹的造型艺术作品，与服装的面料、质地、图案、款式等相关联，另外，还与穿着者、环境、光源等相关联，服装色彩具有自己独特的功能性。

第六节 服装的选购与保养

一、服装的选购

对消费者来说，服装的功能已经不再局限于防寒保暖的基本功能，它往往更多地体现着消费者的品位与审美观。所以，如何准确地选择合适的服装已成为人们生活中必不可少的重要角色。

要准确的选购服装，必须遵循以下几点基本方法。

1. 穿衣戴帽要有主见

选购服装是一项“系统工程”，涉及消费者的自身条件、消费习惯等方方面面。消费者在选购服装时绝不能人云亦云、盲目追风，一定要根据自身的条件（如肤色、体型、气质、经济承受能力等）来选择服装的色彩、规格、款式和档次。如 Ports 1961 的某款针织围巾一条 3165 元，这就绝不是一般学生所能选购的。

2. 注意服装的使用说明

使用说明又称产品标识，是一种向消费者传达产品性能、质量状况、使用方法等信息的工具，服装产品使用说明由扣在服装上的吊牌和缝在服装产品上的标识组成。

首先，产品上有没有商标、生产者或销售者的厂名厂址、质量等级状况、产品名称、产品合格证、产品执行标准编号；产品上有没有服装号型标识及相应的规格，可通过营业员挑选适合自己穿着的号型及规格。对于弹力、束身产品服装选择时要模拟穿着时以不产生压抑感为前提，对于丝绸、轻薄型服装最好选择稍宽松些，以防止使用时缝迹部位爆裂或纱线滑移。

其次，有没有纤维含量标识，主要是指服装的面料、里料、填充料等的纤维含量标识，各种纤维含量百分比描述是否清晰齐全。纤维含量标识属永久性标识，应当缝制在服装的适当部位，以便消费者在穿着过程中发现有质量问题可作为投诉的依据。如内衣、内裤或贴身衣物最好选用纯棉或棉混纺的材质，不宜选购纯化纤类的内衣产品。

然后，看服装有无洗涤标识的图形符号及说明，因为不同风格、不同特性的服装在使用、洗涤、维护性处理上是有区别的。

3. 鉴别服装的外观质量和缝制质量

鉴别服装产品的外观质量主要从以下几个方面入手：服装的主要表面部位有无明显瑕疵；缝接部位有无色差；拉链、纽扣等辅、配料是否牢固；面料的手感是否舒适；花型、倒顺毛是否顺向一致等。鉴别服装的缝制质量主要看服装各部位的缝制线路是否顺直，拼缝是否平服，服装的各对称部位是否一致。

4. 注意试穿时的感觉

消费者在试穿服装时应自然放松站立，注意感觉一下自己的颈肩部有无压迫感，如果有，说明该件衣服与体型不适宜。同时活动手臂，防止袖笼过小过紧，注意袖笼前后是否平服、圆顺。后背上部靠后领脚处是否平服及后背下摆处有无起吊现象也是非常值得注意的。

只要消费者在选购服装时注意以上细节，基本上能够选购到一件符合质量标准要求和比较合体满意的服装。

二、服装的保养

服装在穿着时由于各种各样的原因容易疲劳，为使服装的功能得以充分发挥，延长服装寿命，平时必须做好服装的保养工作。服装的保养主要包括去污、洗涤、服装熨烫等方面的内容。

（一）服装的去污

服装在穿着使用过程中，必定会沾上很多污垢，如汗液、油污、墨水等。它不仅影响服装的外观，而且会影响服装的透气性、弹性、保暖性，长期穿脏衣服还会影响健康，所以必须对脏衣物及时洗涤。不同的织物洗涤方式也不同。

棉织物耐碱性强，不耐酸，抗高温性好，可用各种肥皂或洗涤剂进行洗涤。洗涤前放在水中浸泡几分钟，但不宜过久，以免颜色受到破坏。贴身内衣不可用热水浸泡，以免使汗渍中的蛋白质凝固而黏附在服装上出现黄色汗斑。用洗涤剂进行洗涤时水温不超过 50℃。漂洗时，要少量多次，即每次清水冲洗不一定用许多水但要多洗几次。每次冲洗完后应拧干再进行第二次冲洗，以提高洗涤效果。同时应在通风阴凉处晒晾衣服，以免在日光下暴晒，使有色织物退色。

丝绸织物洗前可先在水中浸泡一会儿，但浸泡时间不宜过长。忌用碱水洗，可选取中性肥皂或皂片中性洗涤剂。浴液以微温或室温为好。洗涤时要轻搓、轻揉、少挤、不拧；应在阴凉通风处晾干，不宜在阳光下暴晒。

羊毛织物不耐碱，要用中性洗涤剂或皂片进行洗涤。羊毛织物在 30℃以上的水溶液中会收缩变形，故洗涤时水温度不宜超过 30℃。通常用室温（25℃）水配制洗涤剂水溶液。洗涤时切忌用搓板搓洗，用洗衣机洗涤时应选择轻洗，洗涤时间不宜过长，以防止缩绒。洗涤后不要拧绞，用手挤压除去水分，然后沥干。用洗衣机脱水时以半分钟为宜。应在阴凉通风处晾晒，不要在强日光下暴晒，防止织物失去光泽和弹性以及引起强力的下降。

麻纤维织物刚硬，抱合力差，洗涤时要比棉织物轻些，切忌使用硬刷和用力揉搓，以免布面起毛。洗后不可用力拧绞，有色织物不要用热水泡烫，也不宜在阳光下暴晒，以免退色。

皮革服装不能直接浸入水中洗涤，只能用软布或软刷蘸水后，在皮革表面擦去污垢，阴干后，最好涂上一层石蜡，再用软布擦匀。

涤纶织物先用冷水浸泡，然后用一般合成洗涤剂洗涤，洗涤时水温不宜超过 45℃；领口、袖较脏处用毛刷刷洗；洗后，漂洗净，可轻拧绞，置阴凉通风处晾干，不可暴晒。

（二）服装的熨烫

熨烫就是给服装热定型，指在不损伤服装的服用性能及风格特征的前提下，对服装在一定的时间内施以适当的温度、湿度（水分）和压力等工艺条件，使纤维结构发生变化即热塑变形。熨烫的作用是使服装平整、挺括、合身。衣服在穿着过程中，难免经常发生弯曲、折叠，因此，经常需要在穿着前和洗涤后进行熨烫。

熨烫时需要注意温度、湿度和压力三个关键因素。

1. 温度

服装熨烫时，温度控制非常关键：温度过高，会损伤纤维；温度偏低，达不到定型目的。选择服装熨烫温度时还要考虑织物的厚薄与色牢度等情况。厚衣物，熨烫温度可适当高些；薄衣物，温度则可以适当低些。为减少染料的升华和材料颜色的变化，可适当降低熨烫温度；混纺或交织面料缝制的服装，熨烫时温度就低不就高。

2. 湿度

衣料遇水后，纤维会被润湿、膨胀、伸展，这时服装就易变形和定型，但湿度应控制在一定范围。不同的纤维其吸湿的效果不同，应合理掌握。干热熨烫主要用于遇湿易出水印（柞丝绸）或遇湿热会发生高收缩（维纶布）的服装的熨烫，以及棉布、化纤、丝绸、麻布等薄型衣料的熨烫。有时对于较厚的大衣呢料和羊毛衫等服装，先用湿烫，然后再干熨，这样可使服装长久保持平挺。化纤衣料的熨烫可采用干热熨烫，也可采用湿热熨烫。

3. 压力

服装熨烫时有了适当的温度和湿度后，还需要压力的作用。一定的熨烫压力有助于克服分子间、纤维纱线间的阻力，使衣料按照人们的要求进行变形或定型。压力越大，服装的平整度越高，但压力过大会造成服装的积光。对于灯芯绒等起绒衣料，压力要小或熨烫反面；对于裤线、折裥裙的折痕和上浆衣料，压力则应大些。

另外，熨烫时还应注意熨烫顺序。如，裤子要先熨烫裤脚，再熨烫裤腰等；上衣要先熨烫衣领、衣袖和后正身，然后再熨烫前身、袖口、下摆。

（三）服装的保养

服装很容易因为虫害、发霉、氧化等原因发生变脆、褪色等现象，因此必须合理地对服装进行妥善保养，延长服装的使用寿命。

1. 棉麻服装的保养

棉麻服装保养一定要注意防潮防霉，收藏前需洗净、晾干，分深浅色折叠收藏，避免久藏中因受潮而互相染色。收藏的场所如衣柜和聚乙烯袋等应干燥，里面可放樟脑（用纸包上，不要与衣料直接接触），以防止衣服受蛀。久藏不穿的衣物每年夏季要“晒霉”。

2. 呢绒服装的保养

呢绒服装收藏前应洗净（干洗）、熨烫、通风阴凉处晾干，宜放在干燥处。呢绒服装最好悬挂存放在衣柜内，放入箱子里时要反面朝外，以防退色风化，出现风印。收存时，要在衣服的口袋里及箱柜内放入用纸包好的樟脑丸，同时每月透风一至两次，以防虫蛀。毛绒或毛绒衣裤混杂存放时，应该用干净的布或纸包好，以免绒毛玷污其他服装。

3. 呢绒服装的保养

皮革服装既要防止过分干燥，又要防湿，所以皮革服装不宜在雨、雪天穿用。皮革服装收藏前宜阴凉，不可暴晒，防止折裂，可选择上午 9～10 时，下午 3～4 时。收藏时以挂藏为宜，并放置用纸包好的樟脑丸。为增加皮革柔润度，可用布在表面轻敷一层甘油或保养皮革衣物专用制剂。如果皮衣面上发生了干裂现象，可用石蜡填在缝内，用熨斗烫干。

4. 丝绸服装的保养

丝绸衣服比较娇气，例如织锦缎、古香缎、软缎、丝绒服装一般不能水洗，收藏时应折叠好，用布包好置于干爽清洁的箱柜中，不宜挂藏，以免因自重导致变形，白色或浅色绸服装收藏时不宜置放樟脑丸，也不能放入樟木箱，以免泛黄。

5. 裘皮服装的保养

裘皮服装，尤其是细毛类和名贵毛皮服装穿着时应尽量避免玷污和雨淋受潮，受潮会导致裘皮服装脱毛。裘皮服装最好用“美人肩”之类宽衣架挂起来，并在大衣袋内放上用纸包好的樟脑丸，因为收藏不当，会出现虫蛀、脱毛、绒毛纠结等现象。如放在箱内，则应毛朝里平放折叠，放在箱子最上层。在伏天，可取出晒晾、通风，以防虫蛀及霉变。

其他类型的服装保养方法比较简单，我们不再赘述。

【案例点击】

洗坏衣服谁来赔?

牛先生2007年底为即将到来的婚礼特意买了一套国际名牌西服乔治·阿玛尼，价值不菲。2008年3月牛先生将这套西服送到了小区洗衣店洗涤，洗衣店同平常一样填写了一个简单的收货单，洗衣费用30元。牛先生觉得洗衣价格比较便宜，十分满意。等到牛先生取货时，他却发现衣服被染色了。由于是为结婚特意买的衣服，牛先生非常生气，要求洗衣店全额赔偿。由于洗涤费用只有30元，而且当时双方签订的收货单上也的确有贵重衣服特别提示的合同条款，因此洗衣店只同意按照收货单上的"洗坏衣服赔偿洗衣费用10倍"的条款赔偿牛先生。牛先生难以接受，双方争执不下，并为此起诉至法院。最终经过法院调解，双方达成协议，由洗衣店按西服原价的50%赔偿牛先生。

问题分析：

1. 牛先生在洗涤衣服时有什么疏忽?

2. 贵重衣服洗涤时应注意哪些方面?

【任务设计】

纺织纤维特性分析与质量鉴别

1. 任务目标

(1) 以具体商品为例，通过实验，了解各种纺织纤维的特点及常用的鉴别纤维的方法；

(2) 培养学生根据商品质量特性，对商品进行鉴别的能力。

2. 案例引入

利用手感目测法、燃烧方法鉴别各种纺织纤维。

3. 实施步骤

(1) 指导教师向学生讲解纺织纤维特性的基本知识，并介绍实验内容：手感目测法、燃烧法；

(手感目测法是根据纺织纤维的外观、形态、色泽、手感、手拉强度等感官指标，鉴别纺织纤维的类别。燃烧法是根据纺织纤维在燃烧时呈现的火焰、燃速、气味、灰烬等现象，鉴别纺织纤维的大类)

(2) 将学生分为6～7组，每组7～8人；

(3) 为每小组准备棉、毛、丝、麻、黏胶纤维、合成纤维若干；

(4) 填写检验报告表（见表10-4和表10-5）

表10-4 手感目测法鉴别纤维结果

纤维名称	手感		目测		鉴定结果
	弹性	温凉感	外观	色泽	
棉					
麻					
羊毛					
丝					
黏胶纤维					
合成纤维					

表 10-5　燃烧法鉴别纤维结果

纤维名称	燃烧情况和气味				鉴定结果
	靠近火焰	火焰中	离开火焰	灰烬	
棉					
麻					
羊毛					
丝					
黏胶纤维					
合成纤维					

(5) 小组交流讨论，以锻炼学生驾驭语言的能力。

4. 检查评价（见表 10-6）

表 10-6　纺织品类商品特性分析与质量鉴别结果评价标准表

被考评人					
考评地点					
考评内容	纺织品类商品特性分析与质量鉴别				
考评标准	内容	分值	自我评价	他人评价	教师评价
	特性描述准确、全面	40			
	鉴定结果准确（事先不告知纺织纤维名称）	40			
	团队协作良好	20			
合计		100			
总分					

【思考题】

1. 什么是服装商品的美化功能？
2. 按穿着场合分，服装可以分为哪几类？
3. 如何选择适合自己穿着的服装？
4. 怎样正确进行服装保养？
5. 丝绸服装洗涤时应注意那些问题？

第十一章 食品商品

[知识目标]

1. 掌握食品质量的基本要求；
2. 掌握食品的营养卫生知识；
3. 了解几种代表性食品的性质。

[能力目标]

1. 把握食品的储藏方法；
2. 具有鉴别、评介食品的能力。

[必备知识]

人类为了维持正常的生命活动，保证生长发育和从事生产活动，必须不断地摄取一定量的食物。这些食物中的成分在肌体内消化并通过一系列新陈代谢，使肌体获取营养，这是人体健康的保证。因此，了解食品的有关知识，对工作和生活都具有重要的意义。

食品类商品是最具有特色的商品。它的品种繁多，化学成分复杂，质量要求高，与人们生活关系最密切。

第一节　食品质量的基本要求

食品是指为人体提供热量、营养，维持人体生命，调节人体生理活动，形成和修补人体各组织的物质，是人们生长发育，保证健康不可缺少的生活资料。因此，对食品质量的基本要求是，具有营养价值；具有良好的色、香、味、形；无毒无害，符合卫生要求。

一、食品的营养价值

营养价值能给人体提供营养物质，这是一切食品的基本特征。其功能是提供人体维持生命活动的能源，保证健康，调节代谢以及延续生命，也是决定食品质量高低的重要依据。营养价值是评定食品质量的关键指标。食品的营养价值包括营养成分、可消化率和发热量三项指标。

(1) 营养成分。营养成分是指食品中所含蛋白质、脂肪、碳水化合物、维生素、矿物质及水分等。由于各成分各自起着它应有的作用，因此，人们可以从各种不同的食品中获取各种营养成分。

(2) 可消化率。可消化率是指食品在食用后，可能消化吸收的百分率。它反映了食品中营养成分被人体消化吸收的程度。食品中营养成分只有被人们消化吸收后，才能发挥其作用。

(3) 发热量。它是指食品的营养成分经人体消化吸收后在人体内产生的热量。它是评价食品营养价值的综合性指标。人体对食品的需要量通常是采用能产生热量的碳水化合物、蛋白质、脂肪三种主要营养成分的发热量来表示。1g 碳水化合物或 1g 蛋白质经过消化和完全氧化后产生的热值均为 4.1kcal，1 克脂肪产生的热值为 9.3kcal。

人们吃的主食，包括各种米、面等，是供给人体热量的主要来源；副食，包括各种蔬菜、水果、鱼、肉、禽蛋、乳品及加工制品等，是热量的重要来源。一般来说，食品的营养成分和可消化率越高，其产生的热量就越多，营养价值就越高。但不完全如此，如粮食加工精度提高了，营养成分损失了，可消化率却提高了。

二、食品的色、香、味、形

食品的色、香、味、形是指食品的色泽、香气、滋味和外观形状。食品的色、香、味、形不仅能反映食品的新鲜度、成熟度、加工精度、品种风味及变质情况，同时可直接影响人们对食品营养成分的消化和吸收。食品的色、香、味、形良好，还可以刺激人产生旺盛的食欲。许多食品的色、香、味、形还是重要的质量指标，例如，评价烟、酒、茶等商品的质量时，主要从色泽、香气、滋味等方面进行鉴定。不同的色、香、味、形，决定它本身的档次和等级。

三、食品的卫生性(无毒害性)

食品的卫生性（无毒害性）是指食品中不应含有或超过允许限量的有害的物质和微生物。食品卫生关系到人们的健康和生命安全，有的还影响子孙后代，所以作为食品，卫生、无毒无害、无污染是最起码的条件。影响食品卫生的主要来源，有以下五个方面。

(1) 食品自身产生的毒素。如豚鱼、毒蘑菇、苦杏仁、土豆发芽部分产生的氰苷龙葵类毒素；死后的鳝鱼、鳖、河蟹体内的组胺毒素等。这些毒素，对人体的消化系统、神经系统、血液系统等都有严重的危害。

(2) 生物对食品的污染。生物对食品的污染包括微生物污染、寄生虫及虫卵污染、昆虫污染。微生物污染，主要是细菌、细菌毒素、霉菌毒素及大肠杆菌等；寄生虫及虫卵污染，主要是旋毛虫、蛔虫、绦虫、蛲虫、姜片虫、肝吸虫等；昆虫污染，主要是粮食中的甲虫类、蛾类、螨类以及鼠类活动所造成的污染。

(3) 加工中混入的毒素。如方便面、罐头、小食品、饮料等，因配料不当或超范围使用防腐剂、色素、香精；放置时间久了引起铅、锌中毒；油炸、烧烤食品时生成甘油醛，造成食品污染，影响人体健康。

(4) 保管不善产生的毒素。食品因保管不善有可能感染微生物而腐败或霉烂变质，如湿度过高，海产品发生变质，容易致癌。花生、小麦、玉米、豆类等发霉后则能产生黄曲霉毒素，使人致癌。

(5) 环境、化学品造成的污染。环境、化学品造成的污染主要包括工业上的“三废”不合理排放，化肥农药使食物污染，不合乎卫生要求的食物添加剂和使用量不合理等。另外，食品在生产、储存、运输、销售时，受到环境、化学品、菌类、重金属的污染也会使食品有毒有害。

第二节 食品的营养卫生

一、食品的营养

食品的营养成分决定着食品的营养价值，而且与食品的性质和质量变化有着密切的关系。食品中的营养成分有：碳水化合物、蛋白质、脂肪、维生素、矿物质和水分等。下面分别介绍各类营养成分的组成和性质以及它们对食品质量的影响。

（一）碳水化合物（糖）

碳水化合物的营养功用如下。

（1）供给能量。糖是最主要、最经济及最快的热能来源。糖在人体内的产热量大约为4.1kcal/g。虽然低于同样重量脂肪所产生的热能，但是富含碳水化合物的食品价格一般比较经济，而且大量食用不引起油腻感，更重要的是碳水化合物能够较快地放出热能，短时间，大强度的热能几乎全部由糖供给，而长时间的能量消耗，在糖供给充足时，也先利用糖作能源，糖消耗后才动用脂肪。

（2）构成体质。有神经组织和细胞核中都含有糖。核糖和脱氧核糖是核酸和核蛋白的必需成分；细胞间质及结缔组织中含大量的粘多糖等物质。

（3）调节生理。糖的调节生理作用主要表现在调节脂肪代谢和节约蛋白质。脂肪在体内的代谢中需有碳水化合物的存在。饮食中提供的糖类不足时，人体活动需要的热量就会从氧化脂肪、蛋白质中获取，而氧化蛋白质获取热量是很不合算的。摄入蛋白质的同时摄入糖类，就可减少蛋白质的氧化，从而起到节约蛋白质的作用。

（二）蛋白质

蛋白质的营养功用如下。

（1）构成体质，维持组织的生长、更新和修复。蛋白质是细胞的主要组成部分，占细胞内干物质的80%。肌肉、软骨、血液、膜、腱等都由蛋白质组成。蛋白质约占人体全部重量的18%。因此，生长发育，创伤恢复，都不可缺少蛋白质。

（2）供给能量。机体中旧的或已经破损的组织细胞中的蛋白质，将发生分解，分解后大部分作为重新合成组织细胞蛋白质的原料，再被利用；也有一小部分排出体外，在蛋白质分解过程中，将放出能量。另外，每天由食物供给的蛋白质中，如果有些不符合机体的需要，或者数量过多，也被燃烧放出能量。蛋白质在体内的燃烧热大约为4kcal/g，人体在每天所需的热能有14%来自蛋白质。

（3）调节生理功能。蛋白质是构成酶和激素的物质，酶和激素对调节人体生理很重要，血红蛋白承担氧的运输，γ-球蛋白形成抗体，与机体的抵抗力有关。实验证明，蛋白质营养不良时，机体的免疫机能减退，白细胞减少，白细胞及网质内皮细胞的吞噬能力下降。

（三）脂肪

脂肪的营养功用如下。

（1）供给能量，保持体温。脂肪是三大营养成分中产热量最高的成分，脂肪的产热量约为9kcal/g，是糖和蛋白质的两倍多。所以脂肪的主要生理作用是供给热能。脂肪的发热量高，为最浓缩的热能来源，脂肪在体内储存占体积小，储存量大。脂肪不易导热，因此皮下脂肪能防止体内热量过分散失，在寒冷环境中有利于保持体温。

（2）构成体质。一般人体内脂肪占体重的10%～20%，胖人还要多些，60kg的人存脂可达6～11kg。

（3）保护组织器官及神经免受外伤。脂肪具有一定的弹性，可缓和机械冲击，填充内脏器官，使各器官保持一定位置。从而保护了神经及组织器官。

（4）促进脂溶性维生素（A、D、E、K）的吸收。脂溶性维生素不溶于水，只能溶于脂肪，因此只有在脂肪存在的情况下才能被吸收。脂类吸收障碍时，常伴有脂溶性维生素的缺乏。但是，必需指出，体内储存的脂肪过多，易得肥胖病，用脂肪作为能量的主要来源易疲劳，耐久力下降。脂肪摄入过多能抑制胃液分泌和胃的移动，引起食欲不振和胃部不舒服。肠内脂肪过多，会刺激肠壁，妨碍吸收功能而引起腹泻。

（四）维生素

维生素的营养功用如下。

维生素A生理功用：维护眼睛、上皮细胞的健康，促进生长。如果缺乏维生素会得夜盲症，干眼病，消化不良，生长缓慢等。

维生素D生理功用：调节钙、磷代谢。如果缺乏维生素，小孩易得佝偻病，成年人易得软骨病。

维生素E生理功用：加强肾脏功能，预防不育症。维生素缺乏易得不育症、肾脏损害、肌肉萎缩等症状。

维生素B_1生理功用：促进糖代谢，保护神经系统。

维生素B_2生理功用：促进代谢、生长和发育。

维生素C生理功用：促进细胞间质生长。

（五）矿物质

（1）矿物质营养的重要性。构成生物体的元素中，除C、H、O、N四种元素外，其他元素统称为矿物质，如S、P、Fe等。在人和动物体内，矿物质总量低于4%～5%，但却是人和动物不可缺少的成分。用只含有有机成分不含矿物质的食物喂饲小鼠，不久便死去；而在人工饲料中加有乳的成分后，则小鼠可健康生长。由此证明矿物质在营养上的重要性。

（2）食品中重要的矿物质。

钙的生理功用：构成体质。成年人含钙量99%存在于骨骼及牙齿中。

磷的生理功用：①构成体质，70%～80%的磷存在于骨骼及牙齿中。②促进糖、脂肪和蛋白质的代谢。

铁的生理功用：构成血红蛋白和肌红蛋白，预防贫血。

碘的生理功用：构成甲状腺，预防甲状腺肿。

钾的生理功用：加强神经与肌肉应激性的作用，缺钾可对心肌产生损害。

（六）水

水对人体十分重要，其营养功用如下。

（1）构成人体组织。人体的组织大部分是水，成年人的含水量为58%～67%。

（2）直接参与人体各种生理活动。营养成分的代谢，酶的催化，渗透压的调节等。

（3）食品中的其他营养成分只有在水溶液中才能被人体吸收。

（4）营养成分的消化要依靠水参加，消化后的物质也要靠水把它们运送到各部组织，并依靠水把废物排出体外。

（5）血液中的水分，随着血液的循环进行各种生理活动和保持正常的体温。

二、食品卫生

食品卫生不仅关系到人们的健康和生命安全，而且还影响到子孙后代的健康，所以食品卫生是一项不可缺少的质量指标。食品卫生取决于食品中的有毒物质，因此我们有必要首先了解食品中的有毒成分及其来源。

（一）食品中天然毒素及其来源和预防

河豚毒素。河豚毒素一般存在于河豚中，肌肉无毒，肌肉以外的组织均有毒，但有些河豚肌肉也有毒。河豚毒素有剧毒，可使神经末梢和神经中枢发生麻痹，最后呼吸中枢和血管神经中枢麻痹而死。河豚毒素中毒后，死亡率极高。因此应禁止食用和销售河豚。水产部门应加强检查，防止河豚混入其他水产品中。销售部门如发现河豚，必须拣出上交，严禁鲜河豚上市。

有蕈毒类。蕈类食品味道鲜美、营养丰富，但有些蕈类却含有毒肽和有毒生物碱，易引起食物中毒。一般以为：长得漂亮、颜色鲜艳、蕈伞上有疣点的有毒；嗅之有臭气、腥气的有毒；尝之有苦味、辣味的有毒。但也有不少例外。因此选食蕈类应特别慎重，最好经过国家收购部门专业化人员化验鉴定，确认无毒蕈类，由零售商店出售供居民购买食用，以确保安全。

有毒蛋白质。豆类中含有有毒蛋白质，食用后会引起恶心、呕吐，但加热后能使有毒蛋白质变性而破坏其毒性。因此，食用豆类应煮熟煮烂，以去除毒性，避免中毒。

龙葵素。发芽或见光变绿的马铃薯含有龙葵素，能引起中毒，食后会引起舌头发麻、喉咙发痒、恶心、呕吐、腹痛、腹泻、头昏、胸闷、发烧甚至出现呼吸麻痹而死亡，且加热不能破坏龙葵素。因此，已发芽或见光变绿的马铃薯（土豆）不宜食用和销售。

秋水仙碱。鲜黄花菜含有秋水仙碱，吃多了会引起腹泻腹痛。但阳光照射或经久加热可使其分解。因此，食用黄花菜最好用干品，炒菜时加水烧开几分钟，即可预防中毒。

有毒蜂蜜。有毒蜂蜜是蜜蜂采了有毒蜜源植物如雷公藤、昆明山海棠等花粉而酿成的蜜，主要含有毒生物碱，有苦、麻、涩的异常滋味，误服后会出现低热、头昏、四肢麻木、恶心、呕吐、甚至循环或呼吸中枢麻痹而死。因此，滋味苦、麻、涩的蜂蜜不宜服食和销售。

（二）生物性污染

寄生虫。寄生虫如囊虫、旋毛虫、蛔虫等，主要寄生在猪、牛、羊、狗、熊、野猪等动物体内和蔬菜上。人如果吃进未经煮熟、煮透、带有寄生虫的肉后，寄生虫可在人肠道、肌肉、脑脊髓中寄生，引起疾病，呈现恶心、呕吐、腹泻、高烧、肌肉疼痛，甚至肌肉运动受到限制等症状。如幼虫进入脑脊髓，还可引起脑膜炎症状。

预防措施如下。

(1) 不吃未彻底煮熟的肉类和蔬菜。加强肉品的兽医卫生检验，作好卫生工作。

(2) 人畜共患传染病微生物。病死的家禽畜可能带上人畜共患传染病微生物，如炭疽杆菌、鼻疽杆菌、口蹄疫病毒、沙门菌等，如果人吃了病死的家禽畜，可感染上微生物而发生疾病，带病致死的家禽畜不宜食用。

(3) 霉腐微生物。霉腐微生物污染食品后会产生令人恶心的霉腐臭气和滋味，并产生毒素，不利于人体健康。大量资料表明，经常食用霉腐食品的地区，癌症发病率高于其他地区。

（三）化学污染

(1) 农药。农药在防治农业病虫害，去除杂草，控制人畜传染病，提高农畜产品的产量和质量，确保人体健康等方面起着重要的作用。但是，广泛大量使用农药也造成对食品的污染，人类长期大量摄入含有农药的食品，将对人体健康造成一定的损害。

(2) 重金属素。人体内含有多种金属，有些是人体正常组成成分或维持生理功能所必需的。但有些金属正常情况下人体需要量极少，剂量稍高，即呈现毒性作用，这些金属称为有毒金属或金属毒物。从食品卫生角度看，汞、镉、铅、砷等重金属较为重要。

重金属毒素的毒性如下。

① 汞：汞或汞化物进入血液与血红素结合，然后进入脑组织，引起中毒，症状为头晕、失眠、语言不清，严重时痉挛而死。

② 镉：主要对肾脏起慢性毒性，引起肾近曲小管上皮细胞的损害，可导致负钙现象，出现骨质疏松等症。

③ 铅：主要损害神经系统，造血器官和肾脏。如失眠头痛，贫血、腰痛等症。

④ 砷：可使神经系统，微血管及其他系统发生病变。严重时呼吸困难，循环衰退、虚脱，甚至死亡。

重金属毒素的限量如下。

由于重金属毒素对人体健康产生较大的危害，因此食品卫生标准中规定了限量。例如，菜、果和牛乳中的汞含量不得超过 0.01mg/kg；白酒、罐头、奶粉等中的铅含量不得超过 1mg/kg。

食品添加剂。食品所使用的添加剂，如苯甲酸及其钠盐，山梨酸及其钾盐、没食子酸丙酯、丁基羟基茴香醚、二丁基甲苯、亚硝酸钠、硝酸钠、亚硫酸钠、二氧化硫、糖精等，对人体健康均有不同程度的影响。因此，其用量必须加以限制，各食品加工部门必须严格按照国家食品卫生标准使用添加剂，以维护人们的健康。

(四) 如何搞好食品卫生

食品污染与很多部门都有关系，因此各部门之间必须相互配合，严格管理，做到从预防入手。卫生部门应加强卫生检验，做好对食品生产部门和销售部门的卫生监督工作，对不符合卫生质量要求的食品不允许供应市场。销售部门应严格遵守第五届全国人民代表大会常务委员会第 25 次会议通过的《中华人民共和国食品卫生法》。从各个环节都重视食品卫生工作，采取防止食品污染切实可行的措施，就能使我国食品卫生水平得到进一步的提高，保障人民身体的安全、健康。

(五) 绿色食品

绿色食品是指无污染的安全、优质营养食品。其衡量标准有以下四条。

(1) 产品或产品原料的产地必须符合绿色食品生态环境标准。各国对环境指标都有具体的要求。

(2) 农作物种植、畜禽饲养、水产养殖及食品加工必须符合绿色食品的生产操作规程。这里对化学物质使用范围、数量、时间都有明确规定，防止了在生产过程中破坏生态平衡和产生新的污染。

(3) 产品必须符合绿色食品的质量和卫生标准，这个标准只有在无污染的生产条件下才能达到。

(4) 产品的标签必须符合有关《绿色食品标志设计标准》的规定。

目前，国际上与绿色食品相类似的食品，有的叫生原食品，有的叫有机食品，有的叫自然食品。虽然叫法不一，但基本上都是指限制产品生产过程中的化学肥料、农药和其他化学物质使用而生产的食品。

在我国，随着经济的发展和人民生活水平的提高，消费者对生态质量的要求也越来越高，绿色食品已逐步进入家庭，市场上绿色食品日益增多。尽管绿色食品在我国还处于初始阶段，与外国的差距还比较大，但是，随着环境保护意识的提高，绿色食品消费必将席卷全国。

第三节　代表性食品

一、乳及乳制品

乳是哺乳类动物为维持幼儿生长发育，从乳腺中分泌出来的且有高度营养价值的天然食物，每类动物所分泌的乳汁只对同类的幼儿具有高度的营养，对其他不同类的营养较差；乳在人们的饮食中占有重要的地位，因为乳具有如下三个特性。

① 乳是比较容易消化的食品，在消化时只需分泌少量的胃液。

② 乳对消化道具有独特的刺激功能，能促使肠胃分泌消化液。

③ 对大多数人来说，乳蛋白易于吸收。

（一）乳的化学成分

乳汁是各种哺乳类动物乳腺的正常分泌物，各自有特定的复杂的化学成分，但总的来看大同小异，包括水分、乳脂肪、乳蛋白和无机盐。

（1）水分。牛乳的水分是由乳腺细胞所分泌，此种水分和普通的水不同．它溶有可溶性物质。牛奶中的水分含量通常为87%左右，最高量为90.6%，最低量为80.32%，牛乳中其他成分含量变化时，水分含量就会随之改变。

（2）乳脂肪。乳及乳制品之所以具有美好的风味，以及它的用途广泛等，均是由于乳脂肪的关系。从乳中分离出来的脂肪称为白脱油或黄油、奶油。乳中脂肪含量通常为3.5%左右，但常因牛的种类和品种不同而有很大的差异。例如我国的黄牛，产乳量虽少于乳牛，但乳脂肪达6%，水牛乳脂肪有时可高达11%。乳中的脂肪呈极细小的球体，均匀地分布在乳汁中，脂肪球的外面包有一层乳清或蛋白质薄膜，乳脂肪球的平均直径为1.6～10μm。脂肪球的大小及乳脂芳香和消化率有密切关系，一般来说，大的脂肪球芳香味浓，但消化率不如小的脂肪球；小脂肪球芳香味不如大脂肪球，但比大脂肪球易于消化。

（3）乳中的蛋白质。乳中的蛋白质按其存在状态可分为溶解的和悬浮的两大类。乳中蛋白质含量为3%～4%，其中干酪素占2.8%左右，白蛋白占5%左右，球蛋白占1%左右．

干酪素又称为酪蛋白，为乳蛋白的主要成分，约占乳蛋白总量的80%左右。干酪素由以下几种元素所构成：碳53%，氢7.11%，氮15.65%，氧22.6%，硫0.78%，磷0.85%。干酪素在牛乳中呈悬浮状态，不溶于水，加热时不凝固，但可被酸和皱胃酶所凝固。干酪素常与钙形成干酪素钙，新鲜乳之所以呈两性反应，即由于此种化合物的存在。这种化合物可以溶于稀碱或强酸中，用过滤的方法可以从乳中提取出来。纯干酪素为白色，无味，呈不定型的粉状，除供食用外，也可供制造人造琥珀、人造象牙、人造珊瑚和硬玉制品等，此外在防水胶、油漆、皮革上光等方面也有比较广泛的用途。酸类除可使干酪素凝固外，还能引起其中钙的分离，而皱胃酶不能使乳中的钙分离。干酪素的凝结在实际应用方面有着很重要的实践意义，酸乳及干酪的制造即基于此种化学作用。

白蛋白又名清蛋白，在乳中约占15%，与干酪素的区别是白蛋白组成能溶于水，不被稀释和皱胃酶所凝固，仅加热至70℃以上，即开始凝固。白蛋白由以下几种元素所组成：

碳 52.19%，氢 7.18%，氮 15.77%，氧 23.13%，硫 1.73%。白蛋白是乳中天然免疫体的重要组成部分，在初乳中白蛋白的含量可达 4%。白蛋白具有重要的生理作用，特别是对幼小动物或幼儿甚为重要。

乳球蛋白在正常乳中含量很少，一般不超过 1%，而在初乳中含量可达 11%，根据研究材料表明，球蛋白是乳中天然免疫体的载体。球蛋白在酸性条件下，加热时可以凝固 0.4% 乳糖，乳糖是乳汁中特有的成分，在普通的牛乳中其含量通常为 4%～6%。乳糖是双糖，分子式和蔗糖相同但结构式不向。乳糖不易溶于水，故甜味不如蔗糖。乳糖可溶于乳汁的水分中。乳糖在乳酸菌的作用下，先分解为己糖，再分解成乳酸。

乳汁中含人体所需要各种无机盐类，含量虽少，但却是乳汁中不可缺少的成分。乳汁中无机盐类的含量基本上恒定，不受哺乳类动物的类别和品种的影响，通常为 7%左右。乳中所含的无机盐类虽然是微量的，但在加工中对乳的热稳定性十分重要，特别是乳中钙、镁、磷酸和柠檬酸之间的平衡，不仅对热稳性有影响，同时对乳在常温下的稳定性也有明显的影响。

（二）牛乳的初步加工

牛乳的营养虽佳，可是食用处理不良或不卫生的牛乳不但无益反而会传染疾病，这是因为牛乳是各种细菌繁殖的良好培养基地，特别是生乳，如不经正确的处理加工，饮用后极易患病。牛乳中的病原菌主要有结核菌、伤寒杆菌、白喉杆菌等，其次为动物传染性疾病，这同样也能影响人体健康，如炭疽杆菌、布氏杆菌致病性链球菌等，上述病原体系挤乳工人和乳牛患病所致。生乳可能含有病原体，因此市销鲜乳必须经过消毒后方能出售。

1. 牛乳的消毒

牛乳消毒一般采用巴氏消毒法，这种方法分低温和高温两种。低温巴氏消毒法是将牛乳放入专用的巴氏消毒器中，将牛乳加热至 63℃，持续 30 分钟。高温巴氏消毒法是将牛乳加热至 73.8～76.6℃，持续 1 分钟，或者将牛乳加热至 82.2℃，持续时间不超过 5 秒钟。

一般市销牛乳均用低温巴氏消毒法；乳品加工时，有时则采用高温消毒法。低温消毒法的优点是效果可靠，温度比较容易掌握，营养成分损失小，乳中蛋白质因加热凝固而损失也少，其缺点是消毒时间长，需要比较多的消毒设备；高温消毒法的优点是在短时内可消毒大量的牛乳，缺点是温度不易掌握，容易造成消毒不彻底或超过标准规定的温度和时间，此法消毒的牛乳，乳牛必须全部经过结核菌素检验并呈阴性反应者，方可使用。牛乳消毒需经加热过程，乳中成分也随之发生相应的变化，在加热过程中，乳中各主要成分的变化情况如下。

① 蛋白质。当乳加热至 40℃左右时，由于一部分干酪素的肢体溶液逐渐转变为凝胶状态，而开始形成一层薄膜，当温度达到 60～65℃时，乳蛋白开始变性，此时还不能形成沉淀，但已转变成在酸的作用下容易凝结的形态。

② 乳糖。加热煮沸牛乳不会引起乳糖的变化，只有在更高的温度下乳糖才会分解，与此同时乳的色泽变暗。

③ 乳脂肪。未加热的乳，乳脂肪有黏合的能力，当乳加热至 62℃以下时，乳脂肪仍具有此种能力，当温度上升至 62℃以下时，乳脂肪开始分散。

④ 无机盐类。当牛乳加热时，乳中的无盐类常随蛋白质的变性而有所减少。

2. 牛乳的灌装

消毒后的牛乳应及时灌装和冷藏，以便分送用户或送往市场销售，牛乳经灌装后便于分送、运输和保管。灌装已消毒的牛乳，防止微生物的污染，造成损失，同时还可防止外界污物，防止变味和营养成分的流失，灌装容器要有一定的强度，重量轻、无毒，不与牛乳发生化学变化，易于清洗，适合自动化满装，美观、价廉。目前，灌装牛乳的容器多为玻璃瓶、塑料瓶、四面体塑料复合纸袋。

（三）牛乳运送

牛乳的运送可分为三种形式：乳罐车、乳桶和瓶装。前两种多用于运往乳品加工厂和食品加工厂，后者为送往市场零售和用户饮用。运送鲜乳时应避免受热，特别是春末和初秋应注意。为了保持乳的质量，自牛乳消毒后至送至消费者手中，时间以不超过 20 小时为宜(其中包括消毒后在冷库中存放的时间)。牛乳自冷库中取出准备运送前，乳温不宜高于6℃，温度过低时脂肪容易分离，温度过高则容易变酸凝结。炼乳分甜炼乳（加糖炼乳）和淡炼乳（无糖炼乳）两种，以甜炼乳销售量最大。所谓甜炼乳，即在原料牛乳中加入15％～16％的蔗糖，然后将牛乳的水分加热蒸发，浓缩至原体积的 40％左右。浓缩至原体积的50％左右，不加糖者为淡炼乳。

（四）乳粉

(1) 乳粉的性质。乳粉的性质与原料的化学成分有关系，加工良好的乳粉不仅保持着鲜乳的原有风味，按一定比例加水溶解后，其乳比液也应和鲜乳极为接近，这一点对饮用极为重要。质量优良的乳粉，1 份可全溶于 8 份水中。乳粉的溶解度与加工方法有密切关系，喷雾干燥法乳粉，其溶解度为 97％～99％。

(2) 色泽。正常的乳粉应为淡黄色，这种色泽系由乳中的色素所形成。乳粉的色泽与原料乳的成分、加工方法、酸度等有密切关系。如果乳汁中含胡萝素较多，加工温度较高时，所加工出的乳粉色泽偏深，反之则较浅。

(3) 吸湿性。各级乳粉，不论其加工方法如何，均有吸湿性，其性质不利于乳粉的储存，乳粉吸湿后会凝结成块。

(4) 滋味。正常的乳粉带有微甜，细咸适口的滋味，由于乳粉具有吸收异味性，故原料乳的状况、加工方法、容器等均影响乳的滋味。

(5) 对凝乳酶的反应。由于乳粉加工方法的不同，对凝乳酶的反应也有所不同，用喷雾干燥法制造的乳粉，在加水溶解后，对凝乳酶仍有反应。而用滚筒法所制造的乳粉，由于加工过程中所使用的温度偏高，当乳粉加水溶解后，对凝乳酶无反应。

(6) 乳粉的制造。目前，我国生产的乳粉为喷雾干燥法，生产优质的乳粉必须注意原料乳的质量，因此原料入厂后必须经过严格检验，如乳的风味、色泽、酒精实验、乳温、密度、杂质度、酸度、脂肪含量、细菌数等，合格后方可使用。其中酸度最为重要，我国规定创造乳粉原料乳的酸度不得超过 20％，因为原料乳的酸度如果过高，则会严重影响乳的溶解度，在储存中也极易导致乳粉的变质。

原料乳应符合以下要求：

①由健康乳牛挤得的新鲜乳汁；②产前 15 天的胎乳和产后 7 日内的初乳不得使用；③不得带有肉眼可见的杂质；④具有新鲜牛乳有的风味，不得有饲料味、苦味、涩味等异味；⑤乳汁应是均匀无沉淀的液体；⑥色泽为白色或稍带微黄色，不得呈红色、黄色；⑦酸度不得超过 20％；⑧脂肪含量应高于 3.2％，非脂团形物应高于 8.5％水牛乳，乳脂肪应高于 8.5％，非脂团形物要高于 10％；⑨原料乳中不得加入任何防腐剂。

(7) 乳粉的质量指标。乳秘的质量可以从感官指标来评定

① 感官指标。包括气味和滋味、组织状态、色泽、冲调性四个方面。

a. 气味和滋味。正常的乳粉无其他杂味。凡具有加热过度的气味和滋味、饲料余味、异味、脂肪氧化味、焦臭味、不新鲜的滋味，其他油脂味等，在感官评定时均需按标准规定扣分。凡气味和滋味、稍有苦味、腐败味、发霉味、化学药品和石油产品气味者，一律作废品处理，不予评定。

b. 组织状态。正常的乳粉应呈干燥的粉末状，无凝块或结团，凡有凝块和结团者须视情况给予不同扣分。

c. 色泽。正常的乳粉应呈浅乳黄色，而且色泽均匀一致。非上述正常色泽者均应扣分。乳粉的色泽与原料乳的新鲜度、加工工艺、乳粉含水量等有密切关系。当原料乳酸度过高，而又经碱中和者，制出的乳粉色泽发扬。在正常的加工条件下，一般不会使乳粉变褐。如果预热杀菌时温度过高或时间过长，喷雾干燥后，乳粉又长时间处于高温条件下，乳粉的色泽便会加深或变褐。当乳粉含水量超过5%，储存温度又超过70℃时，不论何种包装的乳粉都易使色泽变褐。

d. 冲调性。将乳粉倒入25℃的水里，水面上的乳粉很快润湿并下沉，完全溶解。无团块和沉淀者为优品。感官评定乳粉质量时，照百分制计分。

② 理化指标。乳粉的理化指标包括水分、脂肪、酸度、重金属（铅、锡、铜），溶解度及杂质度。溶解度是一项重要的物理指标，质量优良的乳粉用水复原后，必须完全溶解成乳状液，不应有未溶的残渣。影响乳粉溶解度的因素主要有原料乳的质量、乳粉的制造方法及工艺技术条件、乳检的含水量，乳粉包装质量、储存条件和储存时间的长短等。乳粉的杂质度是指原料乳中不溶性杂质的多少，原料乳中的杂质大多来自容器、加工用具、管道等。乳粉在加工前，原料乳虽经净化，但仍有微量杂质存在。乳粉的水分和乳粉的储存期限有密切关系，高水分易造成乳粉的结块，从而会使溶解度降低，包装密封性应良好。

③ 微生物指标。微生物指林包括杂菌数及大肠杆菌两项。乳中的微生物来自多方面，乳牛场的环境、乳牛、挤乳工人、盛乳及运乳的各种容器均和乳中微生物有密切关系。保持各个环节的卫生条件是防止乳汁污染微生物的有效措施。微生物在乳中较易繁殖生长，这是由于牛乳本身就是各种微生物的良好培养基。由于目前的生产条件所限，鲜乳中不可避免地混有这种或那种微生物，而在乳粉加工过程中，乳中的微生物并未彻底杀死，因此为了取得优质乳粉，除乳粉加工各个环节注意清洁卫生外，原料乳也必须清洁卫生。麦乳精是以乳粉、炼乳、蛋粉和麦精为主体，并添加有可可粉、砂糖、葡萄糖、奶油、柠檬酸、维生素等成分，经真空或喷雾干燥而制成的一种速溶合乳饮料。由于麦乳精含有多种成分，不仅可作为一种营养品，同时也是一种富有营养性的饮料。

二、酒类

酒是很特别的一类商品，它与人们的精神生活关系密切。正因为如此，它虽不能算是生活必需品，但它的生产与经营都很受重视。

（一）酒的酿造原理

酒的酿造是极其复杂的生理生化过程。酒在酿造上都有其特定的方法，但在不同酒的酿造方法中，存在一些普遍的、规律性的东西，这就是酿酒的基本原理。

（1）淀粉糖化。淀粉糖化是指原料中的淀粉转变为可发酵酶的过程。酿酒生产中除果酒、葡萄酒等少数酒品是使用含有大量葡萄糖的原料直接发酵酿酒外，大多数酒品是以淀粉为原料酿造的。因此，要进行工艺处理，使淀粉转化为葡萄糖。淀粉糖化过程一般需要4～6小时，糖化后的原料可以用来进行酒精发酵。

（2）酒精发酵。所有酒品的酿造都需要经过酒精发酵过程。酒精发酵原理一样，但方法很多，如白酒入池发酵，黄酒入缸发酵等。

（二）酒的分类

酒的种类很多，常见的分类方法有以下几种。

1. 按酒精含量分类

按酒精含量，可将酒分为高度酒、中度酒和低度酒。酒的度数，简称酒度，指的是在20℃时酒精与酒体的容积百分比。如1mL的酒，其中含酒精量为0.5mL，此酒的度数即为50度。

（1）高度酒。酒度在40°以上者，多为蒸馏酒，如各种白酒、白兰地。

（2）中度酒。酒度在20°～40°之间，如药酒等配制酒。

（3）低度酒。酒度在20°以下，如黄酒、葡萄酒、啤酒等各种发酵原酒。

2. 按制作工艺分

按制作工艺，可将酒分为蒸馏酒、发酵原酒和配制酒。

（1）蒸馏酒的酒度一般在40°以上，刺激性强，耐储藏。如白酒、白兰地、威士忌等各种高度酒。

（2）发酵原酒，又称压榨酒或酿造酒，多数低度酒，如啤酒、葡萄酒、果酒、黄酒等，都是发酵原酒。它们大多保持有原料本身固有的自然芳香味，营养丰富，酒体醇厚。这类酒不如蒸馏酒耐储藏，除黄酒和部分酒精度较高的葡萄酒之外，不宜久储。

（3）配制酒，一般中度为多。以芳香原料或直接加水果配制、浸泡而成的酒称为露酒，如青梅酒、玫瑰酒等；以中草药配制、浸泡而成的酒一般称为药酒，如竹叶青、五加皮等。

3. 按商业经营习惯分类

按商业经营习惯，酒可分为白酒、果酒、色酒。

（三）各类酒的质量特点

1. 白酒

（1）白酒的成分。白酒的主要成分是乙醇和水，二者约占总量的98%以上，其余成分为高级醇、有机酸、脂类、多元醇、酚类及其他微量成分。这些成分含量虽少，却与白酒的品级质量关系密切。白酒中也含有一些危害人体健康的成分，这些成分在食品卫生标准中有限制性指标。

乙醇，即酒精，是白酒及其他各类酒中的基本成分。白酒的酒精含量因酒类品种的不同有区别。目前，国内市场上酒度在30°～40°之间的白酒品种逐渐多起来。

酸类。发酵过程中产生的有机酸是白酒中的主要呈味物质，它与其他香味物质共向构成白酒特有的芳香，但有机酸的含量低，酒味单薄、后味短，高了则酒味粗糙，风味变劣。在白酒储存过程中，有机酸还能与醇类发生脂化反应，形成芳香的脂类物质，提高白酒香气。

醛类。微量的酸类能使白酒气味芬芳，但醛类具有很强的刺激性和辛辣味，有害于人体健康。白酒中的醛类主要是乙醛。新酒含醛较多，经过储存后减少。另外，乙醛与酒精发生缩合反应会牛成芳香的乙缩醛。

酯类。是白酒中芳香物质的主要成分，不同的酯有各自特有的香气，优质白酒酯类物质含量较丰，品种也较复杂。人们常以香型来对优质白酒分类。白酒储存中由于酯化反应，酯的含量会提高。这也是优质酒必定要经过陈酿的原因。杂碎油产生于酿酒原料中的蛋白质成分，为无色油状物质、苦涩味，使人头痛、头晕，在体内氧化慢，停留时间长。甲醇能在人体内氧化成毒性很大的甲醛，过度饮用甲醇含量高的白酒会头晕、耳鸣、视力模糊，严重中毒会导致失明、呼吸困难、昏迷，甚至危及生命。

按我国食品卫生标准规定，粮食白酒每百毫升中甲醇含量不得超过 0.04g；原料酒不能超过 0.11g；白酒中的铅主要来自酿造设备、盛酒容器等的污染。根据国家食品卫生标准，白酒中含铅量不能超过规定量。

(2) 白酒的香型。我国习惯将各地所产优质白酒划分为以下五种类型。

酱香型。酱香型白酒的特点是酱香突出，幽雅细致，酒体醇厚，回味悠长。酱香型白酒略有焦香，但不过头。饮酒之后空杯的香气经久不散，酱香型白酒在我国品种并不多，但都很有名，如贵州茅台酒、四川郎酒和湖南常德武陵酒。

浓香型。浓香型白酒种类很多，但其共性是容香浓郁，清冽甘爽，绵柔醇厚，香味协调，尾净余长。民间称之为“香浓郁，入口绵，落口甜”。其香气主体成分是乙酸乙酯和适量的丁酸乙酯。浓香型白酒名品很多，泸州老窖、五粮液、洋河大曲、古井贡酒、山东曲阜孔府家酒、安徽淮北口子酒等深受消费者欢迎的中档白酒均为浓香型。

清香型。清香型酒的风味特点是清香纯正，口味谐调，微甜绵长，余味爽净。该类酒主要香气成分是乙酸乙酯和乳酸乙酯。清香型白酒的典型代表有山西杏花村汾酒、河南宝丰酒、山西祁县六曲香。

米香型。米香型白酒的风味特点是米香清雅，曲酒本属米香型。其主体香气成分是乳酸乙酯为主。米香型酒的代表有三花酒、广东五华县的长乐烧、湖南浏阳河小曲等。

其他香型。其他香型酒入口柔绵，满口甘甜，回味协调。该类酒的主要香气成分是乙酸乙酯。代表品种有广西桂林遵义董酒、陕西凤翔西凤酒。

(3) 白酒的质量鉴定。对白酒进行感官鉴定的指标包括色泽、香气和滋味。白酒一般应无色透明，明亮无悬浮物、无浑浊和沉淀。发酵较长、储藏期较长的优质白酒略带微黄是允许的。

优质白酒芳香扑鼻。白酒的香气可分为溢香、喷香和留香三类香气。品酒时当鼻腔靠近杯口，顿觉芳香物质就散于杯口附近，这叫温香（也叫闻香）。酒液进入口腔，香气立即充满口腔就叫喷香。一般白酒都应有一定的溢香，名优白酒要兼有溢香、喷香和留香。而且香气典雅纯正，不带异味。

白酒滋味要纯正，无强烈的刺激性。白酒的滋味与其香气是协调一致的。香气较好的滋味也较好。优质、名牌酒要求滋味醇厚、味长，甘有回甜，入口各味协调，有愉快舒适的感觉。

2. 啤酒

在我国，啤酒是新兴饮料酒，目前发展速度很快，能与传统饮品白酒一争高低。

(1) 啤酒的度数与啤酒种类。按原麦汁浓度分，有低浓度、中浓度、高浓度啤酒。低浓度啤酒原麦汁浓度在 8°，酒度为 2°左右，该类啤酒用料少、成本低、稳定性差，适宜于夏天作清凉饮料。中浓度啤酒原麦汁浓度存 10°～11°之间，酒度在 2.9～3.7°之间，这种啤酒稳定性好，杀菌后可储存较长时间，是啤酒中的大宗产品。高浓度啤酒原麦汁浓度在 14～18°之间，酒度在 4.1～4.5°之间，这类啤酒稳定性好，口味醇厚，耐储。

按颜色分有淡色、浓色两种啤酒。按杀菌与否分行生啤（鲜啤）和熟啤酒之分。除按上述方法分类外，也可以容器不同来分类。如今，随消费者口味的改变及人们对健康的追求，满足新市场需求的啤酒品种一一问世，如干啤、无醇啤酒、果味啤酒等。

(2) 啤酒的感官鉴定和主要成分指标。啤酒均要求酒液透明，无明显悬浮物和沉淀物。

色泽：啤酒的色泽决定于麦芽的颜色。不同种类的啤酒颜色有相应的要求。一般的要求是颜色应鲜明、协调，色度应在标准规定范围之内。鉴定色泽的方法采用比色法。

泡沫：酒类中唯有啤酒将泡沫作为一项质量指标。要求啤酒倒入杯中，即时有泡沫升起。泡沫以洁白细腻为好，起初时要盖满酒面，并应缓慢消失，持久地挂杯。

香气和滋味：正常淡色啤酒应具有新鲜的酒花香气。饮后口味纯正，浓色啤酒应具有明显的麦芽香，无不愉快气味，饮后口味纯正，浓厚爽口。

酒精：啤酒的酒精成分低，大都在3%～5%之间。

二氧化碳：二氧化碳对于啤酒来说是重要成分，含量在3%略高一点，二氧化碳的含量可用气压计测定。

甘油：甘油是酒精发酵的副产物，适量甘油的存在浸出物，浸出物指糖分、酸类、含氮物、矿物质等，浸出物含量在3%以下，浓色啤酒在5%～9%。

3. 黄酒

黄酒是我国最古老的一种饮料酒，黄酒的甜醇不亚于许多名品洋酒。黄酒酒度不高，营养价值高，是很具发展前途的“健康饮料”。黄酒的成分包括糖分、酒精、甘油、有机酸、维生素等。黄酒除了饮用外，还可以制成药酒，在烹调时，黄酒是烹制荤腥类食品的重要佐料。

黄酒的种类。我国黄酒有许多品种。在消费者中影响很大的可按产地及风格上的差异归为以下三类。

南方粳米黄酒。绍兴酒为此类酒中的佼佼者。建国后举办的历届全国评酒会中，该酒皆获国家级名酒称号。绍兴酒酒色褐黄滑亮，因久储而香高味浓，故又称“名酒”。根据口味、配制技艺上的差别，绍兴酒又可划分为元红酒、加饭酒、善酿酒。元红酒和加饭酒含糖分少，属干型黄酒，酒度两者有区别，前者为15°，后者为16.5°。善酿酒为半甜型，酒度为14°。香雪酒为浓甜型黄酒，酒度在20°左右。

南方红曲黄酒。名品有福建名酒和龙岩沉缸酒，它们在东南沿海地区很有名。福建老酒呈褐黄色，酒香浓郁，口味醉和，甜度爽适，余味绵长，是半甜型黄酒，酒度适中，在14～17°，为福建传统产品。沉缸酒酒度20°，糖分高达22%，酒色褐红，明亮透明，入口有稍稍的黏稠等，似蜂蜜，其甜味与酒的刺激辛辣、酸的爽口味与红曲特有的苦、香配合非常和谐，使人饮之难忘。

北方黄酒。又可分为山东产的黍米黄酒和东北的吉林清酒两类。山东以黍米为原料酿制的黄酒著名品种有即墨老酒，即墨老酒呈黑褐色，清亮透明，酒香浓郁，酒度在11°左右，含糖量8%左右，入口醇香，甘爽清口。回味悠长。吉林清酒以大米为原料，以纯种培养的米曲霉和清酒酵母为糖化发酵剂制成。酒度在16°～17°，酒色淡黄，清澈透明，香气清雅，滋味纯正。

4. 葡萄酒、果酒和露酒

葡萄酒在国内消费市场上风头十足，大有与白酒较劲之势。葡萄酒种类很多，通常按以下依据去分类。

按颜色分类可将葡萄酒分为红、白两类，红葡萄酒用红色或紫色葡萄为原料，采用皮肉混合发酵方法制成，因酒中溶有葡萄的色泽，经氧化而呈红色或淡红色。红葡萄酒口味甘美，酸度适中，香气芬芳。酒度一般在14°～18°之间。白葡萄酒是用黄绿色葡萄或用红皮白肉的葡萄为原料，采用皮肉分离发酵而成后，酒的色泽多为麦秆黄、淡黄或金黄，酒液澄清透明，口味纯正，酸甜爽口。一般为2°左右。

按含糖量分类，可将葡萄酒分为干型、半干型、半甜型和甜型四类。同样的分类名称也见之于黄酒。干葡萄酒每升含糖量为4g以下，在口中无甜味，只有酸味和清香爽口的感觉，在西方，这种酒是销量很大的佐餐酒。半甜葡萄酒每升含糖在 4～11g，在口中微有甜感或厚实的味道。半甜葡萄酒每升含糖在 11～16g，口味略甜，醇厚爽顺。甜葡萄酒每升含糖在 50g 以上，酒有明显甜味，较符合我国消费者的饮酒习惯。

按酒中葡萄原汁含量高低分类有全汁葡萄酒和半汁葡萄酒。全汁酒是用 100％的葡萄原汁酿造而成，高档葡萄酒一般均为全汁酒，酒的酿制工艺也相对复杂。半汁酒葡萄原汁含量在 50％以下为中档酒，在 30％以下为低档酒，这类酒在酿造过程中要加入砂糖、酒糟等，故口味欠佳，营养偏低。

按酒中二氧化碳压力分类，葡萄酒可分为平静型、起泡型、加气起泡型几类。平静型葡萄酒指在 20℃时，酒中二氧化碳的压力小于 0.5MPa 的酒。起泡型葡萄酒是指以原酒经密闭发酵产生二氧化碳，使酒液在 20℃时瓶内二氧化碳的压力大于或等于 35MPa 的酒。加气起泡型葡萄酒是指瓶内二氧化碳压力在 20℃时大于或等于 35MPa 的酒，这种葡萄酒的二氧化碳是全部或部分由人工充填，故而得名“加气”葡萄酒。在国际市场上久负盛名的香槟酒即是一类特制的起泡或加气起泡葡萄酒。香槟酒因原产法国香槟省而得名，按瓶内压力及内液品质的区别分为大香槟、中香槟和小香槟。大香槟以特制巨型耐压玻璃瓶盛装，瓶内压力高于 4 个大气压。

果酒是指除葡萄酒之外的以其他各类果实为原料配制的酒。此类酒的命名以果实名称而定，如在我国就有山楂酒、苹果酒、海棠酒、梨酒、杨梅酒、猕猴桃酒、石榴酒等。露酒中虽也有以果实命名的，但它的制作方法与果酒有根本区别，果酒是发酵原酒，而露酒是以成品酒为酒基配制而成，酒可以是白酒、黄酒、葡萄酒，有时也用食用酒精调制，可以是成品酒与香料、糖等配制而成，也可以直接浸泡水果、中药而制成。露酒酒度差异大，但多为中度，色泽也不同，含糖量普遍高，因配制酒含糖高、口感好、营养价值较高且色泽诱人，颇受女士及老人的青睐。

三、茶叶

茶叶与可可、咖啡同为风靡世界的三大饮料，茶叶是能满足消费者特殊需要的嗜好食品，同时又是对人体健康十分有益的健康食品，其商业价值取决于化学成分。

（一）茶叶的成分

（1）茶多酚类物质。茶多酚类物质又叫茶单宁物质，是以茶为主体的多酚类化合物，是茶汤特别是红茶汤呈色的主要物质，也与茶叶的苦涩味有关。茶多酚类物质对人体有多种药理作用。如茶素具有杀菌、除压、强心作用，并对尼古丁和吗啡等对人体有害的生物碱有解毒作用。

（2）生物碱类物质。茶中的生物碱主要为咖啡因。咖啡因能兴奋中枢神经，解除大脑疲劳，强心利尿，减轻酒精、烟碱等有害物质对人体的伤害。饮茶的愉悦、奇妙感觉主要产生于咖啡因。咖啡因的有无可作为判断茶叶真伪的标志。咖啡因在茶叶中的含量一般为 2％～4％，弱光条件生长的茶叶含量较多，叶片越幼嫩其含量越多。

（3）芳香物质。人们在饮茶时首先感觉到的就是茶叶的香气。茶叶的香气可分为酒香、栗香以及各种花香。茶叶的香气是决定茶叶品质好坏的重要因素之一。茶叶的香气来自于茶叶所含的芳香物质。茶叶中的芳香物质多达数百种，但绝对量并不大，起重要作用的也就是青叶醇、苯甲醇、苯乙醇、苯甲醛等。鲜叶中芳香物质含量高低受茶树品种、茶叶老嫩、季节、气候等条件影响，一般是嫩叶高于老叶，红茶高于绿茶，高山茶高于本地茶，新茶高于陈茶。

（4）维生素和矿物质。茶叶中含有多种维生素，每斤绿茶约含维生素C135mg，其次是B族维生素。还含有多种矿物质，特别是氟含量很高。

（5）氨基酸。茶中的氨基酸为主要呈味物质，这与茶叶香气关系很大。氨基酸的存在使绿茶汤更鲜亮、味更丰满。有的氨基酸在热水冲泡后会与糖类物质发生化合作用，发出诱人的香气，比如丙氨酸就有类似玫瑰的香味。

（6）其他成分。茶叶中的其他成分还有含量高达20％～30％的糖类物质，以及各种色素。糖类物质的存在使茶汤具甜醇味，色素的存在使不同类别的茶叶叶底和茶汤呈现与其品质相符的颜色。

（二）茶叶的类别、品质特点及加工

我国茶叶生产历史悠久，饮茶文化源远流长，茶叶的分类方法也不拘一格。存根据加工方法分类的，有根据销售习惯分类的，有根据销售对象分类的，还有根据加工程度分类的。最常用的分类是根据商业经营习惯兼顾茶观及品质特点，将茶叶分为红茶、绿茶、乌龙茶、花茶、紧压茶五大类。

1. 绿茶

绿茶的产量和销售量在我国均占首位。绿茶在初制时要采用高温杀菌，制止酶对茶多肽的氧化。绿茶按初制干燥方法不同，分为炒青、烘青和晒青三类。

（1）炒青。初制干燥用铁锅炒制的茶，称炒青绿茶。汤色叶底碧绿，香气清高，滋味浓，收敛性强，耐冲泡。炒青的主要品种又可分为扁炒青、长炒青和圆炒青。长炒青中的名品有碧螺春、庐山云雾、珍眉等。碧螺春产自江苏吴县太湖的洞庭山，并以洞庭山主峰碧螺峰所产品质最好。此茶纤细，卷曲似螺，白毫显露，色泽翠绿油润、汤色碧绿，清香持久，滋味清鲜回甜。该茶选用的茶树芽极为细微，每千克干茶的芽叶多达十万个以上。冲泡时必先往杯中注水，后放茶叶。扁炒青有龙井、旗枪和大力等名品。龙井茶因产自杭州龙井一带而得名，是闻名国内外的名贵绿茶。高级龙井是清明前两天茶树刚吐出幼嫩芽叶时采摘一芽一、二叶制成的，是龙井中的极品。中级龙井是按一芽二、三叶制成。龙井外形扁平，挺直光滑，大小匀齐，色泽嫩绿，色调均匀而油润，汤色清澈明亮，香气清鲜而持久，滋味醇美，有鲜橄榄的回味，叶底匀嫩成朵。所以龙井一向以色绿、香郁、味甘、形美而闻名中外。原产区的自然条件和炒制技术上的差异，以狮峰龙井的香气和滋味最有特色，梅家坞龙井的外形和色泽令人喜爱，西湖龙井则是叶质肥嫩，悦目动人。

圆炒青名品有珠茶，珠茶外形浑圆，紧结似珠。珠越精细，质量越佳。干叶色泽灰绿，有光亮的光泽，汤色清澈稍黄。香气纯正，滋味醇厚，叶底卷曲，叶片较大。珠茶中的佼佼者有浙江平水珠茶和安徽泾县涌溪火青。

（2）烘青。烘青茶干燥方式是采用烘笼或烘干机烘干，而非直接接触铁锈。烘青茶既是受消费者欢迎的成品茶，也是供制花茶的原料茶。烘青茶外形较为舒展，色泽翠绿油润，汤色黄绿明亮，香气清纯，叶底嫩绿匀齐。著名品种有黄山毛峰、太平猴魁、六安瓜片、信阳毛尖、君山银针等，主产地是安徽、湖南、河南等。黄山毛峰闻名遐迩，其茶树生长在海拔900～1000m、终年云雾缭绕、雨量充沛的高山上，芽叶肥厚，浓郁消香。黄山毛蜂外形纤细精巧，白毫显露，色泽油润光滑，嫩绿微黄，汤色清澈带杏黄，香气持久，清鲜似白兰香，滋味醇厚，回味甘甜，叶底嫩黄，匀亮成朵，叶芽肥壮，一芽带一叶，为全国著名绿茶之一，为名茶中之名茶。

（3）晒青。晒青是利用日光干燥的一类绿茶，其品质不及炒青和烘青，香气低，汤色和叶底黄。带有日晒味，这类茶除在产地销售外，多作紧压茶原料。主产于云南、湖北、湖南、贵州、广西等地。

2. 红茶

红茶是国际市场上的畅销品，我国所产红茶以外销为主。主要分为工夫红茶、小种红茶、红碎茶三类。

(1) 工夫红茶。工夫红茶是我国特有的传统产品，以做工精细而得名。工夫红茶在制作过程中很讲究茶的形状和色、香、味，特别要求紧卷、完整、匀称、洁净。其成品特点是条索紧细、色泽乌润、颜色红艳明亮、香气浓郁纯正、滋味香醇、叶底匀嫩鲜红。

(2) 小种红茶。小种红茶也是我国的物产，产于福建省。烘干时用松木熏至木香味。这是小种红茶与工夫红茶的最明显区别是小种红茶的品质特点是茶条粗实、叶质肥厚、包汗乌黑，汤色红浓、滋味爽口。

(3) 红碎茶。红碎茶在国际市场上很受欢迎。红碎茶在初制时经过充分揉捻和切碎、发酵、干燥，外形整齐一致，色泽乌黑，香气很高，滋味浓厚，汤色浓红，适于添加牛奶、柠檬、糖等饮用。因红碎茶制作时经揉、撕、切，使茶叶组织破坏，故饮用时一次冲泡就能将大部分有效成分浸出，这很符合西方人的饮茶习惯。

3. 乌龙茶

乌龙茶即青茶，是种半发酵茶。其制作方法兼有红茶和绿茶的发酵和杀青。其成品特点既有绿茶的鲜爽也有红茶的甘醇，而且叶底均有绿叶红镶边的特点。制作时将鲜叶置于特制容器内不断摇动，使茶叶相互碰撞至叶缘细胞破裂，茶汁流出，氧化发酵，发酵到适当程度后立即杀青，使发酵过程中止。这样，片片茶叶边组织经发酵，中心部分不发酵。故而形成叶底绿叶红镶边的特殊风格。乌龙茶也是我国特产，主产于福建、广东、台湾三省，以福建的产量最大，品种最多，质量突出。主要品种有安溪铁观音、武夷岩茶。经临床医学研究证明，乌龙茶对高血压、高血脂病有显著疗效。

4. 花茶

花茶需再加工，是由成品茶叶和鲜花窑制而成。多以所用鲜花命名。如茉莉花茶、柚子花茶、玫瑰花茶、桂花茶等。用于制花茶的茶坯通常是烘青绿茶。也用少量的炒青、乌龙茶和红茶。花茶的质量特点除了外形、叶底、色泽等方面与所用茶坯相同外，主要不同之处是香气，其次是滋味。高级花茶均要求香气鲜灵，浓郁清高，滋味浓厚鲜美，汤色清澈、淡黄、明亮，叶底细微、匀净、明亮。我国著名的花茶产地有苏州、福州、金华以及广西栈县、六安等地。花茶中茉莉花的窨制技术性最强，要求最高。茉莉花茶也是产量最大的茶。

5. 紧压茶

紧压茶即各种块状茶，其形状以砖形最多，还有碗形、饼形等。突出的特点是便于运输，便于储藏。紧压茶是用晒青和红茶的毛茶或脚茶做原料经蒸茶、装模或装篓压制而成。一般以较次的茶做芯，较好的茶叶做面，成品硬度高，需用刀砍下，捣碎煮制后饮用。

上述各类茶均为我国传统成茶品种。属茶中第一代产品。在这些产品基础上，考虑到境外消费者及现代消费者的需要，新一代的产品渐渐推出代表性品种的袋泡茶、速溶茶等。

(三) 茶叶的感官评审

茶叶质量的优劣反映在两个方面：一是感官质量，一是理化指标。在我国的，等级的划分、价值的高低主要根据茶叶外形、香气、滋味、汤色、叶底等项目，通过感官审评来评定。感官审评分为干茶审评和开汤审评。

1. 把盘

茶叶评审中把盘俗称摇样匾或摇样盘，是审评干茶外形的首要操作步骤。因茶类、花色不同，外在色泽、形状不一。然后取样茶，审评毛茶需 29g。审评毛茶外形一般是将茶样放入篾制样匾里，双手持样匾的边缘，做前后左右回旋转动。使样匾内茶叶均匀地按轻重、大小、长短、粗细等不同有次序地分布，然后把均匀分布在样匾里的毛茶通过反转、顺转集中成馒头形。这样的操作使茶叶分出上、中、下三个层次。粗长轻飘浮在上面的是面装茶、细紧重实位居中层的叫中段茶，片末与碎茶叫下段茶，沉积于底层。审评茶叶外形时，对照样茶。依次看面装，看中段，再看下段，根据各段茶的比重及品质情况，对样评比分析，确定等级。面装茶过多，表示粗老茶叶多，身骨差；下段茶多，要注意是否属本茶本末，条形茶或因圆炒香，如下段茶断碎片末含量多，表明制作品质有问题；中段茶多，则茶叶质量好。

审评圆炒青外形时，有“削”或“切”的动作，即用手掌沿馒头形茶堆面轻轻地像剥皮一样，一层一层剥开。逐层评比直至见底。还有一个“簸”的动作，先把削好的茶左右拉平，然后“簸”，并将样茶轻轻地左右摇晃两下，使样茶按粒大小从前到后依次排列。然后对样品定等级。评审毛茶外形，除以上“看”的操作外，还要抓一把干茶嗅干香及测水分。

审评精茶外形一般是将茶倒入木质审评盘中进行，手法、步骤与毛茶审评基本一致。在审评不能严格分出上、中、下三段的红碎茶时，要对此样茶评比粗细度、匀率度和净度，同时抓一撮茶在盘中散开，使颗粒型碎茶的重实度和匀净度更容易区别。

2. 开汤

开汤既泡茶或沏茶，为湿评内质重要步骤。开汤前先将审评杯碗洗净擦干，按号码顺次序排列在湿评台上。一般红、绿茶称样品 3g，投入杯中，杯盖放入审评碗内备用，然后以沸滚适度的开水从右到左以慢、快、慢的速度冲泡满杯，各杯水量一致齐口。冲泡第一杯时即应计时，并从低级茶泡起，随冲随加杯盖，盖孔朝向杯柄。5 分钟后按冲泡次序将杯内茶汤滤入审评碗内。倒茶时，杯应搁在碗口，杯中残余茶汁应完全滤尽。开汤后应先嗅香气，快看汤色，再尝滋味，后评茶底。但收茶站审评毛茶内质，除特种茶外，一般以叶底为主，香味汤色作为参考，只要求正常即可。

3. 嗅香气

香气的出现，是茶叶本身含有芳香物质。这些芳香物质微粒通过沸水冲泡而挥发，如果水温不够高，就会影响香气。嗅香气应一手拿住已倒去茶汤的评审杯，另一手半揭开杯盖，靠近杯沿用鼻轻嗅或重嗅。为了正确判别香气的高低和类型，嗅时应重复一两次，但每次嗅的时间不宜过久，过久不但容易失去嗅觉的灵敏度，而且杯数较多时，冷热程度不一，就难评比。每次审评时都要将杯内叶底抖动一下，未评之前杯盖不得打开。嗅香气应以热嗅、温嗅、冷嗅相结合进行，温嗅为主，必要时还要钩取杯中叶片放近鼻孔嗅香。

4. 看汤色

汤色又称水色，俗称汤门或水碗。审评汤色要及时，因茶汤中的成分和香气接触后很易发生变化，所以有的把评汤色放在嗅香气之前，汤色易受光线强弱、茶碗规格、容量多少、排列顺序、沉淀物多少、冲泡时间长短等各种因素影响，在审评时要给予足够注意。汤色以深浅、明暗、清浊等评定优次。

5. 尝滋味

评滋味应在评汤色后立即进行，茶汤的温度要适宜，湿度过高或过低都易失真。尝茶味的方法是用汤匙自审评碗中取汤入口，汤入后舌头快速循环打转，让舌头各部分在功能上有区别的味蕾全部进入工作状态，以便全面而客观地反映茶滋味。尝味后的茶汤一般不下咽。尝另一碗前，匙要用白开水漂净，以免串味。审评滋味主要以浓度、强弱、爽涩、鲜滞及纯杂等评定优次。

6. 评叶底

评叶底是根据叶底的老嫩情况及有无其他掺杂。评叶底时是将杯中冲泡过的茶叶（即叶底）倒入叶底盘或放入审评杯盖的反面，也可放入白色搪瓷深盘内。倒时要注意把细碎的粘在杯壁杯底的茶叶倒干净。观察其嫩度、匀度和色泽的优次，如感觉不够明显，可在盘里酌加茶汤，再将茶汁徐徐倒出，使叶底平铺或转翻观看，或将叶底盘反扑倒在桌面上观察，用漂盘看则加清水漂叶，使叶张漂在水中观察分析。评叶底时，要充分发挥眼睛和手指的作用。手指按叶张，感觉其软硬、厚薄、平突等，用眼睛看芽叶含量、叶张卷摊、光糙、色深及均匀度等，以区别好坏。

综上，茶叶审评一般是通过干评、湿评综合观察确定品质优次的。实践证明，每一项目的审评不能反映茶叶整体品质，茶叶各个品质项目相互之间有密切相关性。因此，综合审评结果时，每个审评项目之间应做仔细的比较参证，然后再下结论。对于不相上下或有疑难的茶样，有时应冲泡双杯审评，以取得正确评比结果。总之评茶时要根据不同情况和要求具体掌握，有的选择重点项目审评，有的则要全部审评。

第四节 食品的储藏方法

随着科学技术的发展，食品储藏方法和技术也不断完善和提高。一般来说，食品的储藏方法如下所列。

一、物理储藏法

（一）低温储藏法

低温储藏法，是利用低温延缓微生物的发育、抑制酶的活性和减弱食品原有风味和新鲜度、营养价值，因此它是食品储藏的重要方法。此法可分为冷却储藏法、冷冻储藏法。

1. 冷却储藏法。

冷却储藏又叫冷藏，它是以食品冰点（－1～2℃）温度以上的低温进行储藏的方法，储藏温度一般在0～10℃之间。因设备条件和制冷剂不同，有天然冰制冷的冷却储藏和氨及氟利昂制冷的机械冷却储藏。冷却储藏适宜的温度因食品的种类而有所不同。

对于肉、禽、蛋、奶和多数加工食品可采取接近食品冰点温度的低温来储藏。对于产地为热带和亚热带的产品如柑橘、香蕉、马铃薯、黄瓜、西红柿、茄子等，由于其生理特性适应于较高的气温，如果采用接近食品冰点的低温便能使其生理活动紊乱而招致“冷害”的出现。因此，这类食品的储藏温度不宜过低，如香蕉的储藏温度为9℃。

冷却储藏比常温下食品的储藏期限长，但是由于储藏温度在0℃以上，某些嗜冷微生物仍可活动，而且食品中酶活性也未完全被抑制，因此食品的储藏期限不宜过长。另外，在冷却储藏中还要搞好温湿度管理，尤其是生鲜食品需要保持较高的相对湿度（85%以上）以降低干耗；而对于鲜活食品则应严格掌握温度，防止库温降到0℃以下对食品造成冻害。

2. 冷冻储藏法

冷冻储藏又叫冻结储藏，它是先将食品在低于冰冻点的低温下冻结，再以0℃以下的低温进行储藏的方法。冷冻储藏，由于食品中水分大部分结成冰，减少了游离水，降低了食品的水分活性，低温抑制了微生物的活动和酶的活性，因而冷冻食品可以较长期储藏。

采用冷冻储藏的食品主要有肉、禽、蛋、鱼、水果、蔬菜等易腐性食品。作为冷冻储藏的食品，为了增加储藏期限，一般采用－18℃或－23℃的低温进行冻结，并以

－15℃或低于－15℃低温储藏。如果条件不允许，储藏温度也可采用－8℃，高于－8℃会缩短储藏期限。

食品冷冻的速度对于冷冻食品的质量关系极大。食品在冷冻加工中应采取低温快速冷冻，防止缓慢冷冻。因为缓慢冷冻时，冰晶在细胞间隙不断形成和增大，细胞内的水分不断向外扩散，进而使冰晶形成更大，由于水结成冰时其体积平均增加9%～10%，因而极易挤压细胞，使细胞发生形变和破裂，当食品解冻时冰晶熔化的水便不能再渗入细胞，大量水溶性物质和呈香、呈鲜物质随水从食品中流失，而降低了食品质量。采用快速冷冻时，细胞内的水分还来不及向外扩散出来时已达到了冰冻点，这样细胞内外都会出现冰结晶，均匀地分布在食品组织中，且结晶数量多，颗粒小，因而食品的组织细胞不会出现变形和破裂。这种快速冷冻的食品在解冻时可以避免汁液的流失。

冷冻储藏的食品在食用前需经解冻处理，一般应采用缓慢升温解冻法，避免快速升温解冻。因为前者能使冰晶慢慢融化成水并能渗入食品细胞中，保持食品的质量。而后者则由于冰晶迅速融化成水，大量的水不能渗入细胞而流失，也会降低食品的质量。

（二）加热灭菌储藏法

利用加热，杀灭食品中的绝大部分微生物和破坏食品中酶的活性的储藏方法叫加热灭菌储藏法。此法可分为高温灭菌法和巴氏消毒法。

(1) 高温灭菌法。主要用于长期保藏的罐头食品和蒸煮袋装食品（软罐头）。此法杀菌彻底，一般微生物和有芽孢的微生物都可以杀灭。缺点是食品的感官性状改变较大，各种维生素受到不同程度的破坏。

(2) 巴氏消毒法。一般用于那些不适于高温加热或作短期存放的食品，如鲜奶、果汁、果酒和清凉饮料等。巴氏消毒法分为高温短时间灭菌和低温长时间灭菌两种方法。前者一般采用80～90℃，加热1分钟或30秒钟，后者一般采用60～65℃，加热30分钟。巴氏消毒法对食品原有性状影响较小，对维生素的破坏也较少，但杀菌不彻底，只能短期保藏。

（三）干燥储藏法

通过各种措施降低食品含水量，使之成为干燥状态的一种应用广泛的储藏方法。由于降低其水分，微生物的活动和酶的活性受到抑制，食品成分的化学变化也趋缓慢。食品的干燥，有自然干燥法和人工干燥法两种。

自然干燥法，是利用日晒、阴晾、风吹等自然条件使食品干燥。此法经济方便、应用较广泛，如原粮、干果、干菜、水产海味干制品和粉类制品等。

人工干燥法有多种形式，其中热风烘干和直火焙干是经常采用的方法，干果、干菜、肉松、面包、饼干、糕点、茶叶、卷烟等多采用此种干燥方法。喷雾干燥主要用于奶粉、蛋黄粉、豆浆粉等。

干燥储藏的食品，需要有隔水性和隔氧性较好的包装，库内温湿度要低。

二、化学储藏法

（一）盐腌与糖渍储藏法

盐腌与糖渍是利用食盐或食糖的溶液的高渗透压和降低水分活性的作用，使微生物细胞的原生质脱水，发生质壁分离，其代谢活动受到抑制，甚至死亡，从而达到储藏食品的目的。

盐腌储藏法在我国应用广泛，如腊肉、板鸭、咸蛋、咸鱼、腌酱菜等。其中有很多还是我国的地方特产食品。一般在食品中加入食盐使其含量达到10%～15%。糖渍储藏法主要用于蜜饯、果脯和果酱等食品，一般加糖量在65%以上。

盐腌和糖渍的食品，一般吸湿性较强，在储藏中要注意防潮，否则食品受潮后，含水量增加，盐、糖的浓度下降，微生物仍可繁殖而变质。此外，还应降低储藏的温度。

（二）酸渍储藏法

微生物发育需要适宜的pH值，细菌适于中性，酵母菌和霉菌适于微酸性。因此，提高氢离子浓度，降低pH值使之呈较强的酸性，便可以控制微生物的繁殖。这是酸渍储藏法的原理。

酸渍储藏的食品中，酸黄瓜和醋蒜是加入醋酸以降低它们的pH值；酸白菜、泡菜和酸奶等则是利用乳酸发酵生成的乳酸而降低它们的pH值。

酸渍储藏的食品，由于水分含量高，只宜短期存放，并且要求低温储藏。

（三）烟熏储藏法

食品经盐腌后，再用柞木、椴木、杨木等木屑熏制或用废糖熏制。熏制依靠高温杀菌作用和熏烟中的成分（甲醛、酚、杂酚油等）的杀菌作用抑制微生物生长繁殖。同时，熏制过程中还有脱水作用。此法只能抑制表面的微生物，内部质量仍在变化，只适于短期储藏。应该指出，温度过高的烟气成分中还含有少量致癌性的物质，得引起注意。

（四）药品防腐储藏法

在食品中加入适量的食品防腐剂，利用这些药品能杀灭霉腐微生物而达到防腐的目的。常用的防腐剂有：苯甲酸及其钠盐，山梨酸及其钾盐等。多用于酱油、食醋、低盐酱菜、面酱、果酱、蜜饯、果汁、葡萄酒、罐头、汽水等食品。

应该注意的是，目前采用的防腐剂，如果超过规定限量都会对人体健康有一定影响。因此，在实际工作中对这些物质要求尽可能不用或少用，如果必须使用，应当严格控制使用范围和使用数量。

三、现代储藏方法

（一）气调储藏法

气调储藏从1918年法国柏拉德实验提出，至今已有很多年的历史。目前已遍及世界各国，它不仅用来储藏水果、蔬菜，而且已开始用于粮食、油料、肉及肉制品、鱼类、鲜蛋等多种食品的储藏。

1. 气调储藏的原理及优点

将鲜活食品储藏在一个密封的容器或库房内，自然地或人工地适当降低氧的浓度，提高二氧化碳的浓度，以延长食品储藏期的方法，称为气调储藏，也称CA储藏。气调储藏需有低温条件配合，才能收到良好的效果。

由于气调储藏降低了氧含量，增加了二氧化碳含量，故能减弱鲜活食品的呼吸强度，抑制微生物的生长繁殖和食品的化学成分变化，大大延长储存期。这是气调储藏的基本原理。

气调储藏与其他储藏方法相比，其优点是：

① 气调储藏在比冷藏温度稍高的情况下也可降低鲜活食品的呼吸强度，故可减少冷害。这对热带、亚热带地区储藏果蔬具有特别的意义。

② 由于控制低温和低氧条件，所以在储藏中能较好地保持食品的新鲜度，延长储藏期，且出库后可以延长货架寿命，延长鲜销时间。如苹果冷藏 4 个月左右品质会下降，出库后易腐烂，而气调加冷藏的苹果，经过 7 个月品质不变。

2. 气调储藏方式

气调储藏有普通气调储藏和机械气调储藏两种。普通气调储藏是利用鲜活食品本身的呼吸作用吸氧放二氧化碳来调节库内空气成分，如气密冷库、塑料帐幕法和塑料袋的气调储藏等。机械气调储藏是利用气体发生器和二氧化碳吸附器来调节仓库内的空气成分，这是机械化和自动化水平较高的储藏方式。

3. 气调储藏中应注意的事项

(1) 作为气调储藏的食品，要适时收获，严格挑选，尽快缩短产品从采收到冷藏气调的时间。

(2) 气调库应具有严格的气密性，不允许有漏气现象。

(3) 严格按照鲜活食品的生理特性选择适宜的库温和空气氧与二氧化碳的比例。

(4) 储藏期间，需要定期取样检查食品的质量变化。

(5) 保管工作人员进入气调库时，应有安全防护措施，防止因二氧化碳浓度过大、氧气不足而造成的窒息事故。

(二) 辐射储藏法

辐射保藏食品是一种发展较快的新技术和新方法。利用射线照射食品，可以延迟食品某些生理过程（发芽和后熟）的发展，起到杀虫、杀菌、消毒、防霉和防腐的作用。

早在 20 世纪初期，人们对辐射食品的可能性有笼统的认识，40 年代中期，人们相信了这种可能性，随之解决了一些存在的疑难问题。50 年代初，美国原子能委员会开始对利用辐射保藏食品的可能性进行小规模的研究。1959 年，美国陆军重点对几种肉类食品（香肠、猪肉、鸡肉和牛肉）进行大剂量辐照的试验，目的是解决他们战时用的给养。目前，已有很多国家开展这方面的研究，进行辐射储藏试验的食品有农产品、畜产品、水产品百余种。1958 年以来，我国有关部门开始了这方面的研究工作，取得一些成绩。

1. 辐射储藏的原理

目前用来照射食品的射线源是同位素钴 137 (^{60}Co) 和铯 137 (^{137}Cs)。这两种射线源都能放射出穿透力很强的 γ 射线。γ 射线是一种波长极短的电磁波，能穿透几百英尺的空气或几英尺厚的固体物，具有很强的杀菌力。

当 γ 射线照射食品时，使食品、微生物、害虫的成分变成带电的离子，这些离子不仅能杀灭微生物和害虫，而且也使鲜活食品的代谢活动受到抑制，如洋葱不发芽，香蕉成熟慢等，所以能使食品长期储藏而不变质。

2. 辐射剂量与储藏应用

各种辐射通过物质时被吸收的能量称为辐射剂量。辐射剂量的单位过去为拉德，目前改用戈瑞（1 拉德 $=10^{-2}$ 戈瑞）。辐射储藏时，因照射的对象不同，可以采用小剂量、中等剂量和大剂量三种不同的剂量。小剂量照射，射线剂量为 0.1 万戈瑞以下，主要用于抑制马铃薯、洋葱的发芽，杀灭肉类的病原寄生虫。中等剂量照射，射线剂量为万戈瑞，主要用于肉类、熟肉、鸡蛋、鱼贝类、水果、蔬菜等食品，杀灭沙门菌，结合冷藏，延长食品储藏期限。大剂量照射，射线剂量为 1.0～5.0 万戈瑞，可达到完全灭菌，主要用于冷冻的肉类、鱼贝类的长期储藏。

3. 辐射储藏的优点

(1) 辐射处理保存食品，不需要提高温度来灭菌，因此处理后的食品的色香味和质地保存较好，接近于新鲜食品。

(2) 因为 γ 射线的穿透力强，食品在包装和冻结的情况下，射线可以穿透进去，杀灭深藏于食品中的害虫和微生物，灭菌彻底。

(3) 辐射处理食品，即使不冷藏，也能保持新鲜状态数月或数年之久。

4. 辐射储藏食品质量变化

食品经 γ 射线照射后，也会产生一些质量变化，如颜色变暗，产生异味，破坏维生素等，这些变化可以采用适当的照射剂量，在低温下照射，以及改进包装等方法加以防止。世界各国经过大量的试验研究证明，只要照射剂量和照射条件适当，经过辐射储藏的食品是无害的，可以食用的。但也有一些实验表明，长期饲喂辐射食品的实验动物好像产生了某些变异。故辐射食品的卫生安全性还需进一步研究。

【案例点击】

绿茶详细的冲泡方法

绿茶是中国产茶区域最普遍的茶类，全国各产茶省均有出产。正因为如此，在中国，东南西北中，无论是城镇，还是村落，都有大批人饮用。绿茶属不发酵茶，富含维生素C和氨基酸，特色是鲜爽，幽香，光彩葱绿。冲泡绿茶就得把这些特色解释进去，是以沏茶水温，茶与水比例，浸泡时间，茶具挑选等都得掌握适当。普通茶与水以 1：50 为宜，最能反应茶叶品质。水过之太淡，茶过之则苦涩。因绿茶类采摘嫩叶或茶芽多，所以不宜用太高的水温来冲泡，沏茶水温在 85～90℃为宜，当然，还要视茶叶松紧水平。此外，亦忌长时间浸泡，不然苦涩味重。如冲法适宜，则茶汤碧绿，茶味幽香，味鲜清甜。茶具选用上看，有玻璃杯，白瓷杯碗。玻璃杯比较直观，能赏识清亮茶汤和葱绿嫩芽，有着出色的视觉效果，但品饮时不便拿取，易烫手。白瓷带托的茶碗或茶杯较为合适，既不影响香气，又便于拿取，不烫手。倡议利用瓷制茶具冲泡。绿茶冲泡的方法可分为以下几个进程。

(一) 选具：大凡高档细嫩名绿茶，普遍选用玻璃杯或白瓷杯吃茶品茗，并且不必用盖，一则增添透明度，便于人们赏茶观姿；二则以防嫩茶泡熟，丧失新鲜光彩和清鲜味道。至于一般绿茶，因不在赏识茶趣，而在解渴，或吃茶品茗交心，或佐食点心，或畅叙友情，所以，也可选用茶壶沏茶，这叫做“嫩茶杯泡，老茶壶泡”。按照品饮人数准备好茶杯、碗、茶叶罐、茶则、茶匙、赏茶盘、茶巾以及烧水壶。

(二) 观茶

(1) 观茶时，先取一杯之量的干茶，置于白纸上（或盛茶公用用具上），让品饮者先赏识干茶的色、形，再闻一下香，充分领略名优绿茶的自然风味。对一般绿茶，可免除观茶这一法式。

(2) 倾斜扭转茶叶罐，将茶叶倒入茶则。用茶匙把茶则中的茶叶拨入赏茶盘，赏识干茶成色，嫩匀度，嗅闻干茶香气。

(三) 温杯洁具：洁具就是将选好的茶具用开水逐一加以冲泡洗净，以洁净器具，增添吃茶品茗情味。温杯就是用开水将茶杯烫洗一遍，进步杯温，在冬天，尤显主要，利于茶叶冲泡。

（四）置茶：冲泡绿茶的茶杯普通容量为150毫升，用茶量在3克左右（置放相对于容器五分之一的茶量）。用茶匙将茶叶从茶盘或茶则中平均拨入各个茶杯内。

（五）浸湿泡：对名优绿茶的冲泡，一般视茶的松紧水平，采取两种方式冲泡：一是上投法，它适用于形状紧结的高档名优绿茶，诸如西湖龙井、洞庭碧螺春、蒙顶甘露、径山茶、庐山云雾等，即先将85～90℃的滚水冲入杯中，而后取茶投入，茶叶便会缓缓下沉。对条索比较疏松的高档名优绿茶，普通采取中投法，即先置茶，后冲入滚水。至于一般绿茶，当然是先置茶后冲水了。沏茶水温在85～90℃为宜，水量为杯容量的1/4或1/3，使茶叶吸水舒张，便于茶汁析出，约30秒后起头冲泡。

（六）冲泡：冲泡约三次，用“凤凰三颔首”法，冲水入杯内至总容量的七成左右，意为“七分茶、三分情”。用“凤凰三颔首”法三次“高冲”，使杯内茶叶高低翻动，杯中高低茶汤浓度平均。另一方面暗示礼仪，对主人到来以示接待。冲泡进程，请求水壶高悬，使水流有冲击力，并有曲线的美感。

（七）赏茶：这是针对高档名优绿茶而言的，在冲沏茶的进程中，品饮者能够看茶的展姿、茶汤的转变、茶烟的弥散，以及终极茶与汤的成像，以领略茶的自然风韵。

（八）奉茶：冲泡后尽快将茶递给主人，以便不失时机闻香品味。

（九）品饮：吃茶品茗前，一般多以闻香为先导，再品茶啜味，以品赏茶的味。饮一小口，让茶汤在嘴内回荡，与味蕾充分接触，而后缓缓咽下，并用舌尖抵住齿根并吸气，回味茶的甜美。绿茶冲泡，普通以2～3次为宜。若需再饮，那么，得从头冲泡才是。

（资料来源：108茶叶网　2010年8月）

思考：

1. 简述绿茶的特点。

2. 简述冲泡绿茶的流程。

3. 冲泡绿茶时应注意什么，为什么？

【任务设计】▶▶

食品类特性分析与质量鉴别

1. 任务目标

(1) 以具体商品（如：白酒）为例，通过实验，了解各种食品的特点及常用的鉴别方法；

(2) 学习酒类的审评方法和步骤，了解各类香型酒类的感官质量指标和鉴定方法；

(3) 培养学生根据商品质量特性，对商品进行鉴别的能力。

2. 案例引入

根据白酒的感官质量指标，对五种香型白酒的色、香、味进行评审，看是否符合白酒质量标准规格的要求。

3. 实施步骤

(1) 指导教师向学生讲解白酒的基本知识，并介绍实验内容；

(2) 将学生分为6～7组，每组7～8人；

(3) 为每小组准备各种香型白酒若干；

(4) 填写检验报告表（见表11-1）；

表 11-1　白酒检验报告表

<table>
<tr><td rowspan="2">白酒名称</td><td colspan="4">白酒的感官质量指标</td><td rowspan="2">鉴定结果</td></tr>
<tr><td>色泽 10</td><td>香味 25</td><td>滋味 50</td><td>风格 15</td></tr>
<tr><td></td><td></td><td></td><td></td><td></td><td></td></tr>
<tr><td></td><td></td><td></td><td></td><td></td><td></td></tr>
<tr><td></td><td></td><td></td><td></td><td></td><td></td></tr>
<tr><td></td><td></td><td></td><td></td><td></td><td></td></tr>
</table>

(5) 小组交流讨论，以锻炼学生驾驭语言的能力。

4. 检查评价（见表 11-2）

表 11-2　白酒种类及感官质量鉴别结果评价标准表

<table>
<tr><td>被考评人</td><td colspan="5"></td></tr>
<tr><td>考评地点</td><td colspan="5"></td></tr>
<tr><td>考评内容</td><td colspan="5">白酒种类及感官质量鉴别</td></tr>
<tr><td rowspan="4">考评标准</td><td>内容</td><td>分值</td><td>自我评价</td><td>他人评价</td><td>教师评价</td></tr>
<tr><td>白酒种类鉴别准确</td><td>40</td><td></td><td></td><td></td></tr>
<tr><td>同一种白酒质量好坏鉴别准确</td><td>40</td><td></td><td></td><td></td></tr>
<tr><td>团队协作良好，语言表达能力强</td><td>20</td><td></td><td></td><td></td></tr>
<tr><td colspan="2">合计</td><td>100</td><td></td><td></td><td></td></tr>
<tr><td colspan="2">总分</td><td colspan="4"></td></tr>
</table>

【思考题】

1. 食品的主要营养成分包括哪些？
2. 乳的化学成分有哪些？
3. 茶叶有哪些类？主要代表品种有哪些？
4. 我国白酒主要有哪些香型？代表品种有哪些？
5. 茶叶的质量是如何进行审评的？
6. 食品的储藏方法有哪些？

参 考 文 献

[1] 万融．商品学概论．北京：中国人民大学出版社，2005.
[2] 诸鸿等．日用工业品商品学．北京：中国人民大学出版社，1995.
[3] 袁长明．商品学．北京：化学工业出版社，2006.
[4] 宋杨．电子电器商品学．北京：中国物资出版社，2006.
[5] 谈留芳．商品学．北京：科学出版社，2004.
[6] 晏维龙．现代商业技术．北京：中国人民大学出版社，2005.
[7] 汪永太．商品检验与养护．大连：东北财经大学出版社，2004.
[8] 汪永太．商品学概论．大连：东北财经大学出版社，2005.
[9] 温继勇．食品营养与卫生．大连：东北财经大学出版社，2000.
[10] 李琦业，刘莉．纺织商品学．北京：中国物资出版社，2005.
[11] 霍红等．纺织品检验学．北京：中国物资出版社，2006.
[12] 李晓慧等．服装商品学．北京：中国纺织出版社，2000.
[13] 张智情．商品学基础．北京：电子工业出版社，2005.
[14] 汪永太．商品学．北京：电子工业出版社，2006.
[15] 赵苏．商品学．北京：清华大学出版社，2006.
[16] 窦志铭．商品学基础．北京：高等教育出版社，2005.
[17] 汪永太，李萍等．商品学概论．大连：东北财经大学出版社，2002.
[18] 曹汝英．商品学基础．上海：高等教育出版社上海高教图书发行部，2007.
[19] 李当岐．服装学概论．北京：高等教育出版社，2007.
[20] 李晓慧，宁俊．服装商品学．北京：中国纺织出版社，2003.
[21] 诸鸿．商品销售包装的功能分析．杭州：包装世界杂志社，1995.
[22] 监督与选择．北京：中国质量管理协会，2000～2008.
[23] 中国质量．北京：中国质量管理协会，2000～2004.
[24] 蒋耀兴．纺织品检验学．北京：中国纺织出版社，2001.
[25] 万融．商品学概论．北京：中国财政出版社，2000.
[26] 中国商品学会网站，http：//www. cscs. org. cn.
[27] 阿里巴巴网站，http：//www. alibaba. com.
[28] 中国食品网，http：//www. cn-food. net.
[29] 中国涂料网，http：//www. chinacoatingnet. com.
[30] http：//www. 21efz. com.
[31] http：//www. manager365. com.